教育実践とヴィゴツキー理論 Ⅲ

授業の構造とヴィゴツキー理論

―授業は、
　教師と子どもとの精神的相互交流によって実現される―

新学習指導要領は、
子どもの学習の形骸化＝人工知能的情報操作能力への変質と
協調（＝従順）する態度が「できるようになる」ことをねらうもの

その指導法（授業モデル）は教える場面＝「知識習得」と
子どもが対話・活動する場面＝「思考・判断・表現」を分離切断するもの

麻実ゆう子　著

子どもの未来社

はじめに

　「電通」新入社員の長時間過重労働による自死（2015年12月25日、過労が原因）によって、あらためて時間外労働の問題（2017年1月31日、厚生労働省が強制捜査）が社会的に焦点となりました。
　しかし、それよりはるか以前より、教育現場では教師の長時間過重労働、管理職による強圧的な管理指導の現実は進行していました。また、精神的疲労困憊を原因とした早期退職・病気退職・自死は増加しています。さらに、見せしめ的な新採用教師の1年での解雇や定年退職後の再任用不採用が、管理職の指導に従順していないし、それに沿った成果を上げなかったという理由で具体的な根拠もあいまいなまま、「教師にふさわしくない」と言う名のもとに強行されています。

　そのような荒廃した教育現場の状況の中で、一方では、「チーム学校」として目標に向かって成果を上げる、結果を出すことへと意識を統制する状況が醸成されています。成果をあげるための子どもへの指導の現れは、授業のはじめの礼の仕方、机の引き出しの中のノートや教科書、筆箱の置き方、靴箱での靴のそろえ方等の事細かな「学校のきまり」の順守の強制に他なりません。他方で、教授＝学習にかかわる具体的なものとしては、2008年学習指導要領の基本方針の一つとして新たに強調された「教科を貫き、子どもに思考力・判断力・表現力等を育成するための言語活動の充実」としての「単元を貫く言語活動」例が、教科書の編集内容を変え、授業は、いわば、表現するための形式的なモデルに合わせて発表させることを重点とするものへと変化してきました。
　子どもはじっくりと考え自分自身の想いを形成し伝えるということを教わらず、そのような場を失い、かつ「学校の決まり」に従っているかどうかが〇×で評価されるという中で、不満のはけ口を、弱いものに向ける傾向（いじめ等）を増幅させてきています。成果のある結果だけを

追い求める学校の「文化」は、教師をして、子どもの「不満のはけ口」を封じ込めることに躍起にさせています。このような悪循環の深まりが、偽りのない現在の教育現場に他ならないし、教職員の病気と退職、若い教師の自死の基底にあるものと言えます。

　このような現場で、「目標に向かってとにかく結果を出す」ことを追い求めるという志向ではなく、悪化する教科書内容の検討をし、子ども自身が感性旺盛に文章に立ち向かって考えるというような国語の授業をすることを基礎として、教師を圧迫して授業についての考え方を変質させようとする負の悪循環を変化させたいとする現職の教師の方々とともに、過重な教育労働で疲労困憊して時間もない中での少しずつの研究を重ねてきました。
　その中で、子どもの読みを分析し、子どもの思考の発達について知ること、教科書の教材を分析することを研究してきました。それらを追求することは、授業の前提なのですが、しかし、授業と切り離した一般的研究ではなく、授業を実現するために不可欠なものです。
　したがって、授業の構造を「やり方」的にではなく、より掘り下げて考えていくことが、前提である子どもの学習能力の分析や教材分析の視点をも明らかにし、それが、実際の授業での子どもとの対話を実現することに生きて働くのではないだろうかと思い始めました。
　おりしも、文科省の新学習指導要領において、学習指導の方法までも法的に規制するものとして位置づけられ改訂されようとしてきました。その文科省式指導法の批判は避けて通れないものとなってきました。
　以上が、本書を書かせた現実に他なりません。

　第一章は、新学習指導要領の「アクティブラーニング」（主体的・対話的で深い学び）を検討し批判を展開するものです。新指導要領の政治的・経済的な意図・特徴的性格の全体を取り扱うものではありません。

それを前提としつつも、新学習指導要領の実施によって、現実の教育現場で行われる教師の授業の一層の変質が明らかとなる今、学校現場において、その変質の方向を具体的に明らかにし、警鐘を乱打していくための現職の教師の方々のこれからの活動の一助になることを願って、展開するものです。

　第二章は、授業をいかに創造するのかを考えるものです。

　授業はその中心は、教師による子どもへの働きかけによって、子どもの内言的思考を基礎とした言語的な活動を呼び起こし、そうすることによって精神的な相互交流を作り出すことだと言えます。授業の展開を外から見て子どもの活動の目標を並べることではないと言えます。教師が、いかに、相互に精神的に交流することができるように子どもにかかわるのか、そのように生きたものとして、授業は考えなければならないでしょう。それは、一定の目標に向かって一律に子どもを走らせるように、到達させるモデルに当てはめて展開するものではなく、子ども自身の感性を開放し知的な意識的活動を活発にさせ、自ら考えるように働きかけることだと言えます。

　そのための、教師が構想をたて、実際に子どもの発話にいかにかかわるのかの諸問題について考察します。

　第三章は、第一章、第二章で展開したことにかかわる、理論的な問題を、特に取り上げて論じています。１節では、「読む」ということについて、２節では、同化と異化　３節では、「物語の意味」について、４節では、ユーリア・エンゲストロームの「教授理論」の混乱と活動主義的本質について論じます。

　章立てにはしていませんが、巻末には私が関係してる地域の教育現場で共に授業研究や教材分析をし、拙著の実現にご協力をいただいた現職及び元教諭の方々の授業への想い・研究資料としての教材分析・授業記録等を掲載してありますので、参考にしていただければ幸いです。

目　次

はじめに …………………………………………………………………… 3

第一章　文科省新学習指導要領（2017年度公布）に明記された学習指導法の危険な本質 …… 14

1　文科省の「主体的・対話的で深い学び」の先行的実践例の検討 …… 17

1.1　例1　6年『やまなし』（光村図書出版）の「ユニヴァーサルデザイン」型授業の例 …… 17

1.1.1　グループでの話し合いの例 …………………………………… 18
1.1.1-1　まず、各班での話し合いの結論 ………………………… 18
1.1.1-2　話し合いの過程 ………………………………………… 21

1.2　例2　文科省式学習指導法の先行例ではない、6年『やまなし』（光村図書出版）の授業の例 ――一人読みと全クラスでの話し合いを通して読みを深める―― …… 24

1.2.1　子ども（O君）のノートより ………………………………… 26
1.2.2　子ども（O君）が、『やまなし』の最後の一文を読むときに働いている思考作用について考察する ……………………… 29

1.3　例3　文科省式「主体的・対話的で深い学び」指導法（新指導要領）、実施前の先行例「知識構成型ジグソー法」による高校世界史の授業 …… 33

1.3.1　ジグソー活動（一人一人が「3つの部品」の一つをそれぞれ扱う3人の子どもの話し合い） ……………………… 35
1.3.2　前記3つの実践例の授業の形式的な特徴 …………………… 36
1.3.3　文科省式「アクティブラーニング」法の特徴を示す「知識構成型ジグソー法」モデルの例3の授業を分析する …… 38
1.3.3-1　グループでの話し合いを分析する …………………… 38

  1.3.3-2 「知識構成型ジグソー」法は、子どもの学習を深めるか？ ……… 45

2 文科省の「主体的・対話的で深い学び」方の特徴 ……… 51

2.1 新学習指導要領の最大の特徴：
資質・能力の育成（目的）を実現するための学習内容と
学習方法という構想の中に位置づけられた学習指導方法 ……… 51

 2.1.1 資質・能力（何が出来るようになるか）を
教育内容に具体化すると同時に学習方法にも貫く ……… 52

 2.1.2 「資質・能力」とは「習ったことを使えること」
さらに「社会にかかわる態度、人間性」をもつこと ……… 54

 2.1.3 「アクティブラーニング」（主体的・対話的で深い学び）
という学習法では、教師と子どもは教科・教科外の学習で、
「出来るようになる」と指定されたことに対して
結果を出さなければならない ……… 55

2.2 はじめに「出すべき結果ありき」とは、学習のゴールに向かって
脇目も振らずまっしぐらのコースを走るのと同じこと ……… 56

2.3 「何が出来るようになるか」（資質・能力）は、
OECD 経済協力開発機構の教育理念と共有 ……… 61

 2.3.1 資質・能力の「三つの柱」 ……… 61

 2.3.2 学習したことを表現したり、他の学習に適用したりすることと、
直接的に社会的な行動に適応することとは
同じ平面で論じられないし、同じ場面で育成するものではない …… 63

 2.3.3 国語科で育成すべき「資質・能力」 ……… 65

  2.3.3-1 知識や技能（何を知っているか、何が出来るか） ……… 66

  2.3.3-2 思考力・判断力・表現力等（教科等の本質に根ざした見方や考え方等）
（知っていること・出来ることをどう使うか） ……… 66

  2.3.3-3 学びに向かう力、人間性等（情意、態度等に関わるもの）
（どのように社会・世界とかかわり、よりよい人生を送るか） ……… 68

 2.3.4 国語科「読むこと」の学習と「資質・能力」の育成は、
どのように結び付けられているか ……… 70

  2.3.4-1 読みの過程を機械的・形式的に3段階に分離 ……… 70

  2.3.4-2 「読むこと」は、第三段階「考えの形成」という名の
「情報処理」のために、文章を整理弁別することに歪められている …… 71

2.4　「どのように学ぶか」の授業法 ……………………………… 75
　2.4.1　「アクティブラーニング」（主体的・対話的で深い学び）は
　　　　どのように規定されているか ………………………… 75
　2.4.2　「主体的・対話的で深い学び」の具体的内容 ………… 76

3　文科省式「アクティブラーニング」の問題点のまとめ ……… 82

4　文科省による現行「単元を貫く言語活動」の否定と
　「アクティブラーニング」提唱の意味するもの ………………… 86

5　文科省・「審議会」が原典とする『アクティブラーニング
　教室に興奮を創り出す』（ボンウェル、アイソン著　米国教育省補助に
　対するレポート、ジョージ・ワシントン大学出版 1991）について ……… 88

第二章　国語科の授業実践例の考察を通して授業展開の構造を考察する ……… 92

1　文学教材の実践例の考察を通して、
　授業展開の構造を考察する ……………………………………… 97
　1.1　文学教材を読むということ ………………………………… 97
　1.2　教材文を分析するのは、教師自身の読みとして
　　　なされなければならない ………………………………… 98
　1.3　現行学習指導要領に伴う教科書の変化―文学作品を読む単元が、
　　　「読むこと」と「単元を貫く言語活動」の二つの活動で
　　　構成されている（『資質・能力』育成のための国語学習への過渡期）……… 100
　1.4　光村図書出版2年『お手紙』の分析についての教師間の話し合いを
　　　めぐって――教師の教材分析と授業での子どもの話し合いの
　　　深まりとは密接に関係している ………………………… 102
　　1.4.1　教師の間での教材分析の話し合いから学んだこと ……… 102
　　　1.4.1-1　「ふたりとも、かなしい気分で、げんかんの前に
　　　　　　こしをおろしていました。」について ……………… 103

1.4.1-2 「がまくんは、自分が手紙を出せばもらえるのに。手紙はもらうものと
        思っている。」と、つい考えてしまうような教師の読み。 ……… 107
   1.4.1-3 『かえるくんは、ゆうびんうけを見ました。かたつむりくんは、
        まだ、やってきません。』の3度の繰り返しについて ………… 109
  1.4.2 教材分析の話し合いのあとでの授業の実際 ……………… 111
   1.4.2-1 かたつむりくんが手紙を運んでくるのを待つ場面：
        『かえるくんは、ゆうびんうけを見ました。かたつむりくんは、まだ、
        やってきません。』の3度の繰り返し場面の読みについて ……… 111
   1.4.2-2 『ふたりとも、とてもしあわせな気もちで、そこにすわっていました。』
        『四日たって、かたつむりくんが、がまくんの家に着きました。』の
        読みについて。 ……………………………………… 115
 1.5 「標準的な解釈」が果たして在るのだろうか？ ……………………… 118
 1.6 教材分析の諸相 ……………………………………………………… 119
  1.6.1 作者によるフィクション（西郷竹彦は「虚構」という）
       の設定の分析 ………………………………………………… 119
  1.6.2 物語の場面構成の分析 ……………………………………… 123
  1.6.3 場面を構成する文章の分析 ………………………………… 129
  1.6.4 作品の意味することを考える ……………………………… 132
 1.7 作者と作品と読み手 ………………………………………………… 136
 1.8 子どもの生活的経験、思考の発達、「書き言葉」の習熟の度合いを
     押さえて、教材の取り扱い方を考える ……………………………… 139
  1.8.1 生活的な経験は学習の基礎でありそれを支えている ……… 139
  1.8.2 思考の発達の度合いを考察する …………………………… 141
  1.8.3 「書き言葉」習熟の発達 …………………………………… 146
 1.9 授業の開始──教師はいかに子どもと作品の読みをめぐって
     精神的交流を実現するか ……………………………………………… 147
  1.9.1 子どもの読みを深めるために、教師が子どもとの相互交流を
       実現するとは？ ……………………………………………… 147
  1.9.2 読みを深めるために、教師は子どもと作品の内容について相互に
       交流するが、同時に、そのただ中で、子どもの発話に表れている思考の
       働きについても注目して、それについても相互に交流する ……… 148

- 1.9.3 子どもと感性的精神的交流をつくりだすために、
  教師は子どもに学習活動を指示する。 …… 151
  - 1.9.3-1 子どもにとって、音読する意義 …… 151
  - 1.9.3-2 話し合いの前提として子どもに「一人読み」を保証する。
    子どもにとっての「一人読み」（書き込み・書き出し）の意義 …… 152
  - 1.9.3-3 子どもに発話することを指示する場合には、
    子どもにとって何のための発話かを教師は考える …… 154
  - 1.9.3-4 どの段落、文章、語句、語を読んだときに、あるいは、補助的な挿絵の
    どこを見て、気づいたり、想ったりしたのかと発話することが
    話し合いを成立させるための基礎となる
    （自分の考えと文章との関係） …… 157
  - 1.9.3-5 子ども同士の対話（話し合い）の意義
    （対話によってうみだされるもの） …… 159
  - 1.9.3-6 授業の終わりに「今日の学習で」などの名称で各自学習を振り返って
    ノートに書くことの子どもにとっての意味 …… 167
- 1.9.4 子どもの授業での発話やノートから、子どもはどのような意識の
  向き方・思考の働き方、さらに文章の読みを習熟することによって
  自分の読みの内容を深めていくのかを学ぶ …… 168
  - 1.9.4-1 上記の『大造じいさんとガン』での子どもの学習から学ぶ …… 169
  - 1.9.4-2 4年『ごんぎつね』（光村図書出版）
    児童言語研究会の大場先生の授業での子どもの学習から学ぶ …… 170

2 説明文の実践例を通して授業展開の構造を考察する …… 187

2.1 授業の実際（1年光村図書『くちばし』）を考察する …… 187
- 2.1.1 授業記録 …… 188
- 2.1.2 子どもの疑問や問題提起を分析する …… 198

2.2 説明文教材を読むということ …… 205
- 2.2.1 説明文の文章の特徴をおさえる …… 206
  - 2.2.1-1 説明文の抽象性について …… 206
  - 2.2.1-2 説明文の叙述の論理性について …… 207
- 2.2.2 説明文を読むということ …… 207

2.3 説明文教材の分析 …… 208

- 2.4 説明文の読みにおいて、教師はいかに子どもと相対して、精神的交流を実現するか ········· 211
  - 2.4.1 説明されている対象を自分が知っていることや絵でわかることを具体的に想定しながら読む。 ········· 211
  - 2.4.2 説明されている内容を表象化する ········· 217
  - 2.4.3 説明される対象についての説明内容と説明のための論理について、その両者の理解の指導をどのように一人読みした後の話し合いの過程で追及するのか。 ········· 219

3 いわゆる授業の流れについて ········· 223
- 3.1 N先生の『くちばし』の授業記録の考察 ········· 223
- 3.2 同じ教材文での二つの授業の違いから学ぶこと ········· 231

第三章 授業論の基礎となるヴィゴツキーの理論 ········· 234

1 「読む」ということ ········· 234
- 1.1 「読む」ということをどう考えるか ········· 234
- 1.2 学習において「読む」主体は読み手(子ども)である ········· 236
- 1.3 「読む」主体は個々の子ども、しかし学習過程は社会的であるということ ········· 238
- 1.4 「読む」ことは想像することである
  ―想像することの力・その持つ意味― ········· 240

2 同化と異化について ········· 244

3 「物語の意味」を考えること ········· 250
- 3.1 「物語の意味」を考えることは「読む」学習においてなぜ必要か ········· 250
- 3.2 作者と作品、そして読み手 ········· 254

3．3　「第三項」の設定について
　　　　表現された言葉と読み手の言語的思考活動に関する混乱 …………… 261

4　ユーリア・エンゲストロームの「教授理論」の混乱と
　　活動主義的本質について …………… 268
4．1　Y.エンゲストロームの教授理論をなぜ今検討するのか …………… 268
4．2　エンゲストロームの教授と学習の理論によってモデルとされている
　　　職場研修の事例：フィンランドにおける
　　　「郵便配達業務の改善のための職員研修」 …………… 271
　　4．2．1　事例の概要 …………… 271
　　4．2．2　上記『配達2000』プロジェクトのエンゲストロームによる分析 …………… 273
　　4．2．3　『配達2000』プロジェクトを考察する …………… 274
　　　　4.2.3-1　配達業務の労働者が形式的には「改善」の主体とされているが、
　　　　　　　　実質的には主体となっていない。 …………… 274
　　　　4.2.3-2　エンゲストロームの理論的混乱とヴィゴツキー理論の曲解 …………… 276
4．3　エンゲストロームの学習・教授論の検討 …………… 288

資料と授業実践報告集 …………… 292

[資料]

教材文『じどう車くらべ』（光村　1年下）の変遷 …………… 292

教材文『じどう車くらべ』（光村　1年下）の変遷について
　　　　　　　　　野口静子 …………… 295

[授業実践報告集]

説明文・光村図書出版1年『じどう車くらべ』の授業を振り返って
　　　　　　埼玉県公立小学校教諭　宇都美津子 …………… 302

1学年、初めての書き言葉を子どもたちはどう読むか（H27年度）
『くちばし』（光村図書出版）　埼玉県公立小学校教諭　浦川真枝 …………… 329

5年『大造じいさんとガン』(光村図書出版)実践報告
　　　　　　　　　埼玉県公立小学校教諭　粂原めぐみ ……… 334

2年国語『スイミー』(光村図書出版)授業実践報告
　　　　　　　　　埼玉県公立小学校教諭　宮沢千絵 ………… 341

初めての説明文をどう読んだか
『いろいろなくちばし』(光村一年上)の実践から(H23)
　　　　　　　　　埼玉県公立小学校教諭　野口静子 ………… 352

2年『スーホの白い馬』(光村図書出版)の授業実践の報告
(私の授業についての考えの歴史的な捉え返しを含めて)
　　　　　　　　　埼玉県公立小学校教諭(当時)　湯口節子 ……… 362

終わりに …………………………………………………… 388

　参考文献 …………………………………………………… 389

第一章
文科省新学習指導要領（2017年度公布）に明記された学習指導法の危険な本質

> 文科省「主体的・対話的で深い学び」は、
>
> - すぐに使える知識・技能と国家・社会に進んで貢献する子ども（資質・能力）の育成のための指導法
> - 「知識・技能と考え方の習得」（教える場面）と「子どもが思考力等を発揮する」（グループ活動の場面）、切断された二つの場面の設定で、感情をコントロールして進んで協力する態度を要求する授業法
> - AI（人工知能）型情報処理能力に人間の思考力を変形させる学習観

　ここ1、2年前から、新学習指導要領に「アクティブラーニング」という学習法が明記されると発表されるや否や、全国的に一斉に「アクティブラーニング」公開授業、研究授業が数々発表されています。文科省の「アクティブラーニング」という学習指導法の内容は、『審議のまとめ案』発表までは定かにはしていなかったけれども、子ども同士の話し合い活動を授業に取り入れるとか、子ども主体の活動の展開とか、その場合にはIT機器を多く使うとかという授業の型としてクローズアップされ、教育関係者の中での最新トピックとなる状況が作られています。

他方、教育現場における多くの、とりわけ小学校の教職員にとっては、「アクティブラーニングは、授業に子どもの発表や話し合いなどを取り入れ、子どもを能動的に学習に参加させること」という様に教育委員会等に説明されると、「これまでもやっていることで新しいことではない。」というように、新たな変化は見られないと受けとめられているのが現状だとも言われています。また、教育方法などの一部研究者は、「80年代後半からアクティブラーニングという概念は様々な形で提起されてきたことであり、何も目新しいものではないのに、なぜ今頃になって文科省が取り入れるのか。」というように論評しています。

　ところが、新年度を間近にした今年2017年2月14日に新学習指導案が公表されましたが、学習指導法として早くから中央教育審議会で審議された『審議のまとめ案』には、資料付きで出されていた「アクティブラーニング」（主体的・対話的で深い学び）の表現の中の、「アクティブラーニング」という言葉は全文から削除されていました。「アクティブラーニング」と同義語として並列されていた「主体的・対話的で深い学び」という表現だけとなっています。
　削除の理由は、「法令的性質を持つ文書（学習指導要領）に、定義の定まっていない言葉は掲載しにくかった。」（合田哲雄教育課程課長、日本教育新聞 2017.2.20）ということです。
　つまり、この合田発言を言葉通りに捉えるならば、文科省の含意による「アクティブラーニング」の概念の定義が出来なかったということです。「アクティブラーニング」法を新学習指導要領に明記することが文科省によって流されてきて以来、大きくは三つの研究の方向がありました。**一つ目**は、三宅なほみ（当時東大教育学部）等の、主に対話的場面を多く「工夫」して取り入れた授業研究、**二つ目**は松下佳代（京大高等教育開発推進センター）等の、主に「深い学び」に力点を置く「理論的」研究、そして、**三つ目**は小・中・高学校現場での、子どもの種々の活動

(ダンス、発表会等多種多様に及ぶもの)を主とした授業研究です。

　いずれの傾向にも共通していることは、第一に「21世紀型スキル」の育成というOECD（経済協力開発機構）が提唱するもの（その文科省的表現と内容が「資質能力」の育成）を暗黙の裡に、あるいは公然と前提としていることです。すなわち「社会の要請に対して何が出来るか」というように学習するということです。さらに、第二に、「アクティブラーニング」という言葉自身に、何か授業法の意味があるかのような枠組みをして考える傾向です。そうすることによって、「アクティブラーニングとは何か」と問題を立て、その主要な要素として「主体的」「対話的」「深い学び」を自立的に取り出して、それを解釈しながら授業なり、理論的な説明を付け加えるという解釈的な傾向です。

　「アクティブラーニング」法を定義できなかったということは、これら主な理由としては、前ページで記述した三つの傾向の基礎となる理論的なものでは、文科省の含意が説明されないということだと推測できます。そのような意味で、「定義できなかった」ということは審議会の話し合いによってでは、学習法の理論的解明は事実上かつ実質的に破綻したということを示しているのです。

　しかし、文科省の「アクティブラーニング」法に込めた含意は、「主体的・対話的で深い学び」という表現だけになったとしても、『審議のまとめ案』そのものには未だ何も言及されていないのですから、『審議のまとめ案』に示されたことの中に、生きていると言わなければなりません。

　新学習指導要領改訂において、文科省が意図する「主体的・対話的で深い学び」とは一体どういうものなのかを、依然として、『審議のまとめ案』を対象として検討しなければなりません。そのような意味で、本稿のなかでは、『審議のまとめ案』との関係で、「アクティブラーニング」という表現は出てくることになります。

1 文科省の「主体的・対話的で深い学び」の先行的実践例の検討

1.1 例1　6年『やまなし』(光村図書出版)の「ユニヴァーサルデザイン」型授業の例

　以下の授業記録(一部)は小中一貫教育の文科省委嘱研究において、「小中の全校全学級で同じ授業の流れで学習させることは、子どもが学びやすくなる」という意図のもとに、教育委員会の指示で考案された「授業のユニヴァーサルデザイン」という、授業の形式にのっとって行われたものです。授業の流れは、「賢治がこの作品の題名を『やまなし』とした理由を考えよう」という課題で、ペアでの話し合い、グループでの話し合い、全体での話し合いという三つの形の子ども同士の対話が、1単位授業内で行われるように設定されています。授業の流れは、最初に、各自が自分の考えをまとめる時間がとられて、三つの話し合いに臨み、最後に各自が、その時間に学んだことを書くという構成になっています。最後に各自のまとめを書くことについては、この授業を担当した教師の独自の考えだということです。

　教材となる単元は最初に『やまなし』を読み、次に宮沢賢治の伝記文を読み、賢治の作品理解を深めるという構成になっています。したがって、学習課題として設定されたものについては、『やまなし』本文と伝記との両方を参考にして考えるとなっています。

　現行の教科書は、「単元を貫く言語活動」を実現するために編成されています。その意味では、新学習指導要領では、まだ道半ばにあるものとして『審議のまとめ案』では評価されているものですが、文科省式学習指導法の先行例としては、意味を持っていると言えます。授業では、子どもの教材を読む力を深め(深い学び)、子ども自身に考えさせ(主

体的学び)、子ども同士の対話を活発にする(対話的学び)という形になっていますが、次の点が文科省式の学習指導法の特徴を先行的に取り入れていると言えます。グループでの話し合いを、メンバーが協働で課題を解決し、一つの答えを出すという設定になっていることです。

　この授業の基本的な目的は、読む力を深めるということで、そのための「言語活動」という位置づけです。新学習指導要領に従うと、「何が出来るようになるか」(社会や世界へのかかわり方を身につける等新しい時代に必要となる資質・能力の育成)が直接的に目的となり、対話に参加する態度が重視されていくことが予想されます。授業を担当した教師は、ペア、グループ、全体の話し合いという形をとりつつも、子どもの読みを全体の話し合いでより深めたいというように考えていたということですが、なぜか、どうしても全体での話し合いが活発にならない、深まらないという限界を感じ、悩んでいたということです。

1.1.1　グループでの話し合いの例

　学習課題である「賢治がこの作品の題名を『やまなし』とした理由を考えよう。」を受けとめて、考えていった子ども達の、教材『やまなし』の読みがグループでの話し合いを経て、どのようになったのかをはじめに検討にします。各班4～5人で構成され、グループ数は8つです。

1.1.1-1　まず、各班での話し合いの結論

1班：『やまなし』という言葉で喜びを表しているから
2班：かにがしあわせな時にやってくるから
3班：悲しいことがあっても幸せが来るから、この作品で幸せを運んだやまなしを題名にした
4班：五月はこわい体験をさせて、十二月には生きる喜びをみんなに伝えるため
5班：とし(妹)の死は悲しかったけど、かにたちがやまなしを知ったしあわせをみんなに感じてもらうために「やまなし」という

題名にした
　6班：やまなしで生きる幸せを表現したかった
　7班：妹の死の後、幸せを表して伝えたい
　8班：妹のとしが亡くなり、自分を勇気づけるために幸せのやまなしという題名にした

　上記のことを特徴づけると、
（1）五月のことが、まったく触れられていない班が、1, 2, 5, 6, 7, 8班。合計6つの班です。これでは、なぜ、物語の構成が二つの幻灯なのか。なぜ、賢治は、五月の場面を書かなければならなかったのか。という疑問が単純にもわきあがります。
（2）五月について触れている2つの班の場合（3, 4班）は、五月と十二月を対比させて捉え「幸せを運んだやまなしを」、あるいは、「生きる喜びを伝えるためにやまなしを」題名にしたとまとめています。作品『やまなし』の構成を押さえて、この作品を通して何を作者は伝えたかったかと考えていますが、二者択一の方法にかたよっていると言えます。このことは、五月と十二月の対比をつかむことが単純になっていることを示しています。
（3）妹の死との関係で、悲しみではなくしあわせを表現したかったという意味の理由が、3つの班。作品の読みからではなく、評伝から理由をさがしています。先に伝記から答えを得て、そこから作品の題名の理由を考えるというようになっています。このように考えを進めると、あらかじめ伝記から得た答えのようなものに合う場面を拾って、それを理由とするという様になります。これらの班では、十二月の場面の中からその最後の部分のみを取り上げて理由としていると言えます。

　このことは、教材の構成が『やまなし』本文と、作者の伝記との二つに分かれているために、本文の読みに時間がかけられず、十分な論議が

作られなかったことを示しています。
　ここに、「単元を貫く言語活動」を行うための「読む」授業では、文学作品を読み味わうという「読む」力を形成することが充分に出来なくなることが示されています。むしろ、与えられた課題（短文でまとめる文を書く）に答えるために、文学作品を読むという構造に「読む」ことが変形されていると言えます。

　「短文でまとめる文を書く」という課題は、グループの子ども同士の話し合いに反映されています。グループでの話し合いでは作品の二つの場面、五月の自分達の読みと十二月の自分達の読みが充分には総合されていないと言えます。詳しく読んだことを総合することは、6年生でもそんなに簡単に出来るものではないので、そこが子ども達にとっての考えどころなのだと言えます。しかし、むしろ、グループでの話し合いが結論を一つにまとめて、一文か二文で理由を書くというように設定されているために、ほとんどの子どもは、書かなければならない一文か二文をどうするかというように頭を巡らせて、一人一人が五月と十二月とを総合しようとする思考を働かせて話し合うということが、意識化されない傾向にあったといえます。
　つまり、深めていくという方向ではなく、簡潔にする、無駄やはっきりしないことは、切り落とすという方向に子どもの意識が向くように、話し合うということが方向づけられた話し合いの型になってしまっている結果だと言えるのです。グループでまとめるということは、そのような事態を招くのだとこの例は示していると言えます。話し合うことは、まず聞き合うことだという様に考えなければならないでしょう。そうしてはじめて、自分の考えをより鮮明に発展させたり、修正したりという思考活動が活発になると言えます。思考するためには、今自分が持っている『やまなし』の内容に対して、新しい考え（他者の考え）が材料として必要であるのは、誰もが認められることではないでしょうか。

一人でまず考え、ペアで聞き合うまでは自分の考えをはっきりさせる方向に子どもの意識は向いています。それは時間にすると僅か10分もありません。そして突然グループで一つの結論を出すということは、読み深めるという子どもの思考の巡らし方にはふさわしくない、むしろ障害となっているものだと言えます。あえて協働の取り組みということを、「読む」学習の過程から取り立てて考案することは、一人一人が読み深めていく全過程は協働、つまり、対話しながらの学習であるという構造を考察出来ないからです。グループで一つの答えにすれば、協働の取り組みであるとはならないということをこの事例は示しています。

1.1.1-2　話し合いの過程

　実際の話し合いの過程ではどうなっていたのかを、１つのグループを例として見てみましょう。授業を指導している担任自身もそうですが、参観している教育関係者にとっては、８つのグループ活動が行われていても、グループ内での話し合いの全体を捉えようとすることは、物理的な限界があり１グループのことしかわかりません。

C1　「五月はこわかったけど、十二月はかにはしあわせ…」
C2　「五月は、かわせみに魚がたべられて、十二月は、やまなしが…」
C3　「やまなしで生きる幸せを表現したかった。」は？
C1、C2　「それがいい、それにしよう。」
　　　（C3が、それをグループの意見として発表するために紙に書くというように進みました。）
C4　「やまなしとかわせみと何か共通点があるよね」
　　　（紙に書くことにC1,C2,C3は集中してほとんど、C４の発言には、関心を示しません。）しばらくして、
C5　「どちらも（川の）外から入ってきた、とか…」
C4　「うん。でも、何だろう。外から…。何だろう」

班ごとに、細長い模造紙に書くことは完成して、各班のものが黒板にはられました。「全体会議」では上記８班に対して、他の班から、「五月のことも入れた方がいい」という意見が出ました。

　話し合いを考察します。
　C1、C2は、五月と十二月とを、まとめようとしていますが、あとを続けられなかったようです。それは二つの場面を関係づけられなかったからだといえます。そのために、自分で取り下げたのでした（切り落とされてしまいました）。しかし、作品の文章の読みに即して、どうまとめたらよいのかと考えを進めようとすることは、作品の意味することを考えることにとって出発点となるものです。
　C4は、C1、C2と比べると、五月と十二月、その中のやまなしとかわせみに何か共通点を感じているのだけれども、それが何かを見いだせないでいます。しかし、二つの場面を比べて共通することを見出そうとすることは、自分の読みを総合しようという思考の働きへと発達するものです。総合するためには、二つの場面の違いと共に、その逆の共通する「こと・意味、つながり」をさまざまに考えあわせていくことが必要です。違いは比較的に分かりやすいけれども、一見違いがはっきりしたものの間に共通することやつながりはなかなか見出しにくいものです。少人数の子ども達だけの話し合いでは、考えようとしてなかなかはっきりしないことは、それをお互いに受けとめて発展させられることは困難で、無意識のうちに切り落としてしまいます。総合して考えるということこそは、教材文の読みを材料として教師が子ども達の発話に対して、その意義を受けとめつつ、働きかける必要があると言えます。
　しかし、この授業の構成では、教師はほとんど子ども達の話し合いの過程を、物理的にもグループ分けが障害となって知ることは出来ません。机間巡視では、各グループでどのようにまとまっているのかというような結果の確認と、それへの文言的な示唆となります。

子どもにとって、もっとも困難な思考を要する飛躍のための話し合いであることが押さえられずに、子ども達だけでまとめられるかのように考案されていることが、この授業の型の「落とし穴」だといえます。

このようにして、「賢治が題名を『やまなし』とした理由」は、前記の８つの班の意見にまとめられました。子どもの目にはほとんど同じことが書かれているようにしか映らないもので、強いて違いを言えば、妹としについてふれられているか、いないか。五月と十二月のどちらも入っているかどうかということなので、論議のしようがありません。

全体の話し合いで、「五月のことも入れた方がよい」「自然のめぐみ…かな」「わたしは、なんか、人生というか、そういうこととして考えたいのですが、」(前記のＣ４)という意見が出されましたが、それに続く意見は出ませんでした。見落としてはならない意見であると言えるのですが。一、二文で、しかも「悲しい」や「しあわせ、よろこび」という一般的な言葉でまとめられたものだけが、課題「賢治はこの作品の題名を『やまなし』とした理由」の答えとして確認されたのです。

指導した担任は、今日の授業でも、全体の話し合いで深く考え合うことが時間的な制限もあって出来なかったと振り返っていました。そもそも、なぜ、教師が子ども同士の話し合いの過程を物理的に捉えられないのに、グループの話し合いを中心的にするような設定をしなければならないのか、なぜ、グループで一つの意見にまとめなければならないのか。この設定が子どもが考えを進めるように配慮された設定ではないことが、教師を悩ませていると言えるのではないでしょうか。

三つの型の話し合い(「会議」)の積み重ねという発想は、企業の商品決定や改善等の方針に一般社員のアイデアを取り入れるときに使われる形を取り入れたものと言えます。企業方針の決定は、個々のアイデアを

いくつかのアイデアに絞りながら（「一人」から「ペア」への話し合いへ、さらに「グループの話し合い」への過程に相当する）、最終判断に持っていき、そこで（「全体会議」で）ひとつに絞るという手順を取るというものです。三つの型の会議は、絞り込みのために必要なのです。

これが教育に持ち込まれるときには、自分の意見の積極的良さを押し出して伝え相手を論破したり、相手のいいアイデアを部分的に取り入れてパッチワークしたりするテクニックを（これを、伝える力とか、思考力と考えて）学ばせるというコミュニケーション力であり、子どもが活動するから主体的な学びになるものとして考えられていると言えます。

社会で行われている状況に見合う教育という観点からコミュニケーションを参加・同意と決定事項への順守という態度の育成に活用するものが、この「デザイン」には貫かれています。

1.2　例2　文科省式学習指導法の先行例ではない、6年『やまなし』（光村図書出版）の授業の例
―― 一人読みと全クラスでの話し合いを通して読みを深める ――

文科省式「アクティブラーニング」を先行的に取り入れた「授業のユニヴァーサルデザイン」の問題点を、実践的に鮮明にするために、このデザインでの授業が文科省委嘱研究を機に学校現場に上から降ろされる以前の、同じ市内の公立小学校での同じ教材の授業例を見ていくことにします。以下で検討する子どものノートは、一連の読みの授業の最後の時間に教師が出した課題「最後の一文、『私の幻灯は、これでおしまいであります。』から、あなたはどんなことを感じ、考えますか」を受けとめて書かれたものです。子ども達は1単位授業時間のほぼ全部を使い（40分間）自分がこれまで『やまなし』を読み、全クラスでの話し合いを通して考えたことを想起しつつ書き留めました（途中で他の子どもの学習の妨げにならないことを配慮して、近くの席の子どもに相談するこ

とは可能としています)。

　読みの授業は、次のように行われています。一人読みをしながら文章に慣れ、読みながら話の内容を考えられるようになるまで音読をしています。その間、気づいたこと、感じたこと、解ったこと、想うことなどを、ノートに書き出します。これを全クラスで聞き合います。その後、教材文の範囲を決めて、ある時は一文や二文の時もあるということですが、それを対象として、まず、各自が感じたこと、気づいたこと、解ったこと、想ったことなどをノートに書きまとめます（8〜10分）。そして次にクラス全体の友達に向かって、自分の読みを発話し、聞き合い、話し合うという形で話し合いの質を高めて読み深めることを追求します（25〜30分）。最後に再び個々に戻って、話し合いにおいて気づいたこと、自分なりに読みを深めたことなどを書きまとめます（5分）。

　この過程の中で、教師は子どもの発話を受けとめて、意見がどのような視点から出されているか、どのような意味・意義をそれぞれが持っているのかを語りかけます。それは結果的に評価するというものではなく、子どもの発話に現れている子どもの考える方向を読み取り、それをさらに深めるための示唆にほかなりません。

　たとえば、「わたしは、川の中には思えなくて夢の様に感じられます。それは、こんなにもかにの兄弟達が楽しく遊んでいたりして、しかも、今まであじわってきてないことまであじわえるなんて、まるで夢の世界に感じられるからです。"光"と何か関係があるかも…!?」という子どもに対して「ああ、なんて素直な感じの表現でしょう。この物語の『光についての表現』は、Aさんがいう様に物語の内容と深くかかわり合っています。この筋で自分に伝わってくるものを追うと、大きなカギを手に入れて、きっと何かの意味が開かれることでしょう。」等です。

　クラスは33人で、そのうち30名近くの子どもが首尾一貫して自分の考えをまとめています。以下の事例は、その中から任意の一例です。

1.2.1　子ども（O君）のノートより

『子どもの読み及び教材の分析とヴィゴツキー理論―子どもの発話と教材、教師が行う二つの分析課題に迫る―』（麻実ゆう子、2012、一光社）p 68 より転載。

　　ぼくは、"光"について考えたいと思います。かにたちは、この"光"については気にしていないのですが、ぼくには、"光"が何かを読者に伝えているように思えるからです。五月の黄金の光と十二月の青白い波の光との間にどんな関係があるのだろうか。

　　ぼくは、最初に、太陽の光について、その次に、月光について考えることにします。そうして、月光とお話の中心のやまなしとかにたちの関係を考えます。最後に、太陽の光と月光の関係について考えます。

太陽の光について
　　五月の場面で、太陽は7段落目に最初に出てきます。そこでは太陽の光は読者に何だろうと不思議に思わせるものとして描かれています。6段落（番号は学習用につけた形式段落の番号）は「笑った」というかにの会話で終わっているのに、7段落では最初に太陽の光が出てきます。6と7では全く違います。これは、6まではかにの会話が話の中心で、7からは語り手の文章が多くなっているから、違うように感じられるのだろうか？また、7からは、かにの兄弟の様子が変わっています。6まではかにの兄弟は「クラムボンは笑った」と話しているのに、7からは、魚について話し、魚を捕まえたカワセミを怖がっています。太陽の光は、青白い谷川の底で輝いているというようにとても美しく描かれています。でも、その輝いている谷川の底で、かにたちはかわせみを怖がっています。太陽の光は魚やカワセミとの関係で描かれているのに、かに

は太陽の光については全く話していないのです。このように、読み手は、太陽の光に注意を向けることが出来るのに、お話の中心のかにはそうではない。このずれは、谷川を外からも見ることが出来るぼくらの眼と、谷川の底から見るかにの眼のずれなのだろうか。

月光について
　この月光は、満月の光かもしれない。かにの兄弟が夜なのに外へ出ているのは満月だからだと考えられます。十二月のお話は、このシーンから始まります。そして、月光はずっと、お話の中心であるかにとやまなしを包んでいます。25,26,27段落では、やまなしと月光が結びついて描かれている文章があります。しかも、やまなしと月光の関係がはっきりと強調されています。たとえば、「底の黒い三つのかげ法師が…」は、はっきりと月光があることを示しています。語り手の視点からすると、月光はやまなしと関係があります。だから、読み手はそう思います。ところが、これに比べて、かにはやまなしだけに注目しているようです。この対比は五月にも見られます。でも、僕には太陽の光と月光は違うように感じられます。月光は、僕には、太陽の光よりももっと意味が込められているように思われます。なぜなら、それはかにとやまなしを包んでいるからです。そして「波は、いよいよ青白いほのおをゆらゆらと上げました。それはまた、金剛石の粉をはいているようでした。」というようになっています。この文で、お話は終わりとなり、読み手に複雑で不思議な気持ちを残していきます。やまなしは、谷川のそこにいて、月光と青白いほのおは地上と谷川が交わるところの川の表面にいます。確かに、やまなしと月光がかにを喜ばせているのです。

太陽の光と月光を比べて
　太陽の光はとても美しいので、かにはかわせみを怖がっているのだけれども、僕には五月は明るく感じられます。これとは反対に、月光は、

はじめはとても静かで暗さを伝えています。けれども、月光は、谷川の中の物を照らすだけでなく、青白いほのおとなってかにとやまなしをあたたかくやさしく包みます。このように、月光はお話をあたたかい終わりにしています。暗く静かな月光は、読み手にとって知らないうちに、明るく変化しています。そして、お話全体が、太陽の光と月光に包まれて明るくあたたかくなっていきます。

五月と十二月

　五月と十二月は単純に対比しているとは思いません。
五月は全てを輝かせる黄金の世界です。読み手はまるで夢の世界に入ったように感じます。すると、すぐに、読み手はかにと一緒になってかにの怖さを同じように感じます。幸せとこわさが一緒にいます。この夢のような世界は何を意味しているのだろうか？これは人間が生きているのと同じように思える。

　十二月、月光は冷たい季節の中で静かです。けれども、かには幸せそうに現れています。かにの家族はやまなしを踊るように追いかけます。そして、月光はその全てを包みます。このことから、ぼくは十二月のあたたかさを感じます。五月と十二月には、季節、起こった出来事、谷川を照らす光の違いがあります。でも、二つの月は読み手を心地よくしてくれます。

　だから、最後の文章「わたしの幻灯は、これでおしまいであります。」にたどり着いた時、ぼくは、まるで突然夢から覚めて、作者から「さあ、このお話はどうでしたか？」とたずねられたように感じるのです。最後の文章はこのお話の中でただ一つの作者から読み手への直接の問いかけです。その意味で、この最後の文章は大切です。そう問いかけられると、ぼくは、かにの住む世界とぼくたちが住む現実を比べずにはいられません。そして、ぼくたちは明るくあたたかい世界を持たなければならない

と考えました。最後の文章は、ぼくにそのように考えることを突きつけました。

学習をふりかえって
　ぼくは、友達にたくさんのことを教えてもらいました。まず、ぼくはこれやあれの語や句は一体何を意味しているのだろうと、わからない、不思議だと思っていました。友達の考えを聞いているうちに、そうだ、作者がこのお話を作ったのだけれども、読み手としてのぼくたちが語句の意味やお話全体の意味を考えなければならないのだと気付きました。ぼくたちは、多くの友達が中心なのですが、作者が二つの季節を描いたことの意味を考えてきました。友達とは違って、僕は、太陽の光と月光から始めました。この問題を考えるために、友達が二つの季節を比べて考えたことは、とても助けになりました。

1.2.2　子ども（O君）が、『やまなし』の最後の一文を読むときに働いている思考作用について考察する

『子どもの読み及び教材の分析とヴィゴツキー理論―子どもの発話と教材、教師が行う二つの分析課題に迫る―』（麻実ゆう子、2012、一光社）p71より転載。

　子どもO君の文章からは、あの「難解」と言われている宮沢賢治の『やまなし』の文章をとまどい、不可解に思いながらも、吸い込まれるように読み味わっていっただろうということが読み取れます。そのなかで自分の文章への感じ方が多く語られ、それを出発点にしながら作者が何を語りかけているのか、その意味を考えていった過程が非常に素直に書かれていると思います。
　この文章は、自分はこの「やまなし」の文章をどう読んだのかを書いた文章なので、書き言葉と向き合い格闘したときに内側に湧き起ってき

た「想い」を捉えまとめながら書き綴った文章だと言えます。整理しきれない内なる「想い」を、整理しながら、まさしく、Ｏ君の内言的思考を基礎としたその文章表現だと押さえたいと思います。

　この文章の筆者Ｏ君は、賢治の谷川に差し込む光の描写に惹き付けられています。
　賢治による光の描写は二つの場面をそれぞれ独特に幻想的な味わいを持ったものとして展開されていますが、それは実に綿密な現実的な観察に裏打ちされたものに他なりません。一文一句が実際には何をあらわしているのかと問えば、こういうことなのだと川に差し込む光の様をかなり具体的に脳裏に表象することが出来るでしょう。川でよく遊んだ経験を重ねた大人の読者は、どういう情景であるのか具体的に思い出しながら、それを描写する言葉の見事さをかみしめ心惹かれて読んでいくのは自然なことでしょう。ところで、それほどの経験のない今日の子どもにとっては、これはどういう様子だと、頭の中に絵を描いて行くというように一文一文を読み進めることは、自然には出来ないことです。
　読み手の注目・視点がどこにあるのかによって、文章の読みの方法も変わってきます。一文一文絵を描くように表象するのか、それとも、ひとまとまりの文章の文意や他の文章との関係を押さえながら読むのか、一様にはいきません。登場人物らしき「かに」に焦点を当てるとしても、そこにひとつながりの物語があるわけではありません。全文を通して流れる光の描写の一つ一つの表象を思い浮かべることの困難さと物語性のなさ。ここに、子どもは戸惑いますが、それにもまして、魅了されもします。Ｏ君もその一人で、戸惑ったことが、「学習を振り返って」で語られています。彼は、どのように読みの筋道をつけたのでしょうか。

　光の描写の文章に惹かれ、注目して、そこからどういう感じを自分は受け取っているのか、というように、Ｏ君は読み進んでいます。一文一

句を具体的に絵として思い浮かべるというようにではなく、いわば、丸ごとつかもうとしています。「太陽の光は、青白い谷川の底で輝いているというようにとても美しく描かれています。」「五月は全てを輝かせる黄金の世界です。読み手はまるで夢の世界に入ったように感じます。」「太陽の光は魚やカワセミとの関係で描かれているのに、かには太陽の光については全く話していないのです。」と、いうように。

　そして、自分は、五月と十二月のそれぞれの光に注目しているのだけれども、かにたちはほとんど気にかけていないということに気づきます。そこで、自分の読みの視点を、谷川の内と外を両方見る、つまり、書かれてある世界を丸ごとつかむ立場に立つというように位置づけています。そうすることによって、O君は、谷川の生きものである「かに」の眼を通した出来ごとを、五月と十二月の太陽と月光がどのようにからまり織りなしていくのか、というように読み込もうとしていると言えます。

　O君は、五月と十二月の違いは、太陽と月光のかにへの寄り添い方の違いだと気付きます。五月の太陽の光は美しいけれども、かにはかわせみを怖がっている。夢の世界と怖さは一緒にある。太陽の光はかにの世界と平行にあるというような捉えかたといってよいでしょう。しかし、月光はかにとやまなしを包み込んでいると。十二月のかにが幸せそうにしているのは、やまなしの登場によるものだけではなく、月光が同時にかにとやまなしを包んでいるからだと。その上で、描かれている太陽の光も、月光も、読み手である自分を快くしてくれて、谷川の世界へ浸りきってしまうと結びます。

　O君は自分なりの読みを貫き通しています。それは、好き勝手にという意味ではなく、文章を忠実に自分の脳裏に反映させながら、谷川に差し込む光が、谷川の生きものとその出来事にどのように絡まりながら、お話を組み立てているのかと読み込んだといえるでしょう。水のながれによって不断にその表情を変え、その形をも変えて動く太陽と月の光。

この賢治の描写はおそらくO君をして、光を単なる谷川の生きものの背景として「静的」に捉えるのではなく、共に川の中の生活を織りなす「動的」なものとして捉えさせたと言えるでしょう。

　賢治の置いた最後の一文へのO君の向き合いは、子どもがどのように文章の背後の作者と出会い、対話を創り出すのかをわたしたちに教えてくれています。
　「わたしの幻灯は、これでおしまいであります。」
　幻灯の終わりを告げられて、どうでしたかと問われたように思ったと言います。谷川の世界を見せてもらったのだから、今度は自分たちの世界のことを見てごらんと言われたように思ったということでしょう。このようにO君が読むことは、彼が、自分の視点を、川の外にも置いたという自覚につながっていることでしょう。最後の文章以前までは、谷川の底から見ているかにと、そのかにの眼をも自分のものとして位置づけながらも、同時に谷川の外からも自分はこのお話を見ていると意識して、賢治の描いたフィクションの世界を見ていたO君。最後の文章は、そうしたO君をして、フィクションの世界から読み手としての自分が存在する現実の世界を考えさせたというように、彼は語っています。だから、かにとは違う視点に立っているという自覚がなくては、自分たちの世界はどうですかと問われたというようには思いを馳せることはできません。同時に、彼自身が言葉においても「読み手としてのぼくは」と表現していますが、読み手意識があるということが、作者との対話を創り出し得たといえるでしょう。

　読みに働いたO君の思考作用をまとめると、(1)文章を読み、何に注目したか、惹かれたのか、その時の自分の感じ方から読みをすすめています。最後にはそのことをはっきりと自覚しています。注意をむけること、感覚的に捉えることの大切さを教えてくれています。(2)自分

が注意をむけていることと、登場人物の視点の違いを意識したこと。これが、彼をして物語の場面をどのように捉えるかを決定させています。川底と川の外を統一して捉えようとしています。（3）（1）と（2）を基礎として五月を捉え、十二月を捉えようとしていますが、その時、多くの友達の発話にある二つの場面を対比してみるということを受けとめることによって、それぞれの複雑な特徴を際だたせながら、そこに同一のものを見出そうとしています。（4）それを、彼なりの作品のもつ意味として押さえようとしています。（5）最後の一文から、作者の存在を感じとり、（6）（4）において作品の意味をまとめることが出来たことを基礎として、作者が伝えることを自分の生きている現実の社会と比べて考えることが出来たと言えます。

　6年生で、これだけの思考作用によって作品を読み味わい、読者である自分が生きている社会について考えることが出来ることを、例1のように、わずか一文か二文か、しかもグループで一つにまとめることの意味はどこにあるのでしょうか。これだけの子どもの思考能力を発揮させることなく、封じ込めることしか意味しません。言葉に発しなかった思考は消えてしまい自覚する機会を奪われてしまうのです。

1.3　例3　文科省式「主体的・対話的で深い学び」指導法（新指導要領）、実施前の先行例「知識構成型ジグソー法」による高校世界史の授業

　この事例は、今日日本の認知心理学者の第一人者の一人としてとして著名な三宅なほみ（敬称略）が、『21世紀型スキル』（P.グリフィン、B.マクゴー、E.ケア編、三宅なほみ監訳、2014、北大路書房）の第6章で推奨している授業事例からの一部を引用したものです（p.233）。
　授業は、埼玉県立浦和女子高校2年生の世界史です。

この事例をここで検討するのは、文科省が「アクティブラーニング」法を基準とするという流れの中で、その例として発表されている教科の授業で、三宅なほみ考案の授業モデル「知識構成型ジグソー法」が取り入れられているからです。

　「知識構成型ジグソー法」という授業モデルは、三宅なほみが先行研究で、「二人で一緒に問題を解く過程の詳細な分析の結果、その過程には、建設的相互作用があるという結論を得た」ということを基にデザインされた授業の型です。「建設的相互作用」とは、対話の参加者は、ある問いに対して自分なりの視点からある「解」を持っているが、他者の視点も「活用」して少しずつ自分の「解」を作り替えて、より質の高い「解」に到達するというものです。

　授業の型は次のようになっています。問が子どもに与えられて（本書で取り上げる授業例では「（神聖ローマ皇帝）カール5世はなぜルター派を容認したか」）、それに対して答えを出すために、授業は三つの段階で構成されています。

　最初に「エキスパート活動」というものが設定されています。そこでは、3つのグループに分かれています。この事例では、（1）ルター派と教皇や教皇の権威としての（ママ）カール5世の対立（国内問題）、（2）オスマン帝国のスレイマン1世の動向（東側の国際問題）、（3）フランス王フランソワ1世と神聖ローマ帝国皇帝カール5世のイタリア政策をめぐる対立（西側の国際問題）という「3つの部品」と呼ばれるものをそれぞれ別々に扱う3つのグループが編成されています。この「3つの部品」は明記されていませんから教師がその内容は分類していると思われます。それぞれのグループに、それぞれの「部品」を構成する資料が渡され（あるいは、全ての資料が渡されたのか、それについては明記されていません）、各部品の視点から世界史の史実について学びます。これは、事前の授業として行われているようです。

　さて、次にこの別々の「部品」を扱う3つのグループから一人ずつ分

かれて、派遣された3人で構成する3つの新しいグループが編成されます。3つのグループはこれで、それぞれのグループが3つの部品を扱うエキスパートで構成される等質のグループとなるわけです。この等質のグループで話し合いをして、問の答えを出すことになります。これがジグソー活動です。このジグソーという名称は、ジグソーパズルのように、3つの「部品」をぴったりと合わせて意味あるものにするという意味でしょうか？名称の説明はありません。

最後に、結論（答え）を3つのグループが発表するのですが、これをクロストーク（相互討論、著者による訳）活動と呼んでいます（p.228）。

1.3.1　ジグソー活動（一人一人が「3つの部品」の一つをそれぞれ扱う3人の子どもの話し合い）（p .233）（名前は仮称）

原田：（自分のプリントに図を描きながら）こっち側はこの人しかいないの。だから、オスマン帝国に攻めて来られたらやばいんじゃないかって話。

大沢：え？イスタンブルは？

原田：イスタンブルこっち。イスタンブル、オスマン帝国にこないだとられたばっか。

大沢：（じっと、考えているようす）え？オスマン帝国は…、あ、めっちゃ、ああ！これ、めっちゃ強いんだ！

原田：で、ハプスブルグってことだから、こっちって。ハプスブルグがめっちゃ強いの、この時代ヨーロッパ最強。でもあくまでヨーロッパなの。こっち（オスマン帝国）、アジアの新興勢力なんだけど、なんかヨーロッパにまでじわじわ来てるの。

大沢：窮状を訴えたのって？

原田：フランス

大沢：フランスなのか！ああ！窮状訴えたのがフランスで、フランスがこいつ（オスマン帝国）まで仲間にして、もう、全部が

ギュッ！となってくるからヤバい！って。
原田：こんだけのハプスブルグ包囲網ができているのに、ハプスブルグこいつ（ルター派）しかいないから…
大沢：(資料を読み直しながらさかんにうなずいて) わかった、わかった、わかった。

…中略…

大沢：これね、どんどんプラスプラスで、全部があっちがつながってて、自分たちが最強のはずだったんだけど、全部がつながっちゃって、さあ戦うって時にもう誰もいなくて、国の中で戦う力がなくなっちゃってたから…「いいよ」っていったんだよ…はあ、でもこれ…こんな状況になってもさあ、一時的になのすごくない？
原田：どんだけ仲よかったんだろう。
大沢：…いやだったんだろうね、ルターのこと。

1.3.2　前記3つの実践例の授業の形式的な特徴

　例1～例3の実践例全ては、形式的にいえば、一定の学習をした後で、教師の設定した課題について学習するという場面の授業です。いずれも、学習の過程では子ども同士の話し合いが取り入れられています。例2で提示した子どものノート（p.26 参照）が書かれた授業では、単元の最終の授業だったために話し合いの場面はなかったのですが、その前の授業は全て、クラス全体での子どもの話し合いによって進められています。五月と十二月を総合して捉えることは、十二月の場面での話し合いで子どもから自然に五月と比較する内容が発話されています。それにふまえて、教師は最後の一文を読む授業を設定しています。

　そして、例1と例2では、授業そのものの目的は、話し合いによって、一人一人の子どもの読みを深めていくということになっています。少なくとも例1では、指導した教師の目的はそうであったと言えます。授業

の終わりに、授業での話し合いを通して、一人一人が何を深めていったのかを書かせる場面を設定していることが、それを表しています。

　ところで、例1と例3の授業で共通していることは、グループの話し合いで一つの結論を出すということです。しかし、一つの結論の出し方、グループ内の話し合い方は異なっています。学習過程での対話について考えるために、この違いについて検討します。

　例1では、一人一人が、自分はどのように課題について考えているのかを発話しようとしています。しかし、一つの結論を出すということによって、事実上グループ内の一人の意見にまとめられ、他の意見は道半ばで切り落とされました。グループを構成する全ての子ども達は、授業のはじめの8～10分程度はクラス一斉に同じ教材文を、それぞれが読み考えてノートに書き留め、ペアの話し合いで自分の考えたことを伝えるという様にしてきたのですが、その後、毎時間グループの話し合いがあり、そこでは意見を一つにまとめて、グループの意見として全体での話し合いに出します。一つにまとめられると、上で見たように、一人一人の子どもの考えは毎時間グループの対話を積み重ねても、自分の考えたことが深まっていくというようにはいかないようです。例1の教師は、授業モデルとして「小中一貫教育研究委員会」から降ろされてきたグループで一つの結論を出すという方法が、同じ答えを共有するということになるかもしれないが、決して一人一人がこれまで考えてきたことが、深められるわけではないということに悩んでいたと言えるでしょう。そこで、最後の全体での話し合いに期待を持っていたのですが（それはその話し合いでは、教師が発言する子どもの発話内容を知ることが出来るからです）、一文か二文にまとめられた「幸せ」とか「生きる喜び」などの言葉では、意味することが希薄な「抽象的」な言葉だけが並ぶ文章となり、それを巡ってでは、作品『やまなし』の題名の意味を捉える論議には発展しようもなかったと言えます。

　例3では、それぞれがグループでの話し合いのために自分が伝えたい

ことを準備する事前の活動が設定されています。それは、授業前の学習で資料は「部品」と名付けられているように、情勢についての領域が異なる「部品」のエキスパートとなることでした。グループの構成メンバーはそれぞれ違う領域で資料を丁寧に読み、それぞれをつき合わせて全体を描いくという様に想定された方法をとっています。

　以上の３つの例から、なぜ例１と例３の子ども達の思考力が育ってないのか。ここで焦点化して学ぶべきことは以下のことにあります。
　例２に見られるように、一つの単元のほぼ毎時間の授業でクラス全体で話し合いが行われ、最後に教師が子どもの読みに踏まえて、それぞれの子どもの読みを一歩深めるために課題を出して書きまとめさせるという方法で、子どもは自分の考えを発展的にまとめていることは客観的にも認められます。しかも、そのまとめには、友達の意見についても書かれています。
　他方、例１と例３では、グループ活動は教師からの課題が出されて話し合いが行われていますが、果たしてそのグループ活動は教師の思惑通りに、それぞれの子どもの考えは深められたと言えるでしょうか。例１よりも例３のグループ活動は、形式的にはより工夫されています。学習者も高校生、しかも、いわゆる進学校の生徒です。それにふさわしくグループでの話し合いが、それぞれの考えが深まる方向で行われたのだろうかということです。ここで、それについて検討して見ます。
　それによって、新学習指導要領の「アクティブラーニング」法がどのようなものか、具体的にはっきりとすると思うからです。

1.3.3　文科省式「アクティブラーニング」法の特徴を示す「知識構成型ジグソー法」モデルの例３の授業を分析する
1.3.3-1　グループでの話し合いを分析する
　まず、「(神聖ローマ皇帝) カール５世はなぜゼルター派を容認したか」

に対して、その答えを出すためのグループでの話し合い「ジグソー活動」を分析します。

　原田さんは、「こっち側はこの人しかいないの。だから、オスマン帝国に攻めて来られたらやばいんじゃないかって話。」と冒頭で発話しています。すでにこの時点で、原田さんは、ハプスブルグ家カール５世支配下の国内事情（こっち側はこの人しかいないの）と、カール５世にとっての東側の対外事情（オスマン帝国に攻めてこられたら）を押さえて、カール５世がそのことによって一定の判断（やばいんじゃないか）を持っていると考えています。原田さんは、「カール５世の国内事情」と「オスマン帝国の動向」という二つの「部品」を取り扱っています。領域的にはカール５世支配下の国内問題から出発して論を立てています。すなわち、国内問題にとって、どのように東のオスマン帝国の動向が問題となるかという様に考えていると言えます。それは全体とは切り離されて組織された一つの「部品」で、グループから派遣されたものとしての発話内容ではありません。そもそも制限された「部品」を扱う存在として、つまり、「部品」のエキスパートたれと学習させられた存在を、原田さんは自覚的かどうかは別として、他の「部品」をも考えあわせており、思考作用において（精神的活動において）は乗り越えているといえます。これ一つをとっても、あえて「エキスパート活動」として基礎的資料を「部品」に分解して、分析するという学習を設定することは、子どもの思考法にとっては適切ではない、いや、誤っていることが示されています。この原田さんの、当時の政治的軍事的な国際的力関係の中におけるカール５世の判断という大雑把な把握が、グループの対話を引っ張っています。部品のエキスパートとして発話内容が限定されていないから、対話を引っ張っているわけです。

　しかし、当時の政治的軍事的な国際的力関係の中におけるカール５世の判断という把握だけでは、国内の宗教的対立が政治的関係となるというところを説明していません。カール５世の国内問題を整理するときに

大切なことは、宗教的対立の問題がどのように政治的角逐となるのかということを捉えなければ、支配者が対外的事情を考慮するということも分からないので、他の「部品」の「エキスパート」の問題意識とは重なり合いにくいはずです。子どもにとっては、特に日本においてはそのような歴史的な事実がないだけに、日常的な「常識」や「感覚」として捉え難いので、このヨーロッパの歴史的な事実の過程を追いつつ捉えていかないと分かりにくいのです。他の国際問題を扱ったグループに対して、国内問題を扱ったグループが「伝えるべきこと」としては、決定的に大切な事柄が捉えられていないことになります。エキスパート活動における資料を、どのように捉えるのかの不充分さを表しています。
　他方、大沢さんは、対外事情を原田さんから説明してもらいながら理解しても、すぐにはそれとカール5世の判断は結びついていません。さらに原田さんは、「ハプスブルグには、こいつ（ルター派）しかいないから」と、いいますが、大沢さんは、しばらく考えている間があります。原田さんのこの発話は、大沢さんの分からないところに十分な「解決」を与えるものになっていなかったのです。フランス王フランソワ1世とのイタリア政策を巡る対立は、直接的にはプロテスタントとカトリックといういわゆる「宗教」を巡る対立ではないので、フランスとのイタリア小都市国家への覇権をめぐる資料を調べることと、カール5世の国内的な宗教的対立問題とが、結びつかなかったということは十分に考えられます。つまり、大沢さんにとっては「部品」だけを扱うことの限界が、ここに露呈していると言えます。
　対話記録に中略があった後にやっと大沢さんは、「これね、どんどんプラスプラスで、全部があっちがつながってて、自分たちが最強のはずだったんだけど、全部がつながっちゃって、さあ戦うって時にもう誰もいなくて、国の中で戦う力がなくなっちゃってたから…「いいよ」っていったんだよ…」と発話しています。
　この発話では、大沢さんは、（1）フランス問題をオスマン帝国の動

向と結びつけたこと、及び（2）ルター派とカール5世の宗教的対立を国内の政治的力関係として（原田さんの捉え方を受け入れて）捉えたことを示しています。さらに、（3）大沢さんの話言葉が、これまでと変わっていることにも注意しなければならないでしょう。カール5世の視点から、対外情勢と国内情勢を語っていることです。「あっちがつながって」「自分たちが」「誰もいなくて」というように。

　大沢さんの最後的なまとめの発話に見る以上の3点をまとめると、（1）自分の担当ではない他の二つの「部品」（オスマン帝国の動向、カール5世の国内事情）での事実的な事柄を知るということだけではなく、自分の「部品」の扱い方（視点）を含めて、3つの「部品」を考える視点を「政治的な力関係がどうなったか」として、統一的に観るという様にはっきりさせたと言えます。（2）第二に、対外事情を、国内事情の弱さを持つカール5世の視点から考えたという様に言えます。それによって、カール5世のルター派を認める判断を「理解」出来たと言えます。
　すなわち、一言で言うと、大沢さんには、歴史に関する資料を整理する二つの「視点」が必要だったということです。「政治的軍事的力関係」はどうだったか。誰の視点からそれを観るのか、この二つの「視点」です。これには、原田さんのカール5世の国内事情と対外情勢を、カール5世の視点から政治的軍事的力関係がどうだったのかという様に観るという立場が大きく影響しています。しかし、大沢さんの対話での最後の発話「…いやだったんだろうね、ルターのこと」には、宗教的対立が政治的な対立となるということが理解しにくいことを依然として示しています。
　大沢さんは、西側の動向についての「部品」を扱うグループにいて事前学習していたと思われますが、事前学習の目的であった「知識・考え方の習得」は、十分には果たせなかったようです。西側についての知識を身につけるものとして設定されたグループにいて学習していたとしても、それをどういう観点から脈絡のあるものとして整理するのかが明ら

かでなければ、資料の内容を脈絡のあるものとして整理することは出来ません。事実を羅列的に押さえることでは記憶も十分にはできません。しかも、歴史的事実の意味はつかめません。大沢さんは、「部品」のエキスパートとなるべきそのグループに入っても、「部品」を取り扱うだけでは、「部品の中身」のこともよく分からないのだという例を示していると言えます。資料に向き合うときには、その読み手にはそれに対する自分自身の価値意識、問題意識が必要だと言えます。「部品」に関することだけでのストーリーを、指示されるままに作ることは出来ないのです。このこともまた、「部品」を扱う「エキスパート活動」の設定の誤りを表していると言えます。

　さて、鈴木さんはおそらく残りの「オスマン帝国による侵略という東側の国際問題」のグループから派遣されていたと思われます。しかし、鈴木さんの発話は記録にはありません。おそらく、原田さんの発話内容に何も付け足すことがなかったからでしょう。

　対話記録を自身の論述のために記載している三宅なほみにとって、カール５世の国内事情を整理するときに、宗教上の対立が、どのように国内の諸勢力の政治的対立となるのかというそのことは重要ではなかったのでしょうか。だとすれば、必死に考えている大沢さんの苦労を、その内面的思考の側から受けとめようとしているとは言えないのではないでしょうか。また、大沢さんが必死に考えているときに、鈴木さんが発話していないのはどうしてなのかということも、真摯に受けとめていないとも言えるでしょう。そればかりではなく、さらに、「部品」ということでの資料の切断は妥当か、そのエキスパートの養成が妥当かという捉え返しは出来ないのではないでしょうか。

　ところで、三宅なほみは、「大沢さんは、『カール５世が強大な敵に囲まれている』というストーリーをその場で作り上げながら理解を進める

一方、原田さんは、『ハプスブルグの弱体化』という別のストーリーで理解を進めていました。」というように対話を解説しています。二人の発話を素直に言葉通りに押さえるだけだとしてもそのようには解説できません。この解説は、原田さん、大沢さんの二人の思考の過程が、発話に、あるいは、発話のとぎれに現れている重要な部分に気づかないのか、あるいは、強引に無視して、ただ「エキスパート活動」及び、そのための３つの「部品」の設定がうまくいった、したがって、「知識構成型ジグソー法」というモデルは適切であるという観点から、それに当てはめた対話の見方だと言えます。これでは研究にはなりません。はじめに答えありきの研究です。授業研究は子どもがどのように考えるのか、行き詰るのかを研究しなければならないからです。

「知識構成型」というのは、「部品」のエキスパートとして事前に学習した３人が、それぞれの「情報」を出して、それらを合わせると、３人は知識を構成するという想定のもとに組み立てられたものと言えます。しかし、３人は部品が示す通りにそれぞれのストーリーをつくっていったとすら言えませんし、核心的にはそれぞれのストーリーから、直線的に「理解が進んでいった」とも言えません。したがって、そのような想定は成立しないと言わなければなりません。

付け加えれば、原田さんと大沢さんの対話では、カール５世のルター派容認の問題について国内および対外の力関係を述べるだけで、それぞれとのカール５世の対立の内容とその根拠にかかわる事柄が、内容的には一言も語られていないという特徴があります。世界史の史実は勢力図の推移でのみ理解することは出来ないという限界があります。

大沢さんは、議論の終末に「こんな状況になってもさあ、一時的になのすごくない？」「…いやだったんだろうね、ルターのこと。」と、言っています。大沢さんが、フランスの動向をオスマン帝国の動向と結びつけられても、それがカール５世の判断と結び付けられなかったことの大

きな根拠は、ここにあると言えます。しかし、大沢さんは自分自身のありのままの捉え方を素直に述べていてそれは、貴重なものだと言えます。最初はその視点で出発するしかありません。カール５世とルターの関係を、個人的な感情として捉える観点を出発点にしつつも、資料を読み込みながら、どのように諸事実を捉えるのかの視点の問題を内容的にクラスで話し合い、転換していくことこそが必要なのではないかと思います。このことから、次の二つのことが言えます。

　一つは、「宗教改革」という様に言われている世界史的事実を学習するときに、教師の手で、「問い」を設定して、「部品」を選び、それを学ばせるということについてです。これでは、子どもが、時代も国も違う過去の事実について学ぶことへの、大きな壁を乗り越えさせるということが設定されていないと言えます。子どもが自分にとって、自分の素朴な視点から考えたいことを設定することが重要なのではないかということです。おそらく大沢さんは「なんで、カール５世はそんなにまでルターがいやなんだろう」等、考えてみたいのではないでしょうか。そしてこの問題設定は、教師のかかわりや子ども同士での話し合いを通して、「宗教改革」の世界史的意味にまでたどり着くだろうと思います。二つ目は、三宅なほみは「部品」のエキスパート活動から、ジグソー活動へと移っていくことを次の様に想定しています。自分の担当の「部品」の内容を理解して、それを持ち寄ることは、伝えたいことがあるということになる。そこで、自分なりの「問」への答えを伝え合って対話していると、異なる意見を統合すれば新しい答えがみつかるという創造性・イノベーション活動を楽しむことが出来るというように。

　このよう「伝えたいこと」があるということで集まったことを「『問』の答えを伝え合う」というように置き換えて想定することは、二つのことが混同されているからだと言えます。

　資料の理解と、そこから得られた史的事実を総合して考えて、そこに生きた人物の判断を推量するということ（「答え」）とが安易に、無

自覚的に混同・二重写しにされているのです。あたかも、歴史的事実の整理のようなものが、そこに生きた特定の人物にとっての意味（島田さんが当時の政治的軍事的状況を「ハプスブルグ包囲網」と特徴づけたような）まで教えてくれるかの様です。意味は資料を整理するという事実的「知識の習得」を基礎として、資料を整理する主体である子どもが一定の視点から意味づけなければなりません。そこに高度な精神作用が独自に働かなければなりません。大沢さんが結論を出すことに時間がかかったその過程こそが、明らかにされる必要があると言えるでしょう。

　以上から、浦和女子高２年生世界史の授業例を通して、「知識構成型ジグソー法」の問題点をまとめます。
　1.3.3-2　「知識構成型ジグソー」法は、子どもの学習を深めるか？
（１）「エキスパート活動」で、子どもは世界史の「知識・考え方」を身に着けられるのか？
　資料を調べ、歴史的諸事実を意味あるものとして捉え、「伝えたいものを持つ」過程を、「エキスパート活動」と名付けています。
　これは、その後に続く一つの課題の「答え」を出すための話し合いを有意義にするための事前活動のとして設定されています。世界史の学習で言えば、ある一つの史実の決定要因となることを領域別に分けて、分けたものをそれぞれのグループに入った子どもが、それぞれの領域の資料を中心的にエキスパートとなるように考察するというものです。
　果たして分割された資料を調べることで、そのエキスパートとなりえるのでしょうか？対話記録が示すように、３人のうち２人は、積極的に「伝えたいこと」を持つには至らなかったという事実は看過できません。その資料を調べただけでは、課題の解決へと直線的には進まない限界があることが明らかとなりました。それはなぜでしょうか。
　フランスとハプスブルグ家の神聖ローマ帝国とのイタリア問題の対立

を調べるグループから派遣されたメンバーは、その対立を何がどのように対立したのかと調べても、それをカール5世の国内でのルター派を認めるという決断と結びつくとは、直接的には行き着きませんでした。それは、学習する主体である子どもには、カール5世の支配下の国内事情がよく分からないからだと言えます。フランスとの対立の事情が、カール5世の判断を突き動かした要因の一つであると考えるためには、それを国内事情と結びつくものとして理解しなければならないからです。また、フランスがオスマン帝国との外交的交渉を追求したということも、子どもがオスマン帝国のことが分からないのであれば、その意味や重みは分かりません。したがって、調べる主体である子どもにとっては、「部品」は、納得のいく一定の仮説を打ち立てることを十分に可能とする資料ではないと言えるのです。ある領域の事実がそのまま、何かの意味を学習者に教えるわけではないからです。逆にいえば、学習者が、自分の視点から意味を見いだしていくのだということです。

　ある史実を分割的に学習し、部分的な事実的知識を伝え合うことによって広い範囲の事実的知識がそろってくると、歴史の動きを理解出来ると想定することは出来ません。この資料が子どもにとって、課題を解くことになるという一定の確信をいだかせ、「伝えたい」こととなりえるのかという、子どもの側からする考察が必要だと言わなければなりません。断片的史的事実だけをもって、子どもは「伝えたい」とはなりません。そこに課題を解決するための一定の意味を見出すときこそ、「伝えたいこと」となると言えるのです。

　事例で示された国内事情、東側の国際問題、西側の国際問題という諸領域そのものが、あたかも学習主体の歴史を観る観点であるかのように想定することは出来ません。

　資料の分割が、資料を観る視点を子どもにすでに定めているという様に考えるのは、資料の領域と、資料を観る主体の視点を混同していることを示しています。大人が、たとえば、「国内事情という観点から見れ

ばどうなのか、対外関係は関係しているのか、」というように領域的な各分野を一定の考える観点とすることが出来るのは、全体を観るという視点を持ち、その上で部分を考えるという位置づけがあるからです。しかも、その時にはすでに、ある程度部分についての認識を持ち合わせているからだと言えます。このような大人自身が学習した結果をもって、資料を分割して、子どもに調べさせるということは、再度言うことになりますが、この資料を調べることが、この問題を初めて学習する子どもにとって、課題を解くことになるという一定の確信をいだかせ、「伝えたい！」こととなりえるのかという、子どもの側からする考察が欠けていると言わなければなりません。いわゆる【上から目線】の授業の型なのです。しかし、これは決定的なことです。子どもがどのように学習するのかを考察しない授業の型の考案は、子どもがそこで主体的になることも、考えを深めることも出来ないし、自分が「伝えたいこと」を持たない対話では、自分の考えを形成することも出来ません。

　すなわち、資料の理解においては、それをどのように見るのかという学習主体の視点と、その視点から捉えた内容が絶えず検討され、視点の転換や捉えた内容を深めることが必要だということが示されたということです。そのためには、歴史的資料を理解するその時に、あらかじめ設定された問のためにということではなく、子ども自身が資料をどう捉えるのかを、驚きや、不思議だなどの感性的直観的な受けとめを含めて話し合い、それに教師がかかわっていくことが必要だといえます。教師や友達との精神的交流が、子どもの視点の転換や捉える内容を深めることを実現すると言えるからです。子ども自身の視点や捉えた内容を高めるためには、常に対話が必要だということです。

（２）エキスパート活動を基礎とするジグソー活動で子どもは自分の考えを自分の筋道で深めることが出来るだろうか？
　ジグソー活動というのは、「部品を担当したものが１人ずつ集まって

その内容を統合して問いに対する答えを創り出す」(p.228)活動であるというものですが、それを子どもの思考の流れとしては、次のようになるのだと授業の型の考案者である三宅なほみは描いています。一つの共通の課題の解決のために、「少しずつ異なる視点からの自分独自の『解』を構築する一方」、対話の中で「他人の視点をも活用して、それまで自分が『解』だと思っていたものを少しずつ作り替え、知識の適用範囲を自ら広げて、より高い『解』に到達する」(三宅 同上 p.227)。そしてこれが対話の効果であると。

　上記の対話の検討で示したように、対話(話し合い)を構成する3人は、それぞれ「少しずつ異なる視点からの自分独自の『解』を構築する一方」というようには、「少しずつ異なる視点」は持ち合わせてはいませんでした。自分の担当である領域の「知っている」歴史的事実の断片だけでは、ストーリーを作ることは出来なかったのです。したがって、対話の中で「自分が『解』と思っていたものを少しずつ作り替え」ていったのではなく、むしろ対話の中では、自分の担当の「部品」で得られた史的事実をどのように意味づけるのかに苦労した過程だったと言えます。「知識の適用範囲を自ら広げ」とは、どういうことなのでしょうか？　自分の領域の史的事実の断片を意味づけること抜きには、他の領域の史的事実を分析することに適用する視点や考える方法はないわけですから、適用範囲を広げるわけにはいきません。実際、神聖ローマ帝国における宗教的対立の国内事情と、フランスのフランソワ1世とカール5世のイタリア小都市国家への覇権問題での対立は、単純に問題を国内、対外という様に分類する「観点」だけで、説明出来るものではありません。宗教的政治的対立と、都市国家への覇権という政治的経済的な対立という性質を異にする問題が横たわっています。これらを抜きにして「知識の適用範囲を広げる」などということは出来ないはずです。実際の子ども達の対話では、ただ「問」に対する「答え」になりそうな史的事実を他者の説明から得ただけです(「窮状を訴えるって？」の会話)。これは「他者

の視点を活用」したのではなく、他者が知っている史的事実を知ったということです。だからこそ、すぐには大沢さんは、結論を出すことはなかったのだと言えます。大沢さんは、「より高い『解』に到達した」とは言えません。

ここで言えることは、3人の対話中の発話が教えてくれていることは、分断された「部品」を調べるよりも、同じ資料を読み、初めから資料という対象について自分はここはこう思う、これが不思議だ、つながらないと他者に話しかけ、聞いている他者も同じように自分はこう思うということを基礎として、話者に対して答えるという対話をすることによって、一定の、資料に対する視点を持つことを示しているということです。すなわち、子ども自身が考えるということは、常に対話を内包しているということだと言えます。この時、子どもの史的事実に対する視点やそこから捉える内容を高めるためには、教師の子どもとの精神的交流が不可欠なことだと思います。そしてまた、ここで考えなければならないことは、子ども自身の学習の対象についての理解の内容を深め、それに対する自分の考えを持って考える力を育成することを目的とするのであれば、あらかじめ設定された「問」に一つの「答え」を見つけることを目的とした対話では、子どもの思考は「答え」を見つけることに封じ込められるということです。したがって、子どもの教科の学習で、「伝えたいことがある」への準備段階（分割的な資料の知識を持つ段階であるエキスパート活動）、それから、「伝えるという行為を実行する」段階（協働して一つの答えを出す段階）というように学習活動を二段階に分ける必然性はないわけです。にもかかわらず、「知識構成型ジグソー」法のような二段階に分ける授業の型が今日提唱され、それを広めようとするのはなぜかを論じなければなりません。

（3）「部品」調べの場面と、「協働して問いを解決する」場面とに、学習過程を二段階に分割する根拠はなにか

この「知識構成型ジグソー」法というのは、OECD（経済開発協力機構）

／ＰＩＳＡテスト及びその周辺機関の提唱する２１世紀型スキル（コンペテンシー）に影響を受けて、「チームが説くべき問題を共有し、…共通した問題解決のために貢献する」（三宅なほみ、同上）ための学習パターンを考案したからだと言えます。これは、文科省中教審の新学習指導要領の『審議のまとめ案』でいう「知識・考え方」の習得とそれを適用するための協働の必要ということに、授業の型としては符合します。

21世紀型のスキル（コンペテンシー）というのは「…出来る能力」という意味があり、いわゆる学力だけではなく、協働・協調して〇〇が出来る、貢献する能力を言います。したがって、「知識・考え方」の習得をいかにするのかを、協働して「問」を解くという行動（活動）の側から位置づけるという授業の型が成立しているのです。すなわち、対象を認識し—それを表現する（他者と対話する）—表現したことから認識内容と思考方法を深めるという螺旋的に認識を深めるという構造を、行動するためにそれに必要なことを知るということに置き換えてしまっているということです。そういうことが出来るのは（学習過程をエキスパート活動とジグソー活動とに分離することは）、あえて、知識の習得とその適用というシェーマから天下って、学習活動の型を決めるという逆立ちの論理に陥っているからです。そうすることによって、子どもの思考過程を考えるのではなく、部分から全体へと動く知識の運び屋として子どもを扱ってしまっています。知識の寄せ集めが、子どもの考えを「より抽象度の高いものに」（認識の深まり）(P.228)するわけではありません。

さらに、付け加えると、埼玉県では他の県立高校でもこの「知識構成型ジグソー法」をモデルとして、国語の授業が公開されています。授業を担当した担任は、グループの多くは正答と言えない結論を出していると言っています。そこで、学校の外部のＩＴＣの専門チームが、各グループの話し合いの過程を記録してＰＣに取り入れ、それを分析するソフトを編み出して、グループの傾向と対策を明らかにし、学校に報告出来るようにする予定だということです。しかし、教師が直接に子どものどの

ような発話が、どのように他者に影響を与えて結論に導いたのか、それはどの様な問題となるのかを分析しなければ、子どもと対話することは出来ません。結論としての傾向を、子どもの言葉の断片の統計から機械的に導き出すことでは、子どもの思考作用・相互作用をつかみ取ることは出来ません。ここでは教師もまた、機械的な子どもへの指示の運び屋として位置づけられてしまっています。

2 文科省の「主体的・対話的で深い学び」方の特徴

　文科省・審議会の「アクティブラーニング」(主体的・対話的で深い学び) 方法の先行事例を二つと、それ以前の事例について初めに論じたのは、次のような理由によります。これから検討する、新学習指導要領の『審議のまとめ案』には、多くの概念が説明されていますが、その説明自身がまた多くの概念的言葉によって充たされています。それらの概念的言葉には、その概念がどのような現実的事実的なことから抽象化したものかを、明らかにしていないという難点があります。つまり概念の意味そのものがはっきりしないというものです。そのために、先行的に実施されている事例とその検討から導き出された問題点を一応念頭に置いて、それらの事例のいわば「理論的」な基礎づけとして、新学習指導要領と『審議のまとめ案』を位置づけて、以下を論じたいと思います。

2.1　新学習指導要領の最大の特徴:資質・能力の育成（目的）を実現するための学習内容と学習方法という構想の中に位置づけられた学習指導方法

　これまでの学習指導要領の改訂では、「何を学ぶか」という子どもの

学習内容の改訂が主要なことでした。現行学習指導要領（2008年改訂）では、各教科・教科外の学習を貫いて「言語学習の充実」を図るためとして、「単元を貫く言語活動」ということが強調されています。しかしそれも、「『生きる力』の育成のための学習」という様に学習の位置づけが変更されていたとしても、一応学習内容の改訂の範疇に入るものです。今回の改訂（小・中校2020年実施）では、「何が出来るようになるか」（獲得するべき資質・能力）と「どのように学ぶか」（学習方法）とが新たに加えられています。審議において表現されている「アクティブラーニング」という学習方法は、この中の「どのように学ぶか」に位置づけられています。

　「何が出来るようになるか」、「何を学ぶか」、「どのように学ぶか」の三つの組み合わせ方とその内容に新学習指導要領の特徴があります。まず簡潔に三つの組み合わせ方と内容が、どのようなものか浮き彫りにしていきたいと思います。

2.1.1　資質・能力（何が出来るようになるか）を教育内容に具体化すると同時に学習方法にも貫く

　2016年8月1日付け、中教審の『審議のまとめ案』の「総論部分」では、次のように展開されています。

　まず、「何が出来るようになるか」（獲得するべき資質・能力）が最初に位置づけられています。その資質・能力を一般論ではなく、実際の教科学習等で「身につく」こととして、具体化し、かつ体系化する必要性をこれまでの学習指導要領の弱さを指摘しつつ、強調しています。

　「現行指導要領では、各教科等を貫く改善の視点として言語活動の充実を掲げた」。しかし、「『生きる力とはなにか』を資質・能力として具体化し、教育目標や教育内容として明示したり、資質・能力を育むために必要な指導の在り方や、教科等間のつながりを示したりするまでには至っていない。」（p.12）というように。

すなわち、獲得するべき資質・能力をより具体的に設定し、それを教育内容に具体化して取り扱うということです。つまり、各教科等の学習内容を、さらに求める資質・能力をも身につけさせることとして、具体化して編成するというように「改善」するとなっています。
 したがって、「どのように学ぶか」の学習方法「アクティブラーニング」は、「**形式的に対話型を取り入れた授業や特定の指導の型を目指した技術の改善に留まるものではなく、子ども達の質の高い深い学びを引き出すことを意図するものであり、さらに、それを通してどのような資質・能力を育むかという観点から、学習の在り方そのものの問い直しを目指すものである。**」(p.16〜17) とされて、「資質・能力」の形成を徹頭徹尾貫くための学習法だと宣言しています。

 ここでは、「アクティブラーニング」については、三つのことが言及されています。
①授業に対話型を取り入れるなどという授業技術の「改善」にとどまらない。
②子ども達の質の高い学びを引き出すことを意図する。
③それを通して資質・能力を育むという観点から、学習の在り方の問い直しを目指す。
 つまり、文科省の規定する「アクティブラーニング」とは、授業をしたけれども、それで、子どもはどのような資質・能力を身に着けたのか、そのような授業を行ったのかと授業を問い直していくということを要求するものです。

 ここでは、子どもの学習では、「何が出来るようになるか」(資質・能力)ということが「何を学ぶか」や「どのように学ぶか」にも貫かれる第一義的なものとなっています。いいかえれば、授業は資質・能力として身につけるものを結果として出したかどうかを目的として指導し、同

時に評価の観点にするということになっています。

2.1.2 「資質・能力」とは「習ったことを使えること」さらに「社会にかかわる態度、人間性」をもつこと

このように第一義的に位置づけられ、その獲得のために教科・教科外の学習内容が編集され、そのための学習方法として（「アクティブラーニング」）「主体的・対話的で深い学び」の指導法が位置づけられているところの、「資質・能力」とはなんでしょうか。

まず、言語的に意味することを調べておきます。

「資質・能力」とは、英語のコンピテンシー（competency, competence）の和訳です。この competence の意味は、その和訳から直接的には推測しがたいものですが、OECD 経済協力開発機構の提唱する概念です。「社会生活において人が本来持っている知識をどれだけ実際に行動に移して、活用していくことが出来るかの力」『２１世紀型スキル』(2014, 北大路書房、編訳者からのメッセージ) ということだそうです。

したがって、新学習指導要領では、学習するということだけで終わらず、さらにそれを行動に移して活用出来ることが、教育目標となっているということです。そのために「アクティブ」＝活動的という意味を表す「アクティブラーニング」という表現が、はじめにつけられたと言えます。つまり、新学習指導要領では、習ったことを使って、実際に活動するということに力点が置かれていると言えます。

ところで、EU ではコンピテンシーを、「特定の状況下における適切な知識、技能と態度の組み合わせ」と定義しています（2005.11 欧州議会、欧州理事会の勧告、『21世紀型スキルとは何か』松尾知明、2015、明石書店）。欧州理事会の勧告では、鍵となるコンピテンシーとは、「全ての人が、自己実現、能動的市民性、社会的包摂、及び、雇用のために必要とするコンピテンシー」と、さらに具体的に規定しています。後で

述べますが、日本では中教審の審議においては、行動によって活用出来るということだけではなく、行動させることによって「社会と世界へのかかわりかた」をわきまえた「態度、人間性」というように強調されています。EU では直截に「雇用のために必要とするコンピテンシー」と言っていますが、文科省は、「態度、人間性」まで含めるとしているところが EU と少し違います。日本では、「道徳的態度・人間性を教育する」ことを如実に表しています。『道徳』の教科化と共に、新指導要領が改訂されるということの持つ意味がここにあります。教育目的である「出来るようになる資質・能力」のなかに、その行き着く目的が『道徳的態度・人間性』の育成にあることを明らかに示しています。

2.1.3 「アクティブラーニング」(主体的・対話的で深い学び) という学習法では、教師と子どもは教科・教科外の学習で、「出来るようになる」と指定されたことに対して結果を出さなければならない

そこで、「アクティブラーニング」(「主体的・対話的で深い学び」) という学習方法では、教師は、授業を展開する中で、子どもを、新学習指導要領改訂が指定する「身につける」資質・能力が教科内容に具体化されていることを、「出来る」という結果を出せるように働きかけることが求められています。つまり、学習したことを実際に行動して出来る方向へ向かって、自ら進んで学習する態度や協調性を養うように導くようにと、方向づけられています。子どもは、教師のそれを受けとめて自ら進んで「身につける」べき「資質・能力」を「出来るように」なるために、習ったことをグループ活動で結果をだすように努力しなければならない。そのような態度と人間性を持てというように構想されています。

文科省式の「アクティブラーニング」という学習方法は、「アクティブラーニング」一般が奨励されているのではなく、文科省が求める「出すべき結果」を子どもは進んで行動して、出さなければならないという方法として設定されているものです。

2.2 はじめに「出すべき結果ありき」とは、学習のゴールに向かって脇目も振らずまっしぐらのコースを走るのと同じこと

「身につける」資質・能力ということを目的とし、それを具体化した学習内容とそのための学習方法ということは、「目的と手段」の関係を言葉上だけの関係として考えると、「手段は目的のために選ばれるのは当然かもしれない」という様に考えられるかのようです。学校現場では、毎年、毎月、毎週毎に、「重点目標の実現、努力目標の達成」という職員会での掛け声の下に、教師は教室へと（時間厳守、準備万端整えての規律で縛られて）送られていきます。そのような日々の慣行の中では、その目標の質が変化していることなどの検討もなく、「目標があって、そのための方法がある」という様に説明されると、なるほど「目標にとっては手段は当然」というように思われていくかのようです。

しかし、目的や手段という概念的言葉そのものが一人で動き働くわけではないのですから、単なる概念同士の関係上のこととして言葉主義的に「考える」わけにはいきません。「誰が」という実際の担い手が在るのですから、「誰が」「誰を」対象として、「何を使って」「どのようにやる」のかを入れて考えると、問題は深刻になってきます。

「目的」を、誰を対象として誰が何のために設定するのか、というように考えてみます。その目的は、文科省が、子どもを対象として、「何が出来るようになるべきか」という問いを設定し、「学びを人生や社会に生かそうとする学びの態度・人間性の涵養が今の社会の要請だ」という答えを出して作られると言えます。その答えにむかって、学習することを直接的に社会に生かせるものにする態度や人間性に結び付けています。すなわち、「今の社会」が喫緊に要求することであるわけです。それが「出来るようになること」、つまり、すぐに役立ち使えることを子

ども達が出来ること、しかも、子どもの積極的参加と順応を実際に用意することが学校教育の目的とされているのです。

「何が出来るようになるか」ということから教育の目的を考えると、かつては、「理工系の知識と技術の要請」とか、「思考力を育成するための言語活動の充実」と設定されていたわけですが、それは一応学習の重点をどこに置くのかという範疇の中のものでした。もっとも、「言語活動の充実」は、「生きる力」（困難なことがあっても生きる力という意味が、そこには込められていたわけですが）は、PISAテストの基調としてある「社会が必要としている学力」という世界的な学力観の転換に歩調を共にするものでしたが、この直後に学力低下を招くと異例の学習指導要領の変更が行われて、その時に挿入されたものです。今回の新指導要領では、「生きる力」という以上は具体化されてこなかったことを「資質・能力」ということで、より具体化した「出来るようになる」ことを、直接的に社会に貢献する能力（英語やIT機器の使用を代表とする種々の記述的能力）と資質（人間性や態度）というものにしています。道徳教育の教科化と時を同じくした新学習指導要領の改訂であり、その内実は学習活動を全て道徳的徳目の受容としてばかりではなく、実際の行動において実行させることをともなっていると思います。

このように、新学習指導要領編成において最も力説されている育成すべき資質・能力という教育目的は、その設定において今直面しているとされる社会的必要性を、子どもに対して求める資質能力としています。「予測不可能な社会の変化」への「不適応の予防」の必要から、この様な「目的」が当然であるかのように語られています。これが何を意味するのかは誰の目にも明らかです。

日本の産業構造の変化、金融、サービス産業の占める割合の増大や製造業の海外移転などによって、失業と再就職が常態化しています。そのような社会的要請に対して、不適応を示さず、進んで転職のための技術・

技能を取得し、転職できなくともくさらず、たとえ短期間であっても、転職を繰り返せる人間性を求めることであること、また、期限付きの雇用や派遣社員となって働くことをいとわないことが、主要な『不適応の予防』であることは周知のことです。そのことから生起する家庭生活の変化、個食をはじめとする家庭でのふれあいの極端な減少などの、子どもの日常生活を取り巻く環境の悪化という事態も、毎日のように報道されています。そのような環境にあっても情緒不安定を起こさない子どもに育てるという、空文句に等しい精神主義的教育を意味しています。さらに、今日的には、貧困の増大が大きな社会問題となっています。これにも「不適応をおこさない様に予防」するためだということになります。

このように、文科省・中教審の設定する目的は、はじめに文科省の意図有りきという論法に貫かれていると言えます。これは、子どもの成長や発達を、現出している社会的な矛盾を受け入れられるように成長させ発達させようというものです。国定教科書を使って、これに答えるような授業法で結果をだせというのが、新学習指導要領だと言えます。

現在の社会の混迷を進んで受け入れることが「不適応を予防する」とされ、それが教育の目的とされるというのは、社会の混迷を無為無策に掉さし、助長するだけであることは誰の目にも明らかなことです。

これが求められる資質と能力であり、学習の答えであるとすることは、学習することそのものが全く危険な方向を目指すこととなります。

学校教育は社会が組織する社会的な次世代の子どもの教育に他なりません。なぜ、わざわざ次世代を担う子どもを教育するのでしょうか。それは、本質的には、世界的規模で歴史的に培われた知の遺産を、それが形成された歴史的な状況との関係でつかみ取り、発展継承していくために、次世代へとつなぐために、人間は子どもを社会的に教育するのだと思います。社会の発展は、現状の変革的な知的構想力を支えとしてのみ

実現されることは、歴史を観れば明らかです。知の遺産を受けとめ、理解し、発展継承させていくためには、負の遺産は負の遺産としてそこから学び取り、発展継承しなければなりません。それをやり遂げる人間的、かつ高度の精神的な発達を子どもに求めることが、教育の本質的な目的でなければならないのだと思われます。今必要なことを出来るようになることを求めるならば、それは、すぐに古いものとなり使えなくなります。そうしてまたすぐ使えるものを追い求めることになります。スクラップ　アンド　ビルドが繰り返されるような街づくりに似たようなものです。今盛んに言われる「持続可能な…」というキャッチフレーズは、現状が持続可能ではないことが、確実性をもって予見されているからこそ叫ばれているのだと言えます。

　このような中で、『不適応の予防』などというのは場当たり的で、モグラたたきのような目的へと教育を歪めていくものでしかありません。次世代へと、人間の歴史的な知的遺産を継承し、さらに発展するために子どもを教育するには、子どもを人間的に育み、その精神的活動こそを発達させなければならないのだと言えます。
　それは、子どもが学習によって自らの認識と表現活動をすることにおいて、精神的活動を活発にするのでなければならないでしょう。あらかじめ設定された答えを言うように仕向けられた精神活動では、借り物の貧弱な『公式』的な発想をするようにしかなりません。しかし、実際には子どもはそのように学ぼうとはしがたいのです。

　前述の事例：高校２年生の「宗教改革」の学習で、子どもは結局、「（カール５世は）…いやだったんだろうね、ルターのこと」という感想を以って終わりでした。「国内的・国際的状況での力関係で、カール５世は、ルター派を容認せざるを得なくなった。」などの「公式的」答えは、子どもにとっての本当の理由とはならなかったのです。世界史的

事実に対する子どもの発想としては、人間の感情の問題としてまず受けとめるということを、この学習では示しています。むしろ、そこから子どもは歩み始めるのだとも言える「本音」が出ています。カール５世は、ルターが嫌だったのはどうしてなのだろうかというところから出発して、何を調べればそれが分かるだろうかと資料を特定しながら、ルター派の宗教改革が、神聖ローマ帝国の権力をどのように脅かすようになったのかという史実を捉えると、そこで、大沢さんは何を考えるのか、それこそが大事なことだと言えます。
　したがって、そこから社会の仕組みやそれと宗教問題がどう絡んでいるのかを知るとき、彼女の歴史の見方が、ある個人の感情として捉えていたことからどう変化していくのか、それこそ、教師が見なければならないことでしょう。それは、あるべき答えを探すことではなく、子ども自身の疑問をどのように自らの問題意識を高めながら解決していくのかという過程を作りだすことこそが、子どもにとって、そして、次世代を願う社会にとって重要なことではないでしょうか。

　ところで、『審議のまとめ案』では、「アクティブラーニング」は一定の授業の型としてではなく、「アクティブラーニングを視点として捉えて、その視点から授業の改善を学校現場では追求しなければならない。」とされています。これを学校職員の「カリキュラムマネジメント」であるとして、その重要性を強調しています。それは、「何が出来るようになるか」「何を学ぶか」「どのように学ぶか」という新学習指導要領の三つの構成部分の組み合わせに添って、授業を行えというものです。そのような文科省の描いた絵（プラン）を学校職員は実行し、日々統計的にも記録してチェックし、次の授業をするようにと強調していると言えます。
　まさしく、PDCA（Plan-Do-Check-Action）サイクルの実施を学校教育活動の基準とせよとするものが、新学習指導要領に他なりません。PDCAは企業経営においての経営者の目標を実現するように、管理す

る（目標管理）システムの一つですが、それを学校教育の管理に持ち込んだものです。学校経営においてこのシステムを実施することはすでに持ち込まれていますが、学習指導要領で、それを基準として教育課程の実施を管理することを明記するのははじめてです。

　以上のような全体構造を押さえたうえで、「何が出来るようになるか」「何を学ぶか」「どのように学ぶか」の、それぞれを少し立ち入って検討します。それによって、このような枠組みに規定されると、教師の行為・授業がどのようになるのか、子どもの学習活動はどのようになるのかについて、より具体的に明らかとなると思います。

2.3　「何が出来るようになるか」（資質・能力）は、OECD経済協力開発機構の教育理念と共有

2.3.1　資質・能力の「三つの柱」

　「何が出来るようになるか」（資質・能力）は、次のように説明されています。『審議のまとめ案』の総論部分では、2030年に向けた教育の在り方に関するOECD（経済協力開発機構）や2016年5月に開催されたG7教育大臣会合共同宣言等国際的に共有されているものとして、「資質・能力」の要素として、次の「三つの柱」を設定するとしています。
① 「何を理解しているか、何が出来るか」（生きて働く「知識・技能」の習得）
② 「理解していること・出来ることをどう使うか」（未知の状況にも対応出来る「思考力・判断力・表現力等」の育成）
③ 「どのように社会・世界とかかわり、より良い人生を送るか（学びを人生や社会に生かそうとする「学びに向かう力・人間性等」の涵養）

　ここから分かることは、
（1）2000年より開始されたOECD経済協力開発機構の教育部の作成・実施のPISAテストを支える教育理念の方向（はじめは「使える知識」

としていたものが次第に拡大されて、「行動において活用出来る能力」という様に現在は変化しています）を、全面的に日本の学習指導要領の基準に据えたことを示しています。
（２）そのことは、OECDが国際的な経済協力を開発する機構であることからも伺えるように、教育を「経済のグローバル化」での諸企業の要請に貢献する・要請されるものとして計画するということを意味します。新学習指導要領の学習内容、教科として小学校５年よりの英語、小・中・高に道徳を教科として設定する（外に向かって発信出来るように英語を学習し、内においては国家に忠誠を）ことに、このことは具体的に表されていると言えます。が、問題はそれにとどまらず、各授業においての学習内容も変わります。
（３）上記の「三つの柱」は、学校教育法第30条第2項に定める「知識・技能」「思考力・判断力・表現力等」「主体的に学習に取り組む態度」に考え方は共通する。つまり、国内法規に基礎づけを置いていると言及されていますが、その全てが次の様に変わっています。「知識・技能」を「何が出来るか」へ、「思考力・判断力・表現力」を「出来ることをどう使うか」へ、そして、「主体的に学習に取り組む態度」を「主体的にどの様に社会・世界とかかわるか」という様に、出来ることを使って社会に（経済の状況に）貢献出来るという方向へと改ざんされています。
（４）しかも、「出来ることを社会に生かす」ということを人間性の涵養というように言っていることは、「教科道徳」での徳目の受容を確かなものとするために、道徳の時間だけではなく、各教科指導で子どもに「道徳的に」グループ行動させるということにもなっています。

　ここに、新学習指導要領において教育の対象である子どもは、社会に役立つ有能な、あるいは、不適応になって社会の荷物にならないような「人的資源」として進んで努力することが、「資質・能力」として規定されているということです。

2.3.2 学習したことを表現したり、他の学習に適用したりすることと、直接的に社会的な行動に適応することとは同じ平面で論じられないし、同じ場面で育成するものではない

　学校教育においては直接的にも集団的に学習するので（家庭教師による教育とはその形態が違って）、友達との学習対象である教材についての聞き合い・話し合いが子どもにとって学習の基礎となります。教科の学習では、友達と意見を交流しながら教材に向き合い何かを知り、考え発話することによって話し合いの質を高めるのですが、それは個々の学習を深めるものとして帰るものでなければなりません。このことと、学級集団として行動するための話し合い、すなわち、集団としての一つのまとまった合意を行動のために形成することとは目的が異なります。

　前者における友達との話し合いは、学習内容の理解と学習対象に対する自分の考えを自分の内面において、それぞれの子どもがまとめたり深めたりするための交流です。それによって、個々の子どもは自分自身の内面的な思考活動を活発にして、精神的世界を豊かに深くしていきます。特別活動で行う行動を実現するための対話は、行動を計画するための精神的な交流ですが、それに留まるものではなく、それを基礎として集団的な行動を実現するという現実場面での表現行動のための対話です。この時の計画のための対話は、諸条件を考慮してそれぞれの子どもがアイデアを出し合いながら、それを一つにまとめなければなりません。アイデアを足し合わせたり削ったり、最良の場合には、異なったアイデアを総合して一つの新しいアイデアへと止揚することが出来ることが重要です。たとえそれが出来たとしても、教科の学習のための対話と特別活動などでの集団的行動のための対話とはその目的と構造が異なります。

　両者を混同し、一体化して「他者とのコミュニケーション」一般を考

えることはできません。

　しかも、そればかりではなく、さらに、それを「資質・能力」の三つ目の柱である「社会・世界へのかかわり」の態度としてしまうことは、二重の誤りとなります。社会・世界へのかかわりは、学校教育の教育課程での学習において身につけた思考力や他者へのかかわり方を基礎としつつも、直接にそれを当てはめることはできません。社会的な状況に向き合ったときに、自分をも含めたその状況は学校とは異なった場面です。社会における行動においては、どのような場面で、誰とともに誰に対して、何のために行動するのかを自分自身の価値意識において分析し、どうするかを自分の判断でまず決めていくことであるはずです。

　問題の核心は以下にあります。

　学校という学びの場面での学習の目的（教育の目的）の設定を、社会や世界という場面で行動するということへと、直接的に拡大出来るのかどうかということです。拡大するためには、あえて、教科の学習での対話を学校教育での集団的行動での対話と、「対話」ということから、渾然と同一視してそれへと解消したうえで、さらに、今度は、学校教育での集団的行動と、社会における行動とを、「行動」ということで同一視して、あたかも、学習することが直接的に社会へ出てからの行動のためであるかのようにずらしてしまうという、誤謬を犯さなければできません。そうすることによって、今度は真逆のベクトルで、社会と世界（経済のグローバル化に対応して企業に役立つ人材の形成、さらには、たとえば戦争と平和などの状況に対応して）への子どもの近い将来におけるかかわりに対して、かくあるべきとする要請を、学校教育での集団的行動における対話に要求する（与えられた課題に対してアイデアを出し合い、一つにまとめるという「集団としての考えの形成」）。そしてさらに、それがあたかも教科学習の方法に、対話を取り入れる理由であるかのようにしているということです。

　したがって、新学習指導要領の目玉と言われてきた「アクティブラー

ニング」は、定義が出来なかったにもかかわらず、依然として掲げている「対話」的な授業方法の基準としての導入は、「対話」による画一的な「集団としての考えの形成」によって他者を重んじ、社会を重んじ、国家への貢献の態度を養うというものに他ならないと言えます。

しかし、このような「対話的学習」を要とした、社会・国家への貢献の態度を養うという方法は、学習を破壊するものに他なりません。

以下、国語科の学習との関係で、「資質・能力」の問題を検討します。

2.3.3　国語科で育成すべき「資質・能力」

「国語科で育成すべき資質・能力（検討のたたき台）」（平成28年1月、教育課程部会　国語ワーキンググループ、資料）が、きわめて簡単に整理されて新指導要領には採用されていますが、「…言葉を互いに交流させることを通じて心を豊かにしようとする（感情をコントロールする）態度」にあった「感情をコントロールする」の文言は、あまりに文科省の「本音」を表現するものと考えられたのか、削除されています。

さらに、三つの柱のうち、「知識・技能」と「思考力・判断力・表現力等」は、国語科学習の三領域である「話すこと　聞くこと」、「書くこと」、「読むこと」に、どのように対応するのかが明記されています。

注目するべきことは、「集団としての考えの形成」を目的とするという新たな学習領域「話し合うこと」が、「話すこと」の中に位置づけられていることです。グループで話し合うことは、全て、「集団としての考えの形成」を目的としたものと明らかにされています。

また、読むことの学習過程は、「構造と内容の把握」→「精査・解釈」→「考えの形成」と設定されています。これが単元の学習の過程と考えられていると言えます。

そこで、「資質・能力」と規定されていることが、どのように学習過程にかかわっているのかということを検討していきます。

2.3.3-1 知識や技能（何を知っているか、何が出来るか）

> ○言葉の働きや役割に関する理解
> ○言葉の特徴やきまりに関する理解と使い分け
> ○言葉の使い方に関する理解と使い分け
> ○書写に関する知識・技能
> ○伝統的な言語文化に関する知識・技能
> ○情報活用に関する知識・技能

　以上をまとめてみると、言葉の社会的一般的規範を知識として理解し、使うことが出来るということが、国語科での「資質・能力」の第一の柱となっています。たとえば、小学校低学年では語彙が少ないことが大きな問題であるとして、語彙を増やすなどが『審議のまとめ案』の資料として付記されています。この「知識や技能」（『審議のまとめ案』ではしばしば「考え方」も付け足されていますが、これは、公表された新学習指導要領には出てきていません）が、「読むこと」「話すこと・聞くこと」「書くこと」の領域においては、教材や話題などの学習の最初の段階とされる「構造と内容」を把握することにおいて、習得されるものとされています。つまり、言葉の社会的規範の知識を理解するために、教材の構造と内容をつかむということになります。

　したがって、文学作品や説明文、あるいは、話すことの話題について、どういう構成になっているのか（場面構成や説明のための論理構成、話題の展開の構成）と、どういう内容なのか（物語の内容は何か、その顛末はどうなっているのか、何が説明されているのか、何を話すか）とを確認することの目的は、言葉の種々の決まりなどを習得することだとなっているということです。

2.3.3-2 思考力・判断力・表現力等（教科等の本質に根ざした見方や考え方等）（知っていること・出来ることをどう使うか）

> 国語教育において理解したり、表現したりするための力。
> ① 【創造的・論理的思考）の側面】
>   ◎情報を多角的に吟味し、構造化する力
>   ◎構成・表現形式を評価する力
> ② 【感性・情緒の側面】
>   ◎言葉によって感じたり想像したりする力
>   ◎感情や想像を言葉にする力
>   ◎構成・表現形式を評価する力など
> ③ 【他者とのコミュニケーションの側面】
>   ◎言葉を通じて伝え合う力
>   ◎構成・表現形式を評価する力
> ④ 【考えを形成し深める力】
>   ◎情報を編集・操作する力
>   ◎新しい情報を、既に持っている知識や経験・感情に統合し、構造化する力
>   ◎新しい問いを立てて、既に持っている考えの構造を転換する力

　具体的に、「読むこと」の学習過程としては、①、②、③が学習の第二段階である「精査・解釈」することに対応し、④は、その後に考えを形成するのだということです。「考えの形成」とは、上にある通り『資質・能力』では、基本的に「情報処理能力」であるとされています。したがって、「書くこと」「話すこと」「話し合うこと」の学習にとっては、話題についての「情報収集」することが、読むことで学習し、習得した「情報処理能力」を活用することであると位置づけられています。

　したがって、読むことの学習の第二段階とされる「精査・解釈」は、「話すこと」「書くこと」のために、教材文をより詳しく弁別し、重要だ

とされる文章を選択し、解釈するというものになることは明らかです。つまり、読むことは、結局、「情報の編集・操作」「新しい情報と経験等による古い情報との統合」「新しい問や仮説を立てる」という力の育成が目的であり、「話すこと」「書くこと」という表現することへの利用のために位置づけられているということです。

これについては、2．3．4項でさらに述べたいと思います。

2.3.3-3　学びに向かう力、人間性等　（情意、態度等に関わるもの）
（どのように社会・世界とかかわり、よりよい人生を送るか）

○国語を通じて、自分のものの見方、考え方を深めようとするとともに、考えを伝え合うことで、集団の考えを発展させようとする態度

○さまざまな事象に触れたり体験したりして感じたことを言葉にするとともに、それらの言葉を互いに交流させることを通じて、心を豊かにしようとする態度（自分の感情をコントロールしようとする態度）

○言葉には、自分の伝えたいことが正しく伝わらなかったり、相手を傷つけたりすることを認識したうえで言葉が持つ力を信頼し、国語を通じて積極的に人や社会とかかわり、自己を表現し、他者の心と共感するなど互いの存在についての理解を深め、尊重しようとする態度

○我が国の言語文化に対する関心、及び、言語文化を享受し、生活や社会の中で活用し、形象・発展させようとする態度

○自ら進んで読書をし、読書を通して、知らないことを知ったり、経験のないことを体験したり、新しい考えに触れたりするなどを通して人生を豊かにしようとする態度

以上をまとめると、この第三の柱は、全て態度の育成となっています。

その内容は、

> ○言葉で伝え合うことで集団の考えを発展させる態度
> ○言葉で伝え合い心を豊かに・感情をコントロールする態度
> ○積極的に人にかかわり、他者の存在を尊重する態度
> ○我が国の言語文化を継承・発展させようとする態度
> ○読書することによって人生を豊かにしようとする態度

等、ということになります。ここでは、言葉で伝え合うこと、つまり、対話によって、それぞれの集団、他者、国の言葉等を尊重・発展させる態度が主要なものとして示されていると言えます。特筆すべきことは、『審議のまとめ案』では、対話を通して感情をコントロールする態度が明記されていることです。驚くことに、人間性を情意と規定していますから、感情のコントロールが人間性として求められる全てに等しいという考え方になっていると言えます。

公表された新学習指導要領では、この文言は削除されていますが、「話し合うこと」の目的は「集団としての考えの形成」であるとされていますから、集団や他者の尊重が常に学習の結果において重んじられるということになります。子どもの話し合いでは、大人においてさえそうですが、異なる意見から学びつつ、自分の意見をさらに深めるということは出来ますが、集団として一つの考えにまとめることは容易に出来るものではありません。違いを発展的に止揚するということは非常に高度の思考を求めるものです。今日の社会的に主流的な論理では、原因と結果の因果関係を考えることくらいですから、子ども同士の話し合いで一つにまとめることは、違いの根拠を求めて止揚し、発展させるというようなことを子どもに求め得る知的環境は、一般的にはありません。多くの場合、切り捨て、無視などの話し合いが出てきます。子どもは常に、自分の考えを進める方向を遮断されたり、方向を強制的に変えることが要求

されたりして、そこで感情のコントロールを強いられます。

　この「資質・能力」の第3の柱については、直接、国語の学習過程のなかでの獲得されるべき目的としては記述はありません。

2.3.4　国語科「読むこと」の学習と「資質・能力」の育成は、どのように結び付けられているか

　すでに、「読むこと」の学習領域の学習過程と「資質・能力」が、どのように結び付けられているのかは述べました。新学習指導要領の「読む」学習の構想は、次のような問題点があると言わざるを得ません。

2.3.4-1　読みの過程を機械的・形式的に3段階に分離

　読みの過程は、次第に深まっていくとはいえ、それは、読み手のその教材に対する読む力が蓄積されてくるその結果ですから、結果だけを捉えて、最初は「構造と内容」、次に「精査・解釈」、最後に「考えの形成」というように学習の相・レベルをあらかじめ分けるというように構想することは、学習の過程を機械的形式主義的に分離するものです。

　まず、「構造と内容」について考えると、読む対象である教材文を、読み手が、最初にさっと、それぞれの感性や価値意識によって捉えられるかもしれません。しかし、読み手にとって「構造と内容」が煮詰まってくるのは、読みの過程の最終に近い頃です。学習主体を子どもにおいて学習過程を組み立てるならば、あらかじめ第一段階とすることはできません。教材文の構造や内容を捉えることを、「知識・技能」とされている言葉の一般的な約束事・決まり事・効果などを、習得するための材料として取り扱うというように設定されているから、第一段階に位置づけられていると言えます。つまり、構造や内容はこういうものだと、あらかじめ決められた通りに確認するということになることは明らかです。

　次に、「精査・解釈」という相について言うと、一見、文章を詳しく解釈するということになります。「解釈する」という概念は、一般的には、

読み手の側から理解するという意味です。確かに、文章を読むときには、読み手のそれまでの経験などに基づいて蓄積した価値意識によって読みますが、同時に文章は作者（筆者）の構想に基づいて書かれたものですから、文章の働きを敏感に意識し感じとりながら読むのだと言えます。したがって、単純に、読み手の側から、解釈するのではありません。読み手は書き手の意図や文章に込めた意味をも読み込むのです。また、読みは常に、一文であろうと、場面全体だろうと、つまりどういうことか、こんな感じがするのはどういうことかと、自分で問いながら、振り返ったり、前に進んだりしながら読み進んでいきます。したがって、常に吟味しながら読むのです。その結果として、認識の内容は次第に深まるという構造に在ると言えます。第二段階においてはじめて、「精査・解釈」という名の詳しく読むことが出現するわけではありません。学習主体（ここでは子ども）が、どう読み進むのかということを抜きにしたパターンを形成してしまっています。

　この根拠は、文章を「情報」として見ることにあります。これについては次の項で述べます。

　　2.3.4-2　「読むこと」は、第三段階「考えの形成」という名の「情報処理」のために、文章を整理弁別することに歪められている

　さらに、第三段階の「考えの形成」に至っては、驚くべきことが記述されています。ここまでみたように、「情報を編集・操作する力」という「資質・能力」の形成が、「考えの形成」の目的とされています。

　まず、「考えの形成」が、「読むこと」の学習の最終段階に位置づけられていることから検討します。

　読みの過程全体を通して、読み手は自分の内的言語活動を通して文章を理解するわけですから、考えを形成しながら読み進みます。そうして、最終的にはそれをより確かなものにすると言えるでしょう。たとえば、登場人物の特徴にしろ、心理過程の変化を捉えようとすることにしろ、それは、読み手自身がそのことを明らかにしようという意識が働い

て捉えていくのですから、終末に「考えの形成」が位置づけられているのは誤りです。しかも、それは、自分の読みを最終的に総合するということでもなく、総合することは、読みの学習には位置づいていないのです。その代わりに「考えの形成」が位置づけられているのですから、「読むこと」の終末に置かれる「考えの形成」について、一体どういうことが構想されているのかを検討せずにはいられません。

　つまり、情報を自分の当面必要とするものへと処理し、他の情報と結合したり、新しい仮説を立てたりすることが「考えの形成」ということになります。では、読むことは最終的にはどうなっているのだろうかという疑問が生まれます。読むことは、そうか、文章という情報を処理しやすいように、文章を整理整頓するということだと理解されます。

　教材文を情報として取り扱うとは、文章を単なる知識、知らせとして取り扱うということです。そもそも、情報とは、英語の information の訳語ですから、報道、資料の意味として扱われたものです。ところが、コンピューター用語として、文章・テクストが情報という様に言われ出し、学習教材を情報と呼ぶようになったのです。それは、PISA テストの底流にある考えを受け入れて以後のことです。
　情報の編集・操作とは、教材文を編集・操作することです。ここで言われる編集とは、自分の目的に照らして必要な部分だけを取り出すことであり、操作とはそれらを、一見つじつまが合うようにつなぎ合わせることです。これらは、最近特に、学問的な論文においても、数多くの論文のつぎはぎによって参考にした論文を説明し、なおかつつぎはぎによって自分の論を展開するものが増えてきています。これでは、学問の継承発展には全くならないし、現実に適用することも出来ません。現在、大学の学部・修士・博士卒業論文がそのように書かれている傾向になり、ついに、大学当局は、「剽窃発見機」を使うことになっているという状

況です。教育の分野では、特に、ヴィゴツキー理論に関するこのつぎはぎ論文・資料は、目に余るほどです。これについては第3章のエンゲストロームの検討において具体的に述べます。

　ここで、重要なことは、教材文を情報と呼ぶ（規定する）ことの二重の誤りとその誤りの持つ意味です。
　情報とは報道、つまりニュースのことですが、これは、具体的な出来事や事態を、報道する側がその観点から捉え伝えたものですが、一般的には、報道を「事実」そのものとして捉えがちです。これが第一の誤りですが、教材文を情報とすることは、教材文の書き手、文学作品ならその作者、説明文であればその筆者の文章であることをまったく無視し、単なる「事実」あるいは、「架空の事実」の記述であると見ることにするという誤りです。そうすることにおいて、書き手がどのような思いを文章に乗せて伝えようとしているのかは、考える埒外に置かれてしまいます。だから、情報処理という概念、考えが成立するのだと言えます。自分の必要に合わせて切り取り、それだけが必要なのです。
　学習の第一段階の「知識・技能」は、教師による子どもへの「情報」の概要のインプットというものになります。学習の第二段階の「精査・解釈」というのは、インプットされた見方から、切り取る部分の選択のため下調べとなってしまいます。そして、子どもに対しては、読むことは、「書くこと、話すこと、話し合うこと」への資料提供になることだと位置づけられていますから、与えられた最終課題に応えるために、情報を処理する（編集と操作）ことが迫られます。こうして、書かれた文章は、子どもにとっても、文章を読む主体の想いや意見をさしはさむ余地のない、課題に符合する部分的な文章の選択の材料となるのです。子どもがすることは、文章の課題との関連性を判断し、選別することです。これが「情報の処理」の本質に他なりません。文章の書き手も読み手も喪失・無視された文章操作が、「読むこと」となっているのです。

この章のはじめの部分で述べた『やまなし』の事例１のグループでのまとめを想起してください。それは、作品の原文から、必要な箇所を選ぶ能力を目的とした、グループ活動に他なりませんでした。

　情報処理能力の形成を「考える力」とすることは、人間の思考力をAI（人工知能）的に歪めるものに他なりません。AIは、すでにインプットされた巨万のデータから、設定された条件に合うものを機械的に、ロボットですから自分がどう思うかなどとは全く関係なく、ひたすら、原文の文言を忠実に選択する能力を求められるだけです。そのようなものとして開発されているのですが、そのAI開発のために人間の思考力を研究するというのが認知科学といわれているものです。そもそも、人間の思考力についての研究に基づいて、人間に似せた能力をAIに持たせようとしているものですらありません。

　ところで、今日、コンピューターにインプットされた「情報」そのものの信憑性が問われています。インプットするのは人間ですから、ある一定の意図のもとに、「情報」は選択してコンピューターに入れられます。数が巨万であったとしても、ある意図のもとに、嘘であろうと何であろうと、その意味での「統制」のとれた「情報」だと言えます。そして、AIはコンピューターという機械の能力によって、選択が「スーパー」早いだけのことです。

　しかし、子どもの学習である読みの過程は、「構造と内容」、「精査・解釈」、「考えの形成」という様に、振り分けることは出来ないのです。文章に向き合うとき、形式的に、今日の読みは「構造と内容」だとか枠をはめて読むとはならないということです。子どもは、いえ、大人でも、何かを学習するときには、実際には、文章を読んで、その文章を受けとめて思うことをどうですかと他者に伝えたいのです。枠を気にしながら読み、それを発話するとはなりません。それを教師は受けとめて意義づ

けし、言わんとする意味を理解するのだと言えます。その時、「あなたの言ったことは、お話の中心につながることですね。」「ごんの独り言を丁寧に読みましたね。このことは、今後の話にどの様につながっていくでしょうか。覚えておきましょう。」「ここで、兵十のことが出てきましたね。この時のごんとつなげてみることも大切ですね。」などと子どもの発話を位置づけ、子どもに意識化させていくことによって、話の内容や展開の構造は捉えられるのだと言えます。また、そのような過程によって、子どもは自分の考えを意識し読み進むのだと言えます。それは教師の示唆を受けながら、作者の想いの子ども自身の読みと判断に他なりません。また、説明文であれば、筆者の説明する対象に対する観点と、自分の観点とを教師の助けによって自覚しながら文章を読み込み、説明されている対象をより深く理解し、判断することに他なりません。

2.4 「どのように学ぶか」の授業法

2.4.1 「アクティブラーニング」（主体的・対話的で深い学び）はどのように規定されているか

『審議のまとめ案』では、次のように「アクティブラーニング」を説明しています。

「社会で生きて働く知識や力を育むためには、子ども達が『何を学ぶか』という学習内容の在り方に加えて、それらの内容を『どのように学ぶか』という、学びの過程に着目して、その質を高めていくことが重要である。世の中をどのような視点で捉え、どのような枠組みで考えたらいいのかという、物事に対する見方・考え方を身につけて深く理解したり、多様な人との対話で考えを広げたり、学ぶことの意味と自分の人生や社会の在り方を主体的に結びつけたりしていくという学びが実現されることによって、学校で学ぶ内容が、生きて働く知識や力として育まれることになる。」「こうした学びの過程が『主体的・対話的で深い学び』

であり、こうした学びが実現するように、日々授業を改善していくための視点を共有し取り組みを活性化しようというのが、今回の改訂の主眼である」(p.37)

ここでは、「深い学び」が「世の中をどのような視点で捉え、どのような枠組みで考えたらいいのか」という「見方や考え方」を身につけるとされていることが注目すべき特徴です。これが、知識を暗記することではないというその代わりに対置されているものです。

「どのように見るのか」「どのように考えるのがいいのか」というのは、物の見方や考え方の特定の「視点」、特定の「枠組み」を身につけることを意味しています。知識を得るだけではなく、教材文、さらにもの事一般を特定の「視点」「枠組み」で考えるようにと求めています。

具体的には、教材文を特定の「視点」「枠組み」で最初に捉え（「構造と内容をつかむ」）、そこから、与えられた課題に適合する文章を特定し、選択する（「精査・解釈」）。そうして、選択したものを基礎として自分の考えとして構成する（「考えの形成」）。これが、「話すこと、話し合うこと」「書くこと」の「情報収集」として生かされるということです。

2.4.2 「主体的・対話的で深い学び」の具体的内容

「主体的・対話的で深い学び」の「具体的内容」について、『審議のまとめ案』には次のように展開されています。

「深い学び」について

「習得した知識や考え方を活用した『見方・考え方』を働かせながら、問いを見いだして解決したり、自己の考えを形成し表したり、思いを基に構想、創造したりすることに向かう『深い学び』」（同 p.39）

ここでは、「習得した知識や考え方を活用する」ものとして「深い学び」は説明されています。知識や考え方は、「習得する」ものとされて、「深

い学び」以前のものとして設定されています。

　社会的歴史的に蓄積された「知識」を、いかに自らのものとしていくのかということを「深い学び」とするのではなく、その後に活用することが「深い学び」とされていることに、注目しなければなりません。

　「知識」と言われているものの多くは、歴史的に先達が自然や社会的出来事を認識し、論争し、検証してきた内容を積み重ねてきたものです。また先達や同時代の人々が自然や社会について、様々な形で表現したものを評価した知見などがそれにあたります。教科書にはその一部分が取り扱われていますが、それらを学習の対象とする場合、過去において認識された結果・結論や表現されたものを特定の解説に沿って解釈するということでは、「理解する・味わう」ことはできません。しかし、それが、「知識・考え方の習得」とされてただ習い覚えるというものになり、その次からが「深い学び」だとされています。

　国語科の問題として言えば、『審議のまとめ案』に添付された資料にあるように、「個別の知識・技能」として列挙されていることは、言葉や文章の一般的な規範です。これを「知識」と呼んでいると言えます。「読む」学習では、説明文や文学作品等をまず読むことから学習を始めますが、言葉や文章の一般的な決まり・約束事としての社会的規範を「知る・使える」ようになるようにまず学習し、それから、それをある課題をやり遂げるために使うことが「深い学び」とされることになります。

　この説明に沿ったものとしては前述の例3（P33参照）の世界史の授業が実施されています。「部品」を扱うのが「知識・考え方の習得」で、その後の部品を持ち寄った問への答えを出すグループでの話し合いが、「深い学び」に照合するものです。さらに、「深い学び」について『審議のまとめ案』では教師に対して次のように言及しています。

「新しい知識や技能を習得したり、それを実際に活用して、問題解決に向けた探究活動を行ったりする中で、資質・能力の三つの柱に示す力

が総合的に活用・発揮される場面が設定されることが重要である。教員はこのプロセスの中で、教える場面と、子ども達に思考・判断・表現させる場面を効果的に設計し関連させながら指導していくことが求められる。」(同 p.39)

　すでに、「資質・能力」の育成の三本柱については2．3節（p 61 参照）でみてきました。「新しい知識や技能を習得」することは、資質・能力の三つの柱の最初「個別の知識や技能」（何を知っているか、何が出来るか）に当たるものでした。そして、それを活用する「問題解決に向けた探究活動」が、三つの柱の次に続く二つの「思考力・判断力・表現力等」（知っていること、出来ることをどう使うか）と「学びに向かう力、人間性等」（どのように社会・世界とかかわり、より良い人生を送るか）に当たるものでした。

　そこで、上記の『審議のまとめ案』では、教師は、「個別の知識や技能」を子どもに教えて、出来るようにさせ、それを「教える場面」と考えようと指示していることになります。その後に子どもに活用させる場面を設定して、「思考力・判断力、表現力等」を発揮させ、社会・世界へのかかわり方を身につけさせるのが、「深い学び」であると規定しています。「教える場面」と、「活用させる場面」というように授業を構成するとしているのです。

　ここでは、教えることと、子どもが活動することは分離されていることに注目する必要があります。子どもは教えられるときには「思考・判断・表現等」をする場面とは分離されて、その上で「活用する」という「深い学び」の場面が与えられるというものです。すでにこれまでに見たように、ただ「習い覚える」ことでは、その活用は新しいことに機械的に「習ったこと」を当てはめるという繰り返しを上手にやるか、試行錯誤しながらやるか、という程度のものでしかありません。しかも、その内実は、「情報処理」のために文章を操作することへと向けられているの

ですから、「深い学び」とはなりません。求められていることは、文章を選択するための思考・判断です。

「対話的な学び」について

「深い学び」に続いて、『審議のまとめ案』では「対話的な学び」について次のように説明しています。

「子ども同士の協働、教員や地域の人との対話、先哲の考え方を手掛かりに考えることを通じ、自らの考えを広げ深める『対話的な学び』」
「身につけた知識や技能を定着させるとともに、物事の多面的で深い理解に至るためには、多様な表現を通じて、教員と子どもや子ども同士が対話し、それによって思考を広げ深めていくことが求められる」(同 p.39)

学習の過程で子どもが教師や友達と対話することが、ここでも再び、「知識や技能の習得」の後の定着のため・深い理解のためにやることだと設定されています。

「深い学び」とは、対話することによって得られるというように考えられていると言えます。対話することによって「自らの考えを広げ深める」というように言っています。しかし、そもそも、自らの考えを形成することに注意を払われずに「習い覚えること」として「知識・考え方」を習得するのですから、「自らの考えを広げ深める」というようにはいきません。そもそも自分の考えが何らかのかたちででもない場合には、他者の発話を受けとめて広げることも、また、深めることも出来ないのです。漠然と付け足し的に受けとめることしかできません。この程度のことを、「自分の考えを広げ深める」と言っているわけです。

しかし、「対話的な学び」を今回の新学習指導要領で強調する意味は次のことにあると言えるでしょう。

「子ども同士の協働」「地域の人との対話」の「効果」がそれです。
「対話的な学び」を、審議会では「その効果」を期待するというよう

に結果的、機能的に、かつ、人への態度という面から重要だと位置づけています。「対話」することが人間の精神的活動の発達の内的構造そのものにあるものとして、そもそも捉えようとすることが出来ない、捉えようとすらしないということなのです。

　子どもの学習の内的構造はどのようになっているのか、そのような問題視角をもたない中教審の審議会が、では、どのように「主体的学び」について定義しているのでしょうか。

「主体的な学び」について

　「主体的な学び」については次のように説明しています。

　「学ぶことに興味や関心を持ち、自己のキャリア形成の方向性と関連付けながら、見通しを持って粘り強く取り組み、自らの学習活動を振り返って次につなげる『主体的な学び』」

　「子ども自身が興味を持って積極的に取り組むとともに、学習活動を自ら振り返り意味付けしたり、獲得された知識・技能や育成された資質・能力を自覚したり、共有したりすることが重要である」（同 p.39）

　整理すると、ここでは「主体的な学び」を①　学ぶことに興味を持つ。将来的なキャリア（職業）と関係づけることによって見通しを持ち、粘り強く取り組む。②　学習活動を振り返り意味づけする（次につなげるように位置づけることと同意です）。③　獲得された資質・能力を自覚する。という三つの点で説明しています。学習への態度・動機付けが①で言及されていることです。②と③は学習の終わりに自覚するということなので、②と③ではいわゆる、自分のやったことを認識するということを「メタ認知」的な思考作用を行うのだと言いたいようですが、「メタ認知」とは、本来的には自分の精神作用を認知するという意味で認知心理学では定義していますから、結果の追認は「メタ認知」ですらないと言えます。ここでは、「主体的な学び」は、学習態度と学習の結果の

確認という二つの点で説明されているだけだということになります。興味・態度と動機づけ（将来的なキャリア（職業）に必要だからという動機づけ）は、学習することにとっては外的な条件です。一番重要な学習の過程における「主体的な」ことの叙述は、完全に欠落しています。

　子どもは学習対象に対峙して、分かろうとする。これはなんだろう、こういうことか、あれ、こんなこともある。どうしてだろう、こういうことかな等という考えがその時に頭を巡らすということが精神的な活動を展開するということであり、このように子どもが頭を働かせることこそが主体的な学習なのです。それについての考察は欠落しているのです。だから、自分は何をどのように考えているのかを、学習のただ中で発話することによって（同じように発話する友達や自分達の発話内容の意味を指摘してくれる教師の発話を受けとめつつ）、それを知ることこそが、自分の考えを自覚することなのです。『審議のまとめ案』での論議では「メタ認知」が必要とは言っていますが、それですらないと言えます。学習の終わりに、「学習活動を自ら振り返り意味づけしたり、獲得された知識・技能や育成された資質・能力を自覚したり」というのは、学習の結果、何が出来るようになったかを結果的に知るとこであり、自分の考えていく過程でどのように迷ったのか、いつどのように何が分かったのかを捉えるということではないからです。成果の確認と共有という結果の側からしか、学習の過程を見ていないのです。

　そもそも個々の子どもの精神的活動の発達が文科省においては問題なのではなく、結果として、自分の資質・能力を確認して社会の経済的発展にどのように貢献するのかという「何が出来るようになるか」を教育目標とする立場・観点から教育課程（カリキュラム）とそのマネジメントをまとめ上げるものとして学習指導要領の改訂を行っているのですから。そして、その時、子ども達は、すなわち人的資源、つまり、資源という範疇にはいるものでしかないのですから。

このように文科省式「アクティブラーニング」は、子どもにとっては学習の対象である各教科・教科外の内容を、初めに答えありきの設定の中で進んで答えを見つけ、それを他の場面で活用出来る様なものとして習得するために、友達との対話で学びなさいというものになっています。これによって、人への態度が身につくのだと考えられています。

3　文科省式「アクティブラーニング」の問題点のまとめ

（1）学習の過程は、知識・技能の習得と、その発展として習得したものを使う協働的対話を伴う行動（学習活動）との二つに分かれています。「知識・技能」（「知識・考え方」とも言われています）の習得は教師によって（教材を基礎として）教えられるものとされ、そこで教えられたこと（これで子どもは理解すると観念されています）を次の場面で使うときに、子どもの思考活動や目標である「資質・能力」（…が出来るようになる能力）が育成されるという様に考えられています。簡単に言えば教えられたことに従って、与えられた課題に対する答えをグループで「協働し協調して」出すという学習過程の組み立てです。

　まず、二つに分かれている前半部分、「知識・技能」（「知識・考え方」）の習得と言われていることについて問題点をまとめます。
　「知識・技能」（「知識・考え方」）の習得では、「何が出来るようになるか」ということでの想定のうちに、「思考力・判断力・表現力」が発揮されるとは考えられていません。また、態度や人間性の育成が出来るという様にも考えられていません。簡単に言うと、従来の「知識の詰め込み」型の学習法そのままなのです。

しかし、子どもが学習する教材に向かうとき、人間性の形成に重要な牽引力となる感性（情動とも言われているもの）を持って向かいます（ここが好きだ、面白い、惹きつけられる、なんか違うなあ、等）。この感性とそれまで培ってきた知性と日常的経験によって得た生活的な概念との合い混じったものとして、子どもの注意は形成されています。このそれぞれの子どもに個別に（かつそれは社会的生活によって社会的に規定されたものです）形成されている注意によって、学習すべきことは追及されると言えます。このことは、どの授業での子どもの発話を見れば明らかです。教師の一問一答式の授業においてさえ、つまり、注目するべきことや何を答えるべきかが前提となっているときでさえ、子どもの発話内容はそれぞれにおいて少しずつ異なっています。それを正しいかどうかという様に振り分け、切り捨てるならば、子ども自身の追及の芽（自ら考える芽、主体的な追求の芽）をもぎ取ることになります。

　子どもなりの既成の学習、つまり学校と日常生活でのこれまでの学習によって培ったもの、これを子どもは使って、意識すると否とにかかわらず学習の課題（例：教材文を読むこと）に向き合うと言えます。授業において、それぞれの子どもが自分の注目するところやそこで何を思ったのか、不思議なことなのかを発話のために書き留め、友達や教師に向かって発話すると他の子どもも同様に発話し、そこに友達の想いを受けとめるという対話が成立します。教師がそれらの子ども同士の対話を受けとめて、それを前へと進めるための示唆を与えることによって、子どもの考えは練合わされ深められていきます。
　この過程は、子どもにとっては、最初は自分の教材文への受けとめがどういうものであるのかと、自分の内面に形成されつつあるものと向き合いそれを明らかにしながら書き留め、それを基礎に発話する。そして友達や教師の発話に対して、それを自分はどう受け止めたのかを再び自分の内面に新たに形成されつつあるものと向き合い、それを明らかにし

ようとするという思考過程が形成されるのだと言えます。これ抜きには、いわゆる「知識」は子ども自身のものとはならないと言えます。

このような子ども自身の内面の過程と対話の過程、それを創造するのが学習場面での教師のかかわりだと言えます。「知識」の習得の過程こそが、子どもの思考力・判断力の発揮、内面に形成されつつあるものを捉えて発話するという過程として、考えられなければならないのです。

（2）二つに分かれる学習過程のうち、後半の「習得したものを使う」
学習は、対話を通して答えを出す学習活動が必要とされています。

後半の部分を私達はどう捉えるかが重要なことです。第一に、その「出来ることを活用する」活動という様に考案されている活動の枠組みは、どういうものかをしっかりと押さえなければなりません。後半の活動では、チームで行動し発信的な活動が出来ることが目的とされています。このような設定をする理由は次のことを根拠としています。

新学習指導要領では、「資質・能力の育成」がまず第一義的に設定されています。その資質・能力とは、経済のグローバル化の時代に国の経済に貢献するための資質・能力を獲得しなければならない。その結果をださなければならない（それは子ども本人にとっても就職やその後の社会生活にとって有効なものとなる）というように、社会や世界にかかわることが出来る資質・能力だとされています。それに見合う学習過程であり、学習法だという論法で考えられているために、子どもの発信力を養うことと、人と協調する態度を養うために協働することが選ばれているわけです。

第二に、それだけでは、子どもが教科の学習をするということとどう結びつくのかが明らかにされません。そこで、対話することによって子どもは「思考力・判断力・表現力」を発揮する。そして、集団的にも、自分自身にとっても、新しい考えを創造するのだというように意味づけしていると言えます。はじめに「対話」ありき、それも、与えられた課

題を協調して答えを出すという限定つきの「対話ありき」なのだということです。したがって、文科省式の「対話」というのは、すでに述べたように、「対話」の結果としての効用を唱えるだけのものなのです。あとは、教師の力量だというように責任を転嫁するものです。

しかし、「対話」に与えられた課題を協調して答えを出すという限定を付けるならば、それは、子どもの精神的活動を発達させるものとはならないと言えます。

それは、第三に、前半での学習との関連が子どもの考える道筋に合っていないことが多いことです。単元は読むという課題であっても、実は書くという課題が後半にあって、読むことはその材料探しという程度のものだったりするというように、首尾一貫していない単元の構成が多くなってきています。

第四に、前半の学習で十分に自分なりに納得がいくように学習をしていなければ、後半の「対話」で、自分の意見は言えないということです。例1や例3の事例がそのことを示しています。むしろ前半の学習でやらなければならなかったことを友達との間で後半でやろうとしているのが実情です。

しかし、例1、例3グループでの対話は、本来の学習（文学作品を読むとか、世界史の史実を考えるなど）を深めていくという方向とか、史的事実そのものを自分なりに意味のあるものとしてまとめようとかいう子どもの考えようとする方向を遮り、混迷させるものでした。その方向は前半の学習とのつながりでは全く正当なものであるにもかかわらず、後半では、突然、簡略化するとか、他の資料も取り込むとかという様に飛躍した「企画」＝「規格」に合わせなければならないという様に、学習主体である子どもの思考の流れが切断されたり、飛散させられたりしたのでした。

したがって、新学習指導要領の「アクティブラーニング」（主体的・

対話的で深い学び）での「対話的」とは、学習する子どもに思考させ、その流れを作り、育てていくものではなく、むしろ、子どもに協働において規格に合わせて考えさせる、それからはみださない協調の態度を作るような活動をさせるという意味が強い定義だと言えます。

（３）このように、「深い学び」「対話的な学び」「主体的な学び」等は、それぞれバラバラに、課題に対して正しい答えを出させる効果（「深い学び」）、他者の意見を認めさせる効果（「対話的学び」）、与えられた場面で積極的態度で臨ませる効果（「主体的な学び」）として機能的に考えられているのです。その効果３要素は、社会と世界に貢献する資質と能力の形成のための効果３要素として考えられているのだと言えます。

それ故、「対話的」「主体的」「深い学び」とは、繰り返し強調される［学び］のフレーズではあっても、子どもが認識し表現する学習活動を実現する過程で、いかに子どもの判断力、思考力の発達を促すのかの理論的実践的究明は、完全に欠落していると言わなければなりません。

こうして、「主体的・対話的で深い学び」という言葉を振りまきながら、この言葉だけで納得するように教師を研修することによって、子どもに対して、一方向へ向けて積極的に励むように授業を展開させようとするものが新学習指導要領だと言えます。

4　文科省による現行「単元を貫く言語活動」の否定と「アクティブラーニング」提唱の意味するもの

2015年11月4日、全国教育委員会・指導主義の会議上で、文科省が「教育委員会・指導主事等へのお願い」という印刷物を配布し、「『単元を貫

く言語活動』という用語及び、それに関した『入れ子構造』『ABワンセット方式』等の用語を使用しないこととする。」と指導したということです。このことは、配布用紙では、画一的な授業の型を国が押し付けたイメージを持たれるという懸念のために、文科省の発信についての見直しであるという様に説明されています。

　文科省初等中等教育局教育課程課、教育調査官水戸部修治編著『単元を貫く言語活動を位置づけた説明文の授業つくり―その基礎基本と代表教材実践例』、『文学の授業つくり』等が出版されて来ましたが、それらを暗に指して、用語の使用禁止が文章を以って公表されたのでした。
　現行の国語科教科書には、特に単元毎に『単元を貫く言語活動』の例がどの教科書にも記載され、それに向けて単元が構成されています。
　「読む」領域の単元でも、「…を発表しましょう。」という発表に向けた材料として、文学作品の読みが位置づけられています。　にもかかわらず、2015年11月のこの事態は、事実上の『単元を貫く言語活動』を否定するものだと思われます。

　このことは何を意味するのでしょうか。
　思考力を育てるために全教科の全単元で、「単元を貫く言語活動」を実施するということが、現行指導要領の一つの特色でした。その目玉的な方策を未だ終了していない現行指導要領下の途中で、その用語を使わないという禁止令を出すのですから、大きな意味があるのは当然です。
　これは、「資質・能力」の獲得を学習の目的として設定し、これからの指導を強化しようとする新指導要領の構想においては、学習過程（教育課程）に「資質・能力」の育成を主要な獲得目標として入れ込まなければならないからだと言えます。その時、入れ込むものが「言語活動」というように限定されたものは、一応、その目的は教科学習の学力を上げるという範疇に入ります。もちろん、経済のグローバル化における競

争の激化に応える人材形成という要求の要素も取り入れて、「コミュニケーション能力」を上げることが目的とされているために、言語活動も、より日常的な題材を取り入れて発表することや書くことなどが中心となっています。とはいえ学習はどの教科も読む・聞くことを中心として言語活動を媒介としてなされますから、「言語活動」の強化は、教科の学習の学力向上の範疇に入ります。「生きる力」のための学習という1980年後半からの学習指導要領の転換は、現行指導要領では学力重視ということとの折衷的なものです。

そこで、今日、「社会にとって生きて働く学習」へと踏切り、そのための『資質・能力』の育成を教科外の学習内容と学習指導法に貫くために、折衷的な『言語活動』を貫くという概念で、子どものグループ活動や発表活動が行われることは一掃したいということに他なりません。新指導要領のための審議が進行している只中で、「旧態依然と旧指導要領の目玉となるものの参考例を出版し続ける」傾向が存在することに、いらだちを感じたに違いありません。

文科省の『資質・能力』の育成のための学習への転換にかけた意気込み・危機感の表れだと言えます。と同時に、『資質・能力』という名の「社会に役に立つ学習と態度」の育成という教育目的の粗製乱造、ほころびが表れていると思います。

5 文科省・「審議会」が原典とする『アクティブラーニング 教室に興奮を創り出す』(ボンウェル、アイソン著 米国教育省補助に対するレポート、ジョージ・ワシントン大学出版1991) について

ボンウェル等の1991年の提唱が、「アクティブラーニング」という用

語の先駆けだという位置づけによって(松下佳代等による)、文科省の「アクティブラーニング」の提起にともなって、このレポートが紹介・研究されてきたことは周知のことだと思います。ボンウェル等は上記の著作で「アクティブラーニング」を以下のように定義しています。これは、大学の授業を対象としています。

1．学生が、授業に、聴くという以上に参加している
2．情報の伝達よりも学生のスキルの発達に重きを置いている
3．学生が、高次の思考（分析、総合、評価）に携わっている
4．学生が、活動（例；読む、議論する、書く）している
5．学生による自分自身の心構えや価値の探求に、より大きな主眼点が置かれている

　以上の5点を全て満たすような授業を行うべきだということではなく、どれでも、出来ることから改善してみようという様に提案されています。

　これは、講義中心の大学の授業ではテストの結果も悪く、成果が上がっていない状況の改善を意図して、アメリカ政府教育省の研究と改善局の補助を受けた、いわば、公式のレポートです。

　「アクティブラーニング」という用語で提唱されている方向は、5番目に挙げられている内容に集約されていると言えます。講義される学習の主題の下で、学生自身が価値を見いだしたことを探求することに授業の主眼点をより大きく置くということですから、強調されていることは、学習効果を上げるには、学生自身が探求的な態度を持って探究することを励ましていくことだということです。学生の学習の成果に対して効果的であるということです。学習指導の学生への結果に対する効果が目的とされています。

　このレポートは1991年に出版されているので、OECD作成のPISAテスト実施2000年より10年も以前です。したがって、この「アクティ

ブラーニング」の概念は、「使える知識」「社会の要請に対して何が出来るか」という今日の文科省が目的とすることに対応する学習方法という範疇には直接的には入らないでしょう。

ところが、「アクティブラーニング」の定義を研究してきた松下佳代等は、『21世紀のスキル』というOECDの「社会の要請に対して何が出来るかのための学習」を研究の前提として受け入れています。ボンウェル等が追及していることとの内容的な違いが分かっていないようです。だから、このボンウェル等の5つの指標に第6番目としての指標を一つ付け加えるということをやりだしたのです。しかも、それを、審議会は『審議のまとめ案』での「アクティブラーニング」の定義の資料として添付したのです。

付け加えたことは、「6．認知プロセスの外化を伴うこと」というものです。「認知プロセスの外化」とは、溝上真一の論ですが、『ディープ　アクティブラーニング』（松下佳代編著、2015、勁草書房）では、こう述べています。

「認知プロセス」ということは、「情報処理のプロセス」のことで、「書く、話す、発表する」ときの「心的表象としての情報処理プロセス」である。「書く、話す、発表する」ということは、心的表象を述べるということも含まれるのだけれども、敢えて、ボンウェル等の第4番目の指標と二重表現となるけれども、ボンウェル等の5つの指標に付け加えたいということです（p.34）。

ちなみに、ボンウェルは4番目の指標では、「読む、議論する、書く」と言っています。「議論する」で、話すと聞くが想定されています。溝上が、「話すと発表する」というように記憶違いをしているとすると、話すも発表するも同じことを二度繰り返すことになります。「聞く」ということが欠落している、まるで、話す対象のいない一方的なものとなっているように思えます。

6番目に付け加えることは4番目とは変わらないというのは本人も分かっていることだということです。あえて、内面的に自分で考えた過程を話さなければならないと強調したいということですから、松下佳代等の研究は、ボンウェル等の延長線に並ぶものだと言えます。
　これでは、文科省の新学習指導要領にかけた目的を概念的に包み込む「アクティブラーニング」とはならないのは当然だろうと言えます。
　ボンウェル等によって作られた「アクティブラーニング」という造語（概念）がいつどのような社会的状況で、何の目的で何を表現するための概念であるのかをまったく顧みることなく、あたかも、概念が独り歩きして今日目の前に在るかのようにそれに何かを付け足すということは、研究者としての方法とは言い難いことです。そして、審議会の論議の程度の貧困さが示されていると言えるでしょう。

第二章
国語科の授業実践例の考察を通して授業展開の構造を考察する

> **授業を展開する構造を考えるとは？**
>
> はじめに、授業をいかに展開するのかについてどのように考えるのかについて述べます。なぜなら、今日まで、授業者である教師がいかに授業を展開するのかについて、私の知る限りですが、教師を主体とした教育実践として授業が論じられたことがないからです。

　最も近い時期での結節点は、1989年の「生きる力」学習指導要領の改訂の前後に、文科省による戦後最大の、教育の実践場面である授業に関する「視点転換」が行われたことです。それは、「学習の中心は子どもであり、教師は支援者である」という提唱です。これに沿った1999年の学習指導要領では、子どもの体験的な学習や地域との連携学習を行うとして「総合的な学習」が新設され、全体の学習内容は3割減らされました。その実施に入るや否や、それと時期を同じくして、OECD（経済協力開発機構）によるPISAテストでの国際的な学力評価が始まり、その順位が下がったことへの対策として文科省は、学習内容を元に戻し（増やす）、教師によって教え込む手法へと手直しするというように、学習指導要領の異例の早期の一部転換をはかったのでした。このような、

子ども中心か、教師主導か、それのなし崩し的な並列か、というジグザグが今日まで至っています。

　子ども中心で考える場合は、教師は支援するのであるから、教師の説明するような発話を減らし、子どもが独自に問いに答えをだす時間を多くとるというような手直しをしました。教師の支援は、子どもが答えを出せるようにヒントを用意するというものになりました。教師主導で考える場合は、教師の説明を分かりやすくするために、子どもの知覚に訴えるような絵・写真や教師が考える言葉を「キーワード」だとして、文章等から抜き出してカードに書き出す、答えに導くために誘導的な発問を連発する（問答形式）などが授業の展開の際に考えられるというのが実情です。ところが、「支援」と言うときの「ヒント」カードも教師主導での説明のための「キーワード」カードや絵・写真も、いずれも問題に対する答えへの誘導ということに変わりないものです。ただ授業の流れを子どもの活動を中心に多くするか、教師の説明を中心にするのかと、二者択一になっているだけです。

　ところで、「生きる力」学習指導要領以前からの、大学等の研究者による授業に関する研究の多くは、一方で、学習内容のカリキュラムの編成について、他方で授業の型を考えるという様に特徴づけることが出来るでしょう。

　前者は、何を子どもに学ばせるのかということで、授業との関係で言えば、教材にかかわってくるものです。より本質的には、人類が歴史的に培ってきた種々の研究・学問を、どの様な系列で子どもに提示して学ばせるのかということや、次代を担う子どもをどう育てたいのかということにかかわるものです。次の社会を担う子どもを人間的精神的に発達させる問題領域ということになると言えます。しかし、学校教育は社会的現実に規定されているということは、押さえておかなければなりませ

ん。全てが学校教育でなされるわけではないからです。精神的発達をどの様に獲得させるのかというその過程は、人間的な発達を基礎とするし、またそれに大きな影響を与えますが、人間的発達そのものは、大きく社会的な現実がそれを規定すると言えます。そこでの子どもの人間的な発達をいわば前提としつつ、知的精神的発達を主要には学校教育において達成し、それが人間的な発達に影響を与えるという様に言えるでしょう。

このような子どもの人間的精神的な発達の領域に関することが、より具体的にカリキュラム論争として研究者によって考えられていると言えるのですが、今日的には、カリキュラムについて、あまり論じられなくなっているのが現状だと言えるでしょう。

ところで、この領域について言えば、新学習指導要領では、それを、ＯＥＣＤ／ＰＩＳＡの提唱する２１世紀のコンピテンシー（…をすることが出来る能力）をとりいれつつ、「日本的」道徳教育の充実をねらったものとして考えられていると言えます。それは、２１世紀の社会に必要で、すぐに使える資質・能力（態度・人間性）というように具体的に便宜的なものとして展開されています。

後者の授業の型は、授業論を展開しているものですが、研究者によるそれは伝統的なものとしては、「典型的な授業」の型（モデル）として、斉藤喜博などが研究されてきました。そのほか様々な授業の型が考案されてきました。

前述の文科省の子ども中心か、教師主導かというジグザグも、授業の型として子どもの活動を多くするのか、教師の説明を多くするのか、というように実際には現象しています。

しかし、子ども中心か、教師主導かということは、授業を構成する教師と子どもについて論じられなければならないのですが、知識を多く正確に習得させるためには教師主導が有効、知識を定着・発展させるためには子どもの活動が有効というように、外在的かつ機能的に、結果がど

うかという有効性を想定しているために、授業の型として形式的にしかその答えを導くことしか出来ないと言わなければなりません。そこで、どちらに重点を置くかで、ジグザグするわけです。

新学習指導要領では、一度は後景に押しやっていた子ども中心的な考えを、子どもが対話しながら活動することで、２１世紀に必要なコミュニケーション能力をつけたり、同時にそれは他者を尊重し、感情をコントロールする経験になったり、協調して社会や世界に貢献する態度を養う効果があると見なすことによって、両者（子ども中心と教師主導の二つ）を並立させることを、今回の新学習指導要領では公式に定式化していると言えます。

片方を中心とするというように機械的に二つに分けたものを　両者を授業の前半と後半に設定して二つを貼り合わせるように並立させても、解決出来ないのは言うまでもありません。「知識構成型ジグソー」法にも同様な思考法が貫かれています。これらは、授業の型だけを考えるのではないと言いつつも、授業についての考え方を、やはり、授業の型として提案してしまっています。

本稿では、従来の研究にみられるように、一方でカリキュラムの系統の問題一般として、他方で授業の型として、授業の展開を考察しません。カリキュラムの問題はそれとして追求するべき問題ですが、それを授業の展開の構造に変えることは出来ないということです。

授業の展開において教師が教材を使い、いかに子どもに教えるのか、子どもはいかに教材と向き合い教師の教えようとしていることを学ぶのかという構造について考えることになります。これは教師と子どもの二つの構造としてあるのですが、しかし、バラバラに交わることなく並行的に進む二つの構造ではないと言えます。

教師が教えるために子どもに働きかけます。子どもがそれを受けとめて、自らの頭を働かせて受けとめ、自分はこのように思うけれどもそれ

はどうかという相互の対話によって授業は成立します。教師は子どもに発話するのであり、子どもは教師対して（同時に他の子どもに対して）発話するのですから、お互いにそれを受けとめ、そしてまた、発話するということです。その過程で、子どもが発話することによって、教師は子どもがいかに学習しているのかが分かります。また、子どもも自分が何を考えているのかは、直接発話したり、あるいは発話のためにメモを基にして発話したりすることによってでしか確認できません（発話することは考えようとしていることの全てではないのは当然ですが）。

このように、教師と子どもの発話によって成立するということは、教師が教える過程は同時に子どもの側からすれば学ぶ過程なのです。このような、子どもとの精神的な相互交通（交流）を教師はいかに創造するのかが、授業の構造そのものだと言えます。相互交流ということは、一方通行ではないということです。したがって、子どもの意識がどこを向いているのか、子どもの思考はどのように発達するのかということを把握して、それと交差するものとして教師の対話が要となると言えます。

その時、この過程を教師の技術・技能というように観念して、理論的に解明は出来ない経験的・感覚的なものとして伝統的には考えられてきていますが、そのようにのみ考えることはできません。これは理論的に解明出来るし、しなければならないと思います。

また、再度おさえるならば、新学習指導要領改訂に向けての『審議のまとめ案』で述べられているような教える場面と、子どもの活動の場面という様にあらかじめ教えることと、学びそれを発展させることというように、二つの過程に分けることを前提に解明することもできません。

以上のことを念頭に置きながら、文学教材を扱う場合と説明文教材を扱う場合とに分けて、以下を具体的に考えていきたいと思います。

1 文学教材の実践例の考察を通して、授業展開の構造を考察する

1.1 文学教材を読むということ

　文章を読み、そこで展開されている内容を意味あるものとして受けとめて読むことが出来ること、また同時にそれに対する一定の自分の考えを持つことが出来ることが、文章を読む、読解するということですが、実に、子どもにとっては難しいことです
　その中での文学作品は、作者の創造的想像の世界を読むということになります。想像の世界での登場人物が織りなす関係が、いくつかの場面によってたたみかけてくるように展開され、そこに何かを伝えようとする意味が込められています。したがって、現実的に自分が生きて生活している世界とは直接的には違い、見たり触ったりすることの出来ないことを文章から想像することが求められます。この実際には手で触ったり、そこに登場する人物等を直接的に見たり、感じたりすることは出来ないことを、文章を読むことを通して想像すること、自分の想像によってのみ人物の行動から心理的な動きやその関係を生き生きと、まるで実際に実感出来るかのように、浮き上がらせていくという精神的な作用が必要です。この想像する力こそ、知覚・感覚に基づいてのみ実在のひと・もの・ことを知るという知的状態からの高次な精神的活動への脱却を促すものと言えます。

　しかもそれを文章を通して果たすということですから、いわゆる「書き言葉」（＝文字表現されたもの）の習得をも伴わなければなりません。ある言葉を単独に理解するのではなく文脈において捉えたり、文章からの働きかけを敏感に意識し、感じたりしなければなりません。様々な文

学的手法、たとえば、文章の書かれた視点、繰り返しや対比、物語の展開における伏線的出来事の叙述等は、作者が読み手の意識に訴えて感性を動かし、自分の表現したい中心的な部分・意味へと誘うものですが、そのような作者の手法に突き動かされる読み手である自分の感情的な動きや意識の動きが、実は文章の働きによってそれに意識が反応していることを理解しながら、味わいを深めていくことになります。これが文学作品を読むということだと言えます。想像力と書き言葉の習得、これを育てることが文学作品の指導だと言えます。

文学作品を読むということは、新学習指導要領に規定されているように、言葉の社会的規範を知ることによって、構造と内容をつかみ、精査し、情報処理のために文章を整理弁別するということであってはならないと思います。もし、そのように考えるならば、書き言葉の習得自体が形式的に考えられていることになります。つまり、言葉の意味、文章の意味一般（社会的な規範となっているもの一般）の習得のために、作品を読ませ、情報処理の一役を担うためとなってしまいます。しかし、言葉の社会的規範を教えるだけでは、言葉の理解はできませんし、教材文は「情報」ではありません。

1.2 教材文を分析するのは、教師自身の読みとしてなされなければならない

実際、教師は授業を行う前に、たとえ短い時間であっても、授業の構想を考えそれを持って授業に臨みます。それは、指導案という形で明らかにされたり、最低でも、頭の中だけでの構想に留まったりするとしても、授業をどうやるのかは考えていると言えます。

教師にとって授業を行うということは通常「実践」と呼ばれています。人は実践する場合、自分の実践を頭に描いてから実践しているということは、教師の実践においても真実です。しかし、今日教師が多忙である

ことは、社会的な問題となるほどの深刻な事実です。教師用指導書に簡単な解説があり、それがいわば「標準的な」教材解釈であるとされ、それに沿って教材を解釈することで、済まさなければならない程に多忙になっています。この多忙さが改善されないのは、授業は教師の技術であるという「常識」によって、与えられた教材解釈や授業モデルを経験的・技術的に実施するのが教師の仕事であるという考えが、学校現場で支配的になっているからだと言えるでしょう。

　しかし、子どもを教材に向かわせていかにその頭脳を働かせるように教師が働きかけるのかということは、単なる動機づけや子どもの学習態度を躾けることや教師の言葉の調子や使い方というようなことの、熟練に置き換えられるものではありません。教師にとっては、教材を子どもがいかに頭脳に反映するのか、それはどのようなもので、それをどのように分析するのか、そしてどのように働きかけて子どもの頭の働き方を発達させて、文学作品を味わわせるのかという仕事があるわけです。その時、子どもが向き合う教材に教師自身が向き合わなければ、それを読む子どもが何を言わんとしているのかを充分に捉えることはできませんし、子どもが発話したことが、いかに重要な物語の内容や文章についての発見であるのかを子どもに知らせることは出来ません。
　ここで重要なことは、教師にとっては教材を分析することが、子どもとの教材をめぐる読みについての精神的な交流を創造するという、実践を創り出すための前提となるということです。もしも、自分自身が既成の解釈された結果を仮に自分のものとしてしまうということは、子どもにとっても、その既成の解釈を仮に自分のものとして受け入れさせるということになります。これは結果としての答えを単に理解するということであり、自分で読むということにはなりません。そういうものとして、教材の分析は教師の実践の前提となることだと思います。教師自身で行なわなければなりません。

1.3 現行学習指導要領に伴う教科書の変化——文学作品を読む単元が、「読むこと」と「単元を貫く言語活動」の二つの活動で構成されている(『資質・能力』育成のための国語学習への過渡期)

　「読むこと」の学習領域にあるにもかかわらず、文学教材の読みの単元構成は、「単元を貫く言語活動」ということを目標として、発表活動が目的とされた構成となっています。つまり、後半の「言語活動」が中心となり、前半の「読む」ことはそのためにする従属的な位置づけになっています。文学教材は、発表のための素材とされ、軽く扱われています。
　そのために読みの時間はそれまでの半分程度に減らされ、発表活動がこれまでよりも多くの割合を占めるものとなっています。文章を読むという学習は、例として出される指定された発表の形式(『面白いところを友達に知らせよう。』など)に従って、全文から該当する部分を早く選択することにのみ解消されています。
　このことは新学習指導要領において、さらに徹底して、むしろ「読むこと」の目的にまでされています。教材文を「情報」と見なして、その「情報を編集・操作する力」が、「読むこと」における「資質・能力」の第二の柱の中に具体化されているからです。

　文学作品は作者の表現活動によって創造されます。読みは、読み手が「創造された作品」をどのように受けとめるのかという受容です。受容は単なる解釈ではありません。読むときには読み手のこれまでの社会的生活的経験を基礎とした、感性と判断と思考作用が働きます。それを通して文学教材として提示された作品を読み味わうことが出来るのだといえます。読みには読み手の主体性が働くのであるとしても、読みは、作者と同様の読み手の表現活動であると規定することは出来ません。

話し合いで自分の読みを友達に伝える学習活動を授業の中に設定するとしても、それは、文章を読むための話し合いです。文章といかに向き合い、文章から発せられる情動的な訴えや、登場人物の行動とそれを突き動かす心理的な動きの描写から意味を感じとり、つかみだすという作業を友達の捉え方に学びながら、共にやり抜く学習だといえます。
　共にやり抜くのですが、学び合いながらそれぞれの捉え方を練り上げていくということであって、漠然と同じ一つのことにまとめることではないと言えます。どのように登場人物を捉えるのかについては、微妙にそれぞれの捉え方があり、自分の言葉でそれを表現することが、読みに他なりません。

　作者が文章で作品を創造する（表現する）のに対して、読み手は作者の創造した世界を自分の内面で想像し、表象を結ぶことを目的とするのが読みの学習です。自分なりの表象を内面において結ぶとき、初めて、それに対する意見がより確かになると言えるからです。読みにおいて文章を通して想像力を働かせるということは、自分自身の現実的な状況とは違う世界を在るものとして、しかし、現実的にではなく内面に形成することですから、つまり、何がどうのように在るのかを思考することによって想像し構成するのですから、内面的思考を形成することにほかなりません。このことを顧みない学習指導は、想像力・思考力の欠如した子供の育成となると言えます。
　ところが、「単元を貫く言語活動」の設定によって、発表活動に重心が移ってしまい、想像することに注意が払われなくなっている傾向が、現場では進行しています。そればかりか、今や教材文は、書き手の意味することも読み手の読みをも必要としない、単なる情報を伝えるものとして子どもには、与えられた目的から操作するための材料として扱うことが強制されています。これは、取り返しがつかない程危機的な状況であると言えます。

1.4 光村図書出版2年『お手紙』の分析についての教師間の話し合いをめぐって——教師の教材分析と授業での子どもの話し合いの深まりとは密接に関係している

1.4.1 教師の間での教材分析の話し合いから学んだこと

　アーノルド＝ローベル作・絵の小2年の教材『お手紙』（光村図書出版）の授業をするにあたって、先生方5人での教材分析の話し合いに参加しました。それは、わたしにとっては、教材を話し合いによって分析することの大きな意味を教えてくれました。作品の内容については、二つのことが、この話の中心的なこととして論議されました。
　一つは、文章展開において前半と終末近くに配置されている対の文章：「ふたりとも、かなしい気分で、げんかんの前に　こしを下ろしていました。」と、「ふたりとも、とても　しあわせな気もちで、そこにすわっていました。」について。
　二つ目は、繰り返しの文章「かえるくんは、まどからゆうびんうけを見ました。かたつむりくんは、まだやってきません。」が、3回あること。この繰り返しの間に、かえるくんがお手紙を出したこと、それに何と書いたかということを、がまくんに打ち明けたことが展開されています。一つ目の対の文章は、二つ目の繰り返しの文章の間にある、二人の登場人物の会話を挟んでその前と後に配置されています。
　この文章の構成を押さえると、一つ目と二つ目はどう内容的に交差し、意味を表現しているのだろうかをめぐっての話し合いとなりました。

　このような文章の構成は、場面の構成を特徴づけるもので、文学的表現にかかわるものです。これに気づき、このような文章構成が何を強調し、作品の意味へと導いて行くのかを考えることは、文学作品の分析において重要なことだと言えます。それは、子どもの読みがどこに注目し

ているのか、そこからどのように読み進めていくことが出来るのかを捉えることにつながっているからです。

1.4.1-1 「ふたりとも、かなしい気分で、げんかんの前にこしをおろしていました。」について

この一文は、かえるくんから捉えると、ぶらりとやってきたかえるくんが、かなしそうながまくんの、かなしい気分になっているその理由を聞いて、はじめに取る行為を示す文章です。これについて、授業を担当する二人の先生から次のような読みが提起されました。

M先生は、次のように読みます。「ふたりとも」の「とも」に注目して、「がまくんだけでなく、かえるくんまでも」と先生自身が書き込みをしています。そして、そのかえるくんの行為について次のように言います。「かえるくんは、ポケットに手をいれて、気軽な気持ちでやってきた。それが、かえるくんも『ふたりとも、かなしい気分で、げんかんの前に　こしを下ろしていました。』の挿絵では、がまくんと同じように手を重ねている。目も少し上に向けてしょんぼりした表情。ここでは、かえるくんもがまくんと同じような気持ちになっている。一心同体とはいかないが、同じ気持ち。すごい仲よしなんだと分かる。」

H先生は次のように読みます。ふたりとも一緒に悲しい気分になっている。その時「がまくんは、手紙をもらえない悲しさ。かえるくんは、がまくんの気持ちがわかってかなしい。」と。H先生が、がまくん、かえるくんのそれぞれを捉えようとしたのは、以前に論議してきたこと〈どの登場人物に視点を置いて考えているのか、人物への視点の移動をどう行うのか、人物に視点をおくことによって、話の結末や行為の結果だけを確認することから、人物の関係が織りなす話の過程を捉えられるようになる〉を、適用しようとしたということでした。子どもにも、誰が思ったことなのか？　をはっきりさせるようにと言い添えています。

これについて、筆者は、かえるくんのかなしい気分について、M先生とH先生は微妙にちがう表現で説明していることを掘り下げてみようと提起しました。それは二人のそれぞれの特徴がよく現れている読みだと思ったからでした。これは、どちらが正しいかということではなく、それぞれが言わんとすることを捉えて、その微妙な違いをお互いに深く理解し、そうすることによって、かえるくんについての読みを練り上げていけるのではないかというように思ったからでした。

　M先生は、かえるくんの何を、どのように捉えようとしているのでしょうか。M先生は、挿絵も見ながらかえるくんを捉えようとしています。だから、かえるくんが一緒に玄関の前に座っているという、その全体を視野に入れていると思います。そして、かえるくんの変化として捉えようとしています。その変化を、「かえるくんもがまくんと同じような気持ちになっている」と言い表しています。これは、かえるくんの『一緒にかなしい気分で座る』という行為の内面の分析として、かえるくんは、ただ悲しいというのではなく、『待つ時間がかなしい』がまくんと、悲しい気持ちを共感共有した。だから一緒に座ったということを強く言いたかったのだと思います。『ふたりとも、かなしい気分で』という文章は、その意味で、ただ「どちらも」という意味ではなく、かえるくんが、がまくんと同じようにかなしい気持ちを共有したということを表現しているのだと言おうとしていると言えます。
　共感とか共有とか国語の指導で良く言われますが、気持ちを共感する（共に同じ気持ちをわかちあう）ということは、それほど容易いことではありません。同情することは比較的に容易いのですが、この作者のお話は、同情ではなく、楽しいことを今一緒に楽しませよう、悲しいことを今一緒に悲しもうというように書かれているものが多いのです。そのためにかえるくんがどうするのか、そこに読者をして、えっと驚かせるものがあり、かわいらしさや面白ろさを感じさせるものがあります。

M先生の「がまくんと同じ気持ちになっている」というかえるくんの分析は、「げんかんの前に、いっしょに座った」ことが大事なことだと提起しています。そのようにかえるくんの行為を捉えて、それを支えている感性的な動きを捉えるということが、この作品の内容を読み解く重要なポイントとなるという提起だと思います。
　〈かえるくんは、がまくんと一緒に悲しい気分になって、一緒にそばにいてあげようとする、この一緒にそばにいてあげようということ、それを受けとめることを対の最初の文では見落としてはならない〉。このことを押さえると、かえるくんが手紙が届く前に自分が手紙を出したことをがまくんに言い、その手紙に書いたことまで打ち明けたという話の構成を解き明かせます。「もう待たない」と諦めてふさぎ込むがまくんに直面して、自分が手紙を出したこと、それに『親愛なる　がまがえるくん。ぼくは、きみが　ぼくの親友であることを、うれしく思っています。きみの親友、かえる。』と書いたことを打ち明けることによって、がまくんが、『ああ。とてもいいお手紙だ。』といい、そうすることによって、手紙を待つ時間が悲しかったがまくんを『とてもしあわせな気もちで、そこに座っている』がまくんへと変えることが出来た、いっしょに幸せな気持ちで待つことが出来た、というようになったのが分かります。

　H先生は、かえるくんの何をどのように捉えようとしているのでしょうか。「ふたりとも、かなしい気分で」というところを、それぞれがどういう気分なのかと、より一歩立ち入って捉えようとしています。M先生がかえるくんの感情的変化を強調しているのに対して、同じ悲しい気分でもそれぞれのかえるはなぜ悲しいのかと捉えようとしています。がまくんの気持ちは、本人がかえるくんに説明している文章があるので良く分かります。では、かえるくんは…というようにかえるくんに注目することは、やはりこの話を読み解く重要な要素となります。それを「がまくんの気持ちがわかってかなしい」というように捉えています。「が

まくんの気持ちがわかって」ということは、だから、自分も一緒に悲しくなってという意味で言われていることです。

　M先生は、この、「わかって」のあとにくる「（一緒に）かなしい」というところを強調しているのだというように交じり合うのではないでしょうか。M先生は、「かなしい」の前にくる「わかって」というところを言葉にだして表現していないので、かえるくんの感情的推移として明確に語っていないと言えるかもしれませんし、H先生は、「わかって」のあとの「悲しい気持ちをわかちあった」というところを強調していないように受け取れる表現であるのかもしれません。微妙な違いは強調するところの違いだと言えます。

　子どもは、ここでは、「かえるくんはやさしい」というように発話することが多いようです。また、幾人かは「かえるくんはがまくんの顔を見てかなしそうだとわかった。だから、二人はともだちなんだ。」とも言います。これは、かえるくんの内面の動きを捉えようとするものではないのですが、行為の特徴を他者へのかかわり方として捉えようとしているものです。教師の（ここでは、M、H先生）捉える視角とは違います。そこはおさえておく必要があると思います。その時、H先生が、「ふたりとも」のところを、がまくんはどんなふうに悲しくて、かえるくんはどんなふうに悲しくなったのだろうと問いかけることは、子どもにかえるくんの内面や感性的変化を想像させる切り口を開かせるようになるのではないでしょうか。その時、M先生の、挿絵の中のかえるくんを詳細に比べてみて、違い（変化）を発見させることが助けになるのではないでしょうか。

　以上、二人の先生の登場人物の分析の視点、どこに目をつけているのか、どう交じり合うのかを論じましたが、それが、子どもの読みとどう混じり合う様になったかについて、さらに考えを進めてみました。

1.4.1-2 「がまくんは、自分が手紙を出せばもらえるのに。手紙はもらうものと思っている。」と、つい考えてしまうような教師の読み。

ところで、H先生は、がまくんが「だれも、ぼくに お手紙なんかくれたことがないんだ。毎日、ぼくのゆうびんうけは、空っぽさ。お手紙をまっているときがかなしいのは、そのためなのさ。」というところで、「がまくんは手紙を出したことがないのか。出せば返事がもらえるのに。手紙は『もらうもの』と思っているけど『出すもの』でもあるのだ。」と書き込みをしています。

わたしも、かつてはじめてこの作品を読んだとき同じことを思っています。ところが、かえるくんはそういうことを超えて、自分一人で、あくせく、ひやひやして、遂に、「お手紙を待っているとき」を、「しあわせな気持ちで、そこにすわって」いるように変えたのでした。このかえるくんに脱帽しました。これは何なのだろうと思ったものでした。その後、この教材から離れていて、気になりながら考えることはなかったのですが、今回、考えさせられました。

教師は一般的に話の展開を自分の理屈から読んでしまいがちです。特に、児童文学は、自分の楽しみで読むのではなく、教えるために読むのでどうしてもそのようになりがちだと言えます。そのために、児童文学の文章に対する「文学的センス」はあまり持たない場合が多いと言えます。自分の理性が先走って、作者の文章の工夫に注目出来ないということかもしれません。あるいは、注目出来ないから、その文章の工夫に気持ちが動かないということかもしれません。しかし、逆に言えば、何か違うなあという感性的なものを感じている自分自身に気づかないということでもあるようです。まず、理屈だけで、『このようながまくんに、かえるくんはどうかかわるのかな。』ということだけに注目して読み進

むと、かえるくんが手紙を書きに家に帰ったこと、戻ってきて、「ねえ、がまくん、君、起きてさ、手紙を待とうよ。」というところ等がどうしてもしっくりこないままに、最後まで進んでしまいがちです。

　そこで、読み方を修正して、自分自身のネガティブな感性的な動きをも文章に向かうバネとして、そこから、むしろ知りたいという気持ちでしっくりこない、これはどうなるのだろうと文章を丁寧に読んでいき、他の人が気づいた文章に注目しながら読みます。そうする過程で、文章が働きかけてくるこの機能を「この文章は、こういうことを伝えようとしているのかな。」というように「考える読みの相」を経て、「この文章からこう伝わる」というように「誘われていく読みの相」へと変化していくようです。

　それは、しばしば、子どもが読むこととの違いに直面したとき、子どもはどうのように読むからかと考えることで、文章を丁寧に読み返してみるようになることから、自分の読み方の変化が生まれることも多いと言えます。子どもは楽しみながら読んでいる場合が多いからです。

　そうすると、がまくんが悲しいのは手紙をもらえないことだけではなく、郵便屋さんが来る頃、それを待つ時間が悲しいからなのだとわかり、そこへと、この『ふたりとも』の言葉で作者は誘っているのだという様に文中の一語を捉えることも出来ます。一緒に悲しい気分になるという、かえるくんの行為が重要なのだと分かりました。

　かえるくんがやったことは、がまくんが手紙をもらうことだけではなく、待つ時間を一緒に過ごし、それをしあわせな時間にすることでもあったのだということだと。このように考えると、授業の途中でよく出てくる子どもの疑問が解決します。

　「どうしてかえるくんは、手紙を書いたあと、また、がまくんの家にもどったの？」……「どうしてだろうね。先生も以前、そう思ったことありますよ。お話はそのあとどんなふうになっていったのかな。」と考

えさせるものいいかもしれません。…「かえるくんは、一緒に待ちたかったの。」と自分は思いつつ。

「かたつむりくんに渡さなければよかったのに。もっと、はやく届けられる人にたのめばよかったのに。」と子ども。…「どうしてかな。どうして？って思えるところがおもしろいね。読みどころですねえ。」…読み終わって、「かたつむりくんだから、よかったんだね」と子どもに分かるかどうか。そこはひとつの読みどころです。

　これは推測ですが、おそらく作者は、悲しみというものを、積み重ねられた（蓄積された）感情であると思い、それをほぐすためには、「言葉」だけではなく、むしろ共感しつつ共に行動することで、治癒出来るのだというような考えが底流にはあるのではないでしょうか。がまくんの自分の感情に拘泥して、無為無策で嘆き不満を言うというそのことも飲みこんで、どう悲しみを溶けさせるか、かえるくんの行為はそういうところにあったように思います。それを、重くではなく、おかしみやかわいらしさで包み込んで描いたと言えるのではないでしょうか。この話し合いでの先生たちが言う「なぜか、この話、癒される」のは、こういうところからではないかと思います。

　かたつむりくんが届けにくるまでの長い時間。この間に、先に書いた繰り返しが3回あり、ふたりの会話が展開されています。

1.4.1-3　『かえるくんは、ゆうびんうけを見ました。かたつむりくんは、まだ、やってきません。』の3度の繰り返しについて

　文章の構成をみると、かえるくんが、がまくんの家にもどってきてから、「ふたりとも、とても　しあわせな気もちで、そこにすわっていました。」となるまでの間、二つのことが、展開されています。

　最初の出来事が、がまくんがかえるくんの「窓の外を見る」行為に気づくことです。それまでに、かえるくんは3度『窓の外を見た』があるわけです。かえるくんは、ふて寝をしているがまくんを何度も起こして

一緒に待とうと必死で働きかけます。『おきてさ、…もうちょっと　まってみたら』『ひょっとして、だれかが、きみに　お手紙を　くれるかもしれない。』『きょうは、だれかが…』『だって、今、…お手紙をまっているんだもの』『きっと、くるよ。』と、だんだんと、お手紙がくることが確からしくなってきます。そのたびにがまくんは、『あきあきしたよ。』『そんなこと、あるものかい。』『ばからしいこと、言うなよ。』『きょうだっておなじだろうよ。』と、お手紙が来ないことが断定的であるような言い方になっています。これが、『かえるくんは、ゆうびんうけを見ました』というかえるくんの行為の３度のくりかえしの間に、繰り返され、最期に、かたつむりくんが窓の外を見たとき、がまくんが、かえるくんの行為に気づくのです。話し合いでもS1先生によってこのがまくんの変化が指摘されました。

　二つ目が、かえるくんが手紙を出したことを打ちあけ、その内容も言ってしまうということです。K先生が感じ入っていた、「手紙の内容の濃さ」です。「ふたりとも、しあわせな気持ち（「気分」ではなく、はっきりとした感情としての「気もち」となっています）になって、一緒に待つまでの間に、かえるくんの何度ものがまくんへの働きかけ、やきもきしながら窓の外を見るという行為と、がまくんがかえるくんにやっと目をむけるという行為とが描写されているのです。こうして、二人が響き合って、手紙の内容が明らかとなります。それは、お互いが親友であることを再確認する内容でした。「ああ、」「とてもいい手紙だ」と、がまくんの悲しみは溶けていきます。そうしてはじめて、「ふたりは、しあわせな気も持ちで、」お手紙を一緒に待つことが出来たのです。

　M先生は、「かたつむりが、ふたりのしあわせな楽しみの時間を長くした。」と書きこんでいます。S2先生は、「手紙が来る前に打ち明けてしまった。これがおもしろい。」「『え！』と思わせる巧みさ。」と読みます。H先生は「みんなバレバレで、何がおもしろいわけ、と、思うとこ

ろだけど、この作者の話は、いつも、え！と、おどろく。そこがおもしろいのかな。」と読んでいます。わたしは、手紙の中味を打ちあける筋書きの設定には、はじめて読んだときにははピントきませんでした。ただ、がまくんとかえるくんの愛らしさが伝わってくることは確かでしたが。M先生は、細かい分析はともかく、作者の言わんとするこの話の壺を確かに見抜いているのではないでしょうか。

　ここでの先生達の論議は、作者の文章が、また文章表現による話の展開のさせ方が、読み手に働きかけているのですが、読み手がそれを受けとめられる様な文章の読み方をしていることを示しています。文学的な表現に注目し、意識にとめて受けとめ、感性を動かされ、そこから、話の意味を考えていくという道筋を教えてくれています。
　また、教師間で教材についての話し合いは、微妙な違いを掘り下げていくと、お互いの主張の関係が分かります。そのことによって、お互いに相手の意見を取り入れ、自分の足りないところを補っていくことが出来ます。教材分析はなかなか一人では完結するものではないし、納得のいく分析をするには時間的にも年月の単位が必要です。特に、小学校では６学年を担任するので、毎年同じ教材を扱うわけではないからです。しかし、教師間の話し合いを持ち、また、授業での子どもとの話し合いを経て、少しずつ分析をより深めていくことになると言えます。

1.4.2　教材分析の話し合いのあとでの授業の実際
1.4.2-1　かたつむりくんが手紙を運んでくるのを待つ場面：『かえるくんは、ゆうびんうけを見ました。かたつむりくんは、まだ、やってきません。』の３度の繰り返し場面の読みについて

子どもの発話とノートから　(発話の中の番号（33、34等）は便宜的につけた文章番号です。)

　Ｃ１：（がまくんがことわってばかりで）かえるくんがかわいそうだな。
　Ｃ２：がまくんがおきないりゆうは、まってるのがあきちゃたから

かなとぼくは思いました。
Ｃ３：ぼくも、かえるくんがお手紙だしているのを知らなかったら、
　　　がまくんとおなじ気もちだったです。
　　　早く、かたつむりくんきてほしいなとぼくは思いました。
Ｃ４：かえるくんは、がまくんのためにお手紙をかいたのに、がま
　　　くんはことわってばかりだからかえるくんがかわいそうだと
　　　ぼくが思いました。
Ｃ５：「だって、今、ぼく、お手紙をまっているんだもの」のところ
　　　からがまくんのかわりにお手紙を待つなんてやさしいなとわ
　　　たしは思いました。
　　　かえるくんはやさしいのにがまくんはひどいことを言うな。
Ｃ６：かえるくんはきっとくるさと思ってまどをのぞいているんだ
　　　ね。まだかなまだかなってずっとまっているんだね。はんたいに、
　　　がまくんはくるはずないよと思っているんだね。
Ｃ７：かえるくんは、あきらめてないとぼくがおもいました。がまく
　　　んは、お手紙がくるのをあきらめてるとぼくがおもいました。
Ｃ８：「ばからしいこと言うなよ」のところからかえるくんがかわい
　　　そうで、かえるくんにひどいこと言うほどがまくんはお手紙
　　　をまちたくないんだな。とわたしは思いました。
Ｃ９：32－かえるくんは、まだのぞいていて、かたつむりくんくる
　　　のをまっているんだね、がまくんにはまだわからないんだね。
　　　33－もう、32の時みたいにくる人をもうわかっているんだね。
　　　34－かえるくんは、じぶんでかいたのをまっているんだね。
　　　35－かえるくんはお手紙をくるのを信じてまっているんだね。
　　　36－はんたいにがまくんは、もうきやしないよっていうかん
　　　じだね。
　　　まとめ－かえるくんが、まどからのぞくシーンがおおいから、
　　　ほんとうにお手紙を毎日人のためにお手紙をまっているんだね。

C10：30で「ばからしいこと言うなよ。」で、かえるくんのたちばだと、かえるくんが、かわいそうで、がまくんのたちばだと、ずっとばからしいことを言っていることがわかりました。

C11：『ばからしいこと言うなよ』から、がまくんはすっかりあきれているとわたしは思います。かえるくんのたちばでいってみるとかえるくんがかわいそうになってきました。がまくんは、お手紙をかえるくんがだしたことをしらないから、そんなこといっているのかなとわたしが思いました。

C12：『きょうは、だれかがきみに、お手紙くれるかもしれないよ』のところから、がまくんが、もうぼくには、お手紙なんかこないんだと、こころのなかで、ほんとうは、思もっていたんじゃないのかなと思ていたから、かえるくんは、きょうは、だれかがきみに、お手紙をくれるかもしれないよと、いったのかなと、わたしが、思いました。

C13：かえるくんは、がまくんにばれないようにしんちょうにかえるくんがだしたお手紙がみつからないように言うのがうまいなと思いました。

C14：『ひょっとしてきみにお手紙をくれるかもしれないだろう』のところから、はげましながらまちぶせをしているのかなとわたしがおもいました。『そんなことあるものかい』のところから、はげましてくれてるのになんだそのいいかたは、とわたしがおもいました。

C15：『だって、今、ぼくお手紙をまっているんだもの』から、かえるくんの手紙ではないのに友達のことがわかっているからまっていられるんだと思ってわたしもそんなやさしいいい子に今からでもなれたらいいな。

　まとめーかえるくんが3回ものぞいているのは、がまくんのえ顔を見たいからだとわかりました。

子どものノートの分析

　C1〜C3は、がまくん、かえるくんのどちらか一方について述べています。が、どちらかと言えば、かえるくんに同情してかわいそうだと思いながらも、『来ないよ』『ばからしいこと言うなよ。』と、かえるくんの〈起きて手紙を待とう〉という提案を、拒否するがまくんの心理を読み解こうと試みているのは特徴的です。

　C4〜C9は、それぞれ、両方について言及しています。その内容は、上記と同じようにかえるくんに同情したり、あるいは『人のために手紙を待つ』ことに感動したりしている一方で、がまくんがいちいち待つことを断っていることをひどいと思いながらも、その心理を洞察しています。自分の視点人物によりそいながらも、それとは反するかのような言動をするもうひとりの人物についても考えようとしています。ここに、『二人とも、かなしい気分』でこしを下ろしたというかえるくんとがまくんのそれぞれの心理を洞察した、前時の学習が生かされていると言えます。

　通常、この場面は、かえるくんがかたつむりくんの来るのを待っているのに、なかなか来ない。かたつむりくん早く来て！というようにだけ読む子どもが多いようです。そして、かたつむりくんが来てよかったで、終わりです。がまくんについては視野の外に置かれがちです。かえるくんからお手紙を出したと打ち明けられて以降のがまくんについてからは、発話やノートへの書き出しが出て来るようになります。

　しかし、この授業では、がまくんにも注目することで、子どもはかえるくんについて、〈手紙を待っているだけではなく、がまくんにも諦めないで待ってほしいと働きかけていること〉が捉えられていると言えるし、また、この結末をがまくんもやっと待つ気になったというように捉えています。このことが、次の『ふたりとも、しあわせな気持ちで、そこにすわっていました。』の読みにもつながっていきます。

この話し合いのまとめとして、H先生は、かえるくんの立場から考えると、あるいは、がまくんの立場から考えると、というようにまとめています。この受けとめが、C 10、C 11 によって示されています。C 12 は、それぞれがどういう態度でいるのかというだけではなく、かえるくんがどのようにがまくんの心の内を察して言葉をかけているのかをも推察しています。『もうお手紙は来ない』と思っているがまくんを励ましているのだと捉えていると言えます。このことは、手紙を出しただけではなく一緒に待とうとすることで、がまくんの手紙を待つ時間の悲しさをなくそうとするかえるくんのやさしさを描いている作者の意図に迫るものと言えるでしょう。視点人物を移動させて考えられるということは、主要な視点人物を豊かに捉えられ、そのことが作者の意図を捉えるものへと迫って行けるのだということを示しています。

　C 13 は、この場面の設定を良く捉えています。通常子どもは、かえるくんが手紙を出すところまではこの話の筋について行けます。しかし、かえるくんががまくんの家に戻って来て手紙を待つことについては予想外のことなので、良く分からないままに読み進みます。そこで、上記でも述べたように、子どもは、〈かえるくんが手紙を待っている。だから早く手紙が来るように！〉という読み方をしがちですが、C 13 は、かえるくんの言葉をがまくんに対する配慮として捉えています。それを、C 14、15 は、さらに、見事に『はげましながらまちぶせする』『ともだちのことがわかっているから、待っていられる。』と言い当てています。C 12 の内容をより明確にしていると言えます。

　　1.4.2-2 『ふたりとも、とてもしあわせな気もちで、そこにすわっていました。』『四日たって、かたつむりくんが、がまくんの家に着きました。』の読みについて。

子どもの発話とノートから
　Ｃ１：かえるくんよりもがまくんのほうがしあわせじゃないのかな。

かえるくんとがまくんは、4日もまってあきないのか。→しあわせだからあきないんだな。

C2：きょうの読みとりでかえるくんがかたつむりくんにたのんだのがなんでだよ。て思っていたけどかえるとがまくんにはその4日間がとてもしあわせだから、かえるくんはかたつむりくんにたのんだのかなとぼくが思いました。

C3：ふたりともとてもしあわせにのところからかたつむりくんもうちょっとでくるのかなとおもいました。長いことまっていましたのところから何日かかったんだろうとおもいました。

C4：ふたりは、とてもしあわせなきもちでそこにすわっていましたのところからふたりともまえは、ふしあわせな気もちだったのにいまはしあわせになってよかったです。

C5：ふたりとも、とてもしあわせなわけは、がまくんは、手紙がくることが分かったからということがわかりました。

C6：かたつむりくんは足がおそいけどかたつむりくんが足がおそいからやくにたつこともあるんだなとわたしは思いました。

C7：『お手紙が来るのを、まっていました。』のところから、やっとまつことにしたんだなとわたしは思いました。

C8：『お手紙が来るのを、まっていました。』のところから、やっとまつことにしたんだなとわたしが思いました。とてもだからいいきぶんですわってたんだなとわたしが思いました。長いってかいてあったからすごくまったんだなとわたしが思いました。四日もそこにすわっていたのかなと思いました。
まとめー四日たってもずっとしあわせなんだなとやっぱすごいなとわたしは思いました。

C9：四日間もまってたらたいへんだなと、思っていたけど、四日かんずっとしあわせなきもちだからいいなと思いました。

C10：44のお手紙の来るのをまっていましたからしあわせな気も

ちだからすわりつかれないんだな。
まとめーかたつむりくんは足がおそいけどうれしいのが四日間もしあわせがつづいたからかたつむりくんのおかげなんだなとわかりました。

C 11：さいしょは、かたつむりくんに、わたしてだいじょうぶかなと思ったけど、かたつむりくんにお手紙たのんだから、がまくんとかえるくんは四日もとてもしあわせな気もちがつづいたんだとわかりました。

C 12：44 ーお手紙が来るのを、まっていました。のところから、やっとまつことにしたんだなとわたしが思いました。
45 ーしあわせな気もちでそこにすわっていました。のところから、やっとしあわせに、なれたんだね。
46 ー長いことまっていました。のところから、いつになったら、かたつむりくんは、つくのかなとわたしは思いました。

子どものノート分析

　上記のように、子ども達は『やっとがまくんも待つことにしたんだ。』『しあわせだから、４日待ってもあきないんだ。』『４日もしあわせが続いたんだ。』と捉え、話し合いのあと、ほぼ全員が『４日もしあわせが続いた。』『かたつむりくんの足の遅いのが役に立った』と捉えています。Ｃ４のように『ふたりは、とてもしあわせなきもちでそこにすわっていましたのところからふたりともまえは、ふしあわせな気もちだったのにいまは幸せになってよかってぼくはおもいました。』と、不幸せだったのが、幸せになってよかったという読みをすれば、二年生の読みとしてはよく読んでいると言えます。ところが、予想を超えて、まず、『やっとがまくんが待つことにした』と読んでいます。

　これは、まだ来ない、まだ来ないとかたつむりくんを待つかえるくんによりそい、なんとかがまくんと一緒に待ちたいと、悪態をつかれなが

らもがまくんにかかわってきたかえるくんを捉えたからこそ出て来る読みだと言えます。そうして、一緒に、必ず来ることが確信出来る手紙を待つことのしあわせがわかるからこそ、『4日たって、かたつむりくんが、がまくんの家に着きました。』という文を、『4日もしあわせが続いた』というように読み込めたと言えます。

1.5 「標準的な解釈」が果たして在るのだろうか？

　授業をする教師自身の読みを問うとき、必ず出てくる異論が「個人的な見解で教えることは出来ない」という学校管理職の言葉です。このような傾向は90年代に入って急速に増えてきました。しかし、また同時に教師自身の教材の分析を本文の中の文章を引用しつつ、「…、このように言える」等丁寧に書いた指導案に対しては、「しっかりした教材の分析ができている」という管理職が極少数ですが存在し続けていることも事実です。したがって、一般的には、教師が行う教材分析が否定されているとは言えないでしょう。しかし、暗黙の裡に何かしらの「標準的な」解釈が存在するのではないかという、前提があるのも確かです。このことはどのように考えればいいでしょうか。
　「標準的な解釈」は誰が決めるのかと問えば、何という答えがあるのでしょうか？教科書会社の発行する教師用指導書に提示されたものが「標準的解釈」と言えるのでしょうか。その根拠はどこにあるのでしょう。指導書の解説も誰かの書いたものであり、文章責任は署名があればその人個人にあります。同じように個人が書いた分析なのですから、誰のものが標準的であると言うことは出来ないでしょう。その個人が権威のある人であればいいのでしょうか？

　文章を読むということは、「どの文章からこれこれが考えられる」「どの言葉からこのような感じを受けとめる」等の文章に対する読み手の受

けとめ、そこから読み手が意味を考えるということなのだと言えます。この時、1.4の項で紹介したように、教師間の教材の分析についての話し合いで、教師間の微妙な読みの違いを大切にして、読み落としや意味をはっきりとは押さえきれなかったことなどを指摘しあいつつも、また共通点を明らかにして、教師自身がより分析を深めていくことが出来るのだと言えます。そして、なによりも、授業の過程で、むしろ子ども自身が的確に、ある文章、ある段落、ある場面の意味を、自分の読みとして発話することも多いのです。授業を重ねながら、そうした教師間の話し合いを受けとめ、子どもの読みをも受けとめながら、教師は教材に対する認識を深めていくことになると言えます。

1.6 教材分析の諸相

1.6.1 作者によるフィクション（西郷竹彦は「虚構」という）の設定の分析

　文学作品は、作者の構想による物語であるということはいうまでもありません（詩歌はここでは便宜的に除きます）。作者はその構想における世界での人間の模様を描くことを通して、読み手に対して、自分にとって他者（あるいは社会）に言わずにはいられない何かを伝えるために、文章を吟味して表現しています。そのために、自分の想像の世界はどういう世界なのかを伝える、最も基礎となるいわゆる「舞台設定」をします。フィクションの世界という場合、もちろん、それが、現実にはあり得ない空想の世界という意味ではありません。フィクションの世界における話ではあっても、それがまさしくありありと現実の人間像を描ききっているのであって、そこに読者は魅力を感じ考えさせられるのが文学作品であると言えます。とはいえ、作品に描かれているのは作者の構想の内の世界であるのです。

　その構想の世界を表すものは時、処、それに相応する登場人物、登場

人物の（時、処に規定された）行動によって引き起こされる出来事（登場人物自身が引き起こさない場合でも、それに遭遇したときの登場人物の対応によって、出来事は成立するという場合も当然含みます）等がまず挙げられます。しかし、音声表現（話言葉）ではなくそれを文章で表すために、次のようなことが特に必要となります。

　語り手の設定です。誰かが誰かに話を伝えるという時、民話などの語り等で話し手が果たす役割を全て文章で表さなければなりません。そこで、語り手を文中に登場させる場合が多いし、その語り手をどういう設定にするかで、作者の創造の世界を様々に設定できます。「わたし」やこの「わたし」の設定をさらに工夫することも多いわけです。話し手以上の様々なことが工夫出来るのが文章表現の特徴でもあります。

　「これは、わたしが小さいときに、村の茂平というおじいさんから聞いたお話です。」の「わたし」（『ごんぎつね』　新美南吉）や72才のおじいさんになった時の大造じいさんから、大造じいさんが35,6年前の若い時の猟の話を聞いたという「わたし」が、その35,6年前の話を土台としてこの物語を書きましたという設定での「わたし」（『大造じいさんとガン』　椋鳩十）。

　民話などの話し手は、民話内部の情景や登場人物の描写を語るとき、適宜に「…だったと。」を入れたり、話の最後に「…とさ。」を入れたりして、語り継がれたことをわたしは話していますよ（私の作ったお話ではありませんよ）と、話し手である自分と話そのものとの関係を明らかにしています。しかし、話し手は、聞き手の目の前にいます。だから、聞き手にとっては、話し手は、物語の中にいて、登場人物のそばにいるようでもあり、自分の目の前で、自分に迫ってくるときもあります。しかし、なんとなく、話し手は目の前にいることから、『お話し』とは区別されて、『お話をしてくれている』と分かります。

文学作品での「語り」「語り手」はどうでしょうか？「わたし」やその他の設定の語り手が登場しない、いわゆる「地の文」だけの時があります。語り手が実際見たり経験したりしたことを作品に登場して語るという設定の場合もあります。こういう時は、語り手が登場してもしていなくても、あたかも作者がじかに読み手に語っているように感じられます。語り手は読み手の前には実際にはいないので、同じように読み手の前にはいない作者と同一視しやすいのでしょう。語り手は、お話しそのものに距離を置きつつもお話に寄り添って「登場」したり、読み手に直接的に問いかけたりする文章があるので、話し手のようですが、作品の中にいるだけです。実際には目の前にはいません。これが話し手とは違います。しかし、明らかなことは、民話などを話す話し手と同様、語り手が物語を作っているのではなく、物語を語っているのだという様に設定されているのだと言えます。つまり、語り手が「わたし」として登場するとしても、語り手は物語を創造した作者とは言えないということです。語り手も作者の構想の中の、登場人物とは性格の異なる「設定された人物」だということです。それによって、作者は自分の構想の世界を特定させているのだと言えます。

　物語の中に登場する時と処、そこに生きている登場人物と出来事、それらを語る語り手によって、フィクションの世界が設定されます。その中にいて、登場人物の内面を描写したり、あるいは、登場人物を外から描写したりして、読み手に登場人物を内面から同時に外から詳細にかつ深く想像させてくれると言えます。このフィクションの世界を想定し、その中の出来事であると想像することは、読み手にとっては、自分自身はその外にいるという自覚（あるいは、無自覚であるとしても、外にいるという意識や感覚）が必要です。そのような意味では、物語の世界の想定は読み手意識を形成することでもあります。
　教師が教材分析をするとき、意識的にどのようなフィクションの想定

になっているのかを分析することは、子どもに想像することを問うたり、あるいは逆に読み手意識を創り出したりするために、それは、重要な意味を持つと言えます。

　たとえば、『たぬきのいと車』で、たぬきが最後にはぴょんぴょこ踊りながら帰っていくところで、小１年の子どもが、「一緒に暮らさないのかなあ。」と残念がることがあります。５年生でも、『大造じいさんとガン』の結末でじいさんが残雪を放すところで、やはり「一緒にいないのかなあ」という感想をもつ子どもがクラスで３～４人はいることもあります。動物と人間の話では、自分自身の現実の生活で飼っているペットに対する感覚で捉えていることを示しています。

　これは、物語の中のたぬきを想像するところを、とっさに自分の生活での感覚とのずれを対置しているということです。

　『たぬきのいと車』の学習では、他の子どもが「いっぱいいと車を回せてたのしかったな。とうれしくなっておどりながらかえっていった」という様なことを言っていることに注意を向けさせながら、「たぬきは、『うれしくて　たまらないと　いうように、おどりながら』って書いてあるね」と文に注目させて、その文章をどう読むかを考えさせると、もう一度、話の中でのたぬきを想像することへと向かわせることが出来ます。自分だったら、たぬきとおかみさんは一緒に暮らす様になるのかなと思ったけれど、このお話の中でのたぬきは「うれしくて　たまらないと　いうように、ぴょんぴょこ　おどりながら　かえっていったんだ」と、自分自身の感覚や思いとは一端離れて、たぬきを捉えようとすること、そこから、想像の入り口に入っていけるようになると言えます。

　しかし、子どもが、すぐに自分だったらと考えることは、全く無駄なことではありません。それが、たぬきについての読みとしてはずれているのだとしても、読みにおいては必要なことです。読み手としての自分を主張しているからです。しかし、読み手としての自分だったらそうで

はあるけれども、それはさておいて、書いてあることを想像してみることが出来るということが大切なことだと思います。これは、たぬきは何が嬉しかったのかということを追及することが出来ることを意味します。話の中のたぬきを捉えることは、この作品は何を表現しているのかを捉えることへとつながっています。

　このような意味で、教師が作者のフィクションの設定を意識して捉えておくことは子どもの読み、想像力を育てる上で、重要なことだと言えます。この時、作者が語り手であると想定することは、作者のフィクションの構想・その想像の世界を崩ずしてしまうと言えます。作者は直接見えないとしても、書くという行為をした現実世界、読み手と同じ世界に存在した（いる）人なのですから、作者の設定する想像の世界には存在しません。想像の世界であることを教師が意識しないでは、子どもに想像させるということが弱くなり、想像することなしには捉えられないたぬきのうれしさを、想像させるのではなく、単に「うれしく思っているたぬきだ」というように「書かれている事実」として、子どもに認めさせようとする読みになってしまいます。

1.6.2　物語の場面構成の分析

　場面構成というと、「起承転結」の構成で一般的には作品の内容は構成されているというようにすでに研究されています。この結論を念頭に置くとしても、自分自身で作品を理解するためには、この結論を当てはめて、起は何でどのように結につながっているのか、承はどのように起を基礎としているのか、転はいかに転となっているのか、転がもたらす結の意味は何かというように、最初から考えるわけにはいきません。
　やはり、はじめに教材である作品を読んだときに、自分の感性が読むにつれてどう動いたのかを捉えて、それを振り返りながら、この話はこういう話だなと感じ、思ったことを出発点にすることになると言えま

す。こういう話だと思ったことが、どういう構成で展開されているのかを検討することによって、自分がこういう話だと思ったことを確かめる、あるいは、より具体的に肉付けするということになるのではないでしょうか。教材分析としてこの場面構成を考察する意味は、子どもの読む筋道において各場面をどう読むかで、次の場面の捉え方が変わってくる。さらに、結論が変わってくることをおさえることが出来るということにあると言えます。これは、伏線の読みだと言えます。

例1 『お手紙』の場面構成について

　前項で取り上げた『お手紙』を例として、具体的に述べてみます。
　『お手紙』はなかなかこういう話だと捉えるのには難しい話です。筆者を含めて、かなりの教師はその主題を捉えるのに苦労しました。はじめは、がまくんは手紙が来ないことを嘆いていると捉え、かえるくんがそのがまくんのかなしさを幸せな感じを持つことに変える話で、かえるくんの機知に富んだ優しさというように捉えました。場面構成としては、（1）手紙が来ないことを嘆くがまくんと悲しさを分かち合うかえるくん。（2）かえるくんはがまくんへ手紙を書き、かたつむりくんに配達を頼む。（3）がまくんの家に戻り、手紙を待つようにがまくんに働きかける。かえるくんが働きかければかけるほどがまくんは悲観的になる。（4）かえるくんは自分が手紙を出したことを打ち明け、手紙の内容も明らかにする。（5）二人は幸せな気持ちで一緒に長い間手紙をまつ。（6）4日経って、かたつむり君が手紙を届け、がまくんはとても喜んだ。というように一応押さえました。
　ところで、どうもよく分からないことは、（4）の場面です。なぜ作者は、かえるくんは、手紙を出したことやその内容をがまくんに打ち明けるという話の筋の作り方にしたのかということです。二人の会話の成り行きから、かえるくんは打ち明けざるを得なかったという様になっていることは分かります。しかし、何のためにそうしたのか。このことは、

数人の教師での教材分析の話し合いで解決しました。
　M先生の「一緒に手紙を待つことが大事なの。」という分析が、解決の糸口を切り開いたのでした。
　それによって、（１）の場面は、がまくんがつらいのは、手紙がこないから、毎日手紙を待つ時間が悲しいのだということ。それが分かったかえるくんは、一緒に待つ時間を悲しみを分かち合って寄り添うようにと思い立ったのだという様に捉えると、場面の構成がつながるのです。続いて（３）の場面は、かえるくんはがまくんに起きて一緒に待とう、と何としてでもしたかったのだというように捉えられます。だからこそ、問い詰められたときに、手紙を出したことを打ち明けたのだと。そのことで、（５）の場面が成立するのだと言えます。

　このように、作品の主題を考え直し、場面の構成のつながりを考えると、子どもの読みの傾向も予想がつきます。おそらく多くの子どもは、かえるくんのがまくんへの思いやりということは分かるだろう。それががまくんへ通じるようにと思いながら読み進むだろう。しかし、そういうように読むと、（３）の場面はかえるくんがかわいそうという様に読んでがまくんへは視点が向かないだろう。そうすると、（４）のかえるくんの打ち明け話は、え？となり、（５）は、がまくんはお手紙をもらってよかったというだけに終わるだろうと。
　子どもの読みにおけるこの壁をのり超えるためには、（１）子どもに、かえるくんの行為だけではなく、かえるくんが向き合っているがまくんについてもその心理的動向に視点をむけさせること。（２）それぞれに視点をむけさせると同時に、対の二文『二人とも、悲しい気分で、げんかんの前に、こしを下ろしていました。』と『ふたりとも、とても　しあわせな気もちで、そこにすわっていました』に注目させて、その文章をどう読むのかについて、丁寧に意見を交わし合わせることが必要だと留意することができました。

例2　M先生の2年『スイミー』（光村図書出版）の分析

　M先生の教材分析に、便宜的に場面構成の分析と分かるように（1）、（2）…の番号を付けます。（文章は紙面の部分で、若干まとめて記載）

（1）光村図書の教科書では、この作品で初めて主人公に名前がついています。だから、子どもは、主人公に名前で接することができ、親しみが持てる。スイミーの気持ちになって悲しんだり喜んだり等、寄り添いながら読み進められる教材だと思う。

　スイミーは、小さな魚の中で特異な存在である。突然変異なのか、みんなが赤い色なのに真っ黒な色で目立ってしまう。色だけでも、敵に見つかりやすいからか、泳ぎはだれよりも速いと紹介されている。

（2）兄弟たちとの穏やかで楽しいスイミーのくらしは、おそろしいまぐろの登場でうばわれて、独りぼっちになってしまう。

（3）泳ぎが速かったからか、運が良かったのか、生き残ったスイミーは、どんなことを考えて暗い海の底を泳いだのであろう。兄弟達が目の前でのみこまれるところを見た恐怖、誰もいない寂しさやたった一匹だけで生き残った悲しさをかかえて泳ぐスイミーは、弱さやつらさを抱えており、読み手である自分と同じような悩みを持っている身近な存在として映ってくるようになり、共感しやすい。

（4）海の中をさまよううちに、今まで知らなかったいろいろな生き物に出会い、一つ見るたびに一つ気持ちが明るくなるという感じでだんだんに元気を取り戻していく。夢のように美しいくらげ。おもしろいいせえびやうなぎ。糸で引っ張られているような不思議な魚たちの動きなどは、好奇心を刺激したり、感動を与えてくれたりする。絶望のどん底に落ち込んだスイミーが回復するのには、このような大きな空間やゆったりした時間が不可欠であったのではないかと考える。

（5）元気を取り戻してきたスイミーは、敵に見つからないように隠れ

ていた魚の兄弟たちを見つけて喜び、隠れていないで広い世界に出ようと励ましていくが、兄弟たちは、前に襲われた体験があり臆病になって尻込みしてなかなか出てこない。
（6）スイミーは考えた末、小さな魚が集まって大きな魚のふりをするというアイデアを出して大きな魚を追い出して楽しい暮らしを取り戻していく。スイミーの知恵と勇気やリーダーシップのすばらしさを感じとれることと思う。

　M先生は、以上のように場面を描写して、教材としてどのように取り扱うかを以下のように論じています。
○「協力の大切さとか、それぞれの役割や責任を果たさねばならないなどと、教訓めいた方向に偏らないようにしていきたい。」
○「海の世界を楽しんだり、困難にも負けずたくましく生きていくスイミーに、気づかせたりするようにしていきたい。」
○「作者レオ＝レオニは、この物語で最も大切なところは、『ぼくが目になろう』というところだとはっきり語っている。ほかの魚とは違う異分子のスイミーがそんなことを言うのは、自分が他のものと異なっていることを認め、自分にしか出来ない役割を担うという決意表明だとしている。」
○「教科書はくらげの挿絵しかのせておらず、レオ＝レオニの絵本の良さを軽視している。そこで、絵本を活用して、独りぼっちになった後、海の中の今まで知らなかった生き物達との出会いで、元気をとりもどしていくところを十分に想像出来るようにさせたい。」と。
　このように『スイミー』を教材として取り扱う方向を考える基礎には場面構成・展開の分析、及びその分析に対する「作者の意図するところだろう」と裏付けがあることは明らかだと思います。通常多くの教師は、スイミーを中心として小さな魚が一つの大きな魚へと「変身」して、大きな魚を追い出したという最後の場面に注目することに集中しがちで

す。そうすると必然的に、協力と責任＝チームワークを強調するようになってしまいがちです。M先生は、（1）、（3）、（4）の場面のスイミーが（5）、（6）の場面のスイミーを作り出した（成長させた）ものと捉えて、それが「ぼくが目になろう」というスイミーの言葉に象徴されているのだという捉え方をしていると言えます。

　M先生は、スイミーの特異性にまず、注目しています。そして、スイミーが一人だけで『こわかった』『さびしかった。』『かなしかった。』ことを、どのように乗り越えていったのかを、M先生は、それまで知らなかった海の生き物との夢のような出会いにあるという様に考えています。その出会いの楽しさ、面白さが、挿絵を補助とした巧みな文章で表現されているところに注目しています。

　名前の出てくる物語としては初めての教材であることから、スイミーという名前で、子どもは親しさを感じるであろうと予測して、それによってスイミーの特異性を特徴として押さえることが出来ると、M先生は考えています。そして、文章と挿絵から、スイミーが元気を取り戻す過程を子ども達に十分に想像させたいと授業に臨んでいます。

　場面の構成を考える意義は、上の例で明らかなように、特定の場面だけを自立的に注目することでは、作品の伝えようとする意味を取り違えることがあることになります。また、自分の読みにおいてあまり意味あるものとして位置づけられない場面についても、それは必ず、作品全体との関係で作者にとっては必要な場面であるはずだから（作者はその構成を熟考して作品を完成させているから）、読み手もまた熟考して位置づけ直す必要があるからです。つまり、場面の構成を考えるということは、作品の意味を考えることにおいて極めて重要だと言えます。

　また、授業での子どもへの働きかけをどのようにするかにおいても重要になります。物語の筋の確認、そのための語彙の確認に終わってしま

いがちになる子どもの対話の流れを、教師が前述したことを意識した上で明らかにすることによって、飛躍させることが出来ると言えます。

　それは直線的にはいきません。しかし、文章そのものの質に影響されて、それを反映して物語の筋の確認以上のことを感じたり、考えたりする子どもは教師が考えているよりは多いものです。作品の文章は、いくつかのモデルを選択肢としたものから画一的に選び出されたものではなく、作者が読者と見なした対象＝読み手に向かって想いを伝えようと意図して言葉を選んで書かれているから、読み手はそれを感じることが出来るのだと言えます。この文章で自分は何を感じたのか、この文章は何を伝えたいのだろうかという想いで丁寧に読んでいる教師なら、子どもの発話を敏感に受けとめられるし、その発話をめぐってクラス全体で話し合うことによって、発話した当該の子どもが対象とする文章について、より多くの子どもが感じたり思ったりすることが出来るように考慮することが出来るのではないかと思います。子どもは、単なる筋追いに関することだけを意識するのではなく、文章に対する自分の想いを意識することが出来るようになると言えます。

1.6.3　場面を構成する文章の分析

　当然のことながら作品の場面は全て文章によって描写されます。通常、読み手は文章を読んで、それが表現している話の筋の発展や顛末の方を意識のうちにとどめます。どの様な文章によって表現されているのかについては注意は向かない傾向にあります。

　しかし、読んでいるときには、実際には筋やその発展だけではなく、様々な感性・情動的な動きや話の筋に対する肯定から否定までの微妙な考えも浮かんでは消えていっているものです。それに気づいたときには、はたと文章に立ち返ります。あるいは、教材について他の同僚と話をするときは、必ず、「この文章からこう考えるんだけど…」というように文章を特定します。そうでなければ、一般的な感想になり、話し合いは

成立しないからです。あるいはまた、授業をするときにも、子どもに、一文、あるいは、一形式段落のまとまりについて何を感じ、何を思ったかというような受けとめを話し合わせる場合、必ず、どの文章から、どの言葉からということをはっきりさせないと、子ども達はお互いに何について発話しているのかが分かりません。このようなことから、教師は（そして子どもも）文章を意識するようになります。

　文章を意識するということは、その文章が読み手である自分にどのように働きかけているのか、場面の意味することを伝えるために、どのような役割をはたしているのか、それはどの文章とつながっているのか等を考えるということだと言えます。そのことが、自分が捉えた作品の意味の客観性を裏付けるものとなると言えます。ところが、通常は、読むときにはあまり意識しなかった文章の構成について、それ自身を読みの内容とは切り離して自立的に取り上げる傾向があります。

　たとえば、文章をどの視点から表現しているのかという意味での視点表現、対比、繰り返し、倒置、比喩、象徴等が、その一般的な効果の説明として取り上げられるという様に。しかし、文章の形式的な特徴とその一般的な効果を確認することは、一般的な文章に関する「知識」とはなりますが、読むことにおいては、作品をどう読むのかにかかわるものとして、作品の意味内容をどう表現するものなのかというように、文章の形式は分析されなければならないでしょう。

　具体例で上のことを考えてみます。

例3　光村図書3年『モチモチの木』

　『外はすごい星で、月も出ていた。とうげの下りの坂道は、一面の真っ白いしもで、雪みたいだった。しもが足にかみついた。足からは血が出た。豆太は、なきなき走った。いたくて、寒くて、こわかったからなあ。
　でも、大すきなじさまの死んじまうほうが、もっとこわかったから、

なきなきふもとの医者様へ走った。』
　この教材文の中で、「なきなき走った。」が二度出てきます。全く同じ文の繰り返しではありませんが。多くの授業では、前半の形式段落では、活発に子どもの意見が出てきます。「『霜が足にかみついた。』っていうのは、霜柱が硬くて足を刺したってことです。」「足から血が出ていたことも気が付かないくらい豆太は走った。」「豆太は、こわかったけど、じさまがだいじょうぶかなと思いながら走った。」「こわくて、ないたんだけど、真っ暗でこわい山から早く抜け出たかった。」など。しかし、二度目の「なきなき」については、「豆太は、じさま、がんばってと思って走った。」「じさま、まってて、医者様をきっと、つれて来る。」と豆太の心の内を描写する発話になります。

　これはどうしてだろうと思いました。『医者様へ走った。』のだから、「がんばって、きっとつれて来る」というのは、妥当ではないか、前半は、暗い霜に覆われた夜の山道を走る様子で、後半は走っているときの豆太の心の内の描写だというように、子どもはよく捉えていると考えられるかもしれません。しかし、『いたくて、寒くて、怖かったから』『なきなき走って』いる豆太はただもう無我夢中で走り続けたのですから、「じさま、まってて、がんばって」等と思う余裕はあっただろうか。気が付いたら医者様の家についていた、ということだ言えるのではないだろうか。
　だとすると、「なきなき走った」の繰り返しは何を意味しているのでしょうか。最初の『なきなき走った』のは、『いたくて、寒くて、こわかったから』で、あとは「大すきなじさまの死んじまうほうが、もっとこわかったから」なのです。『なきなき走った』の繰り返しは、その理由の変化を強調していると言えます。5歳の豆太にとって、冬の夜、暗くて霜の刺さる山道を、泣きながらでも走り続けたのは、痛くて、寒いよりも、じさまの死の方がもっとこわかったからだということを語り手は読み手に教えていると捉えられます。ここは、豆太の外から、豆太がなき

なき走った本当の理由は何だったのかと、異化して読むところでしょう。そして、この、痛くて寒いよりも、じさまの死の方がもっとこわいと思った豆太を、最後の場面でじさまは、『…人間、やさしささえあれば、やらなきゃならねえことは、きっとやるもんだ』と言っているというように、つながるのだと思います。

　また、豆太は遂にこの晩、モチモチの木に灯がついているのを見たのです。それは勇気のある、一人の子どもしか見る事は出来ないとじさまは言っているわけですが、豆太の勇気は優しさからくる勇気だという意味にもなるでしょう。また、ここで、豆太とじさまの日々の暮らしの物語は、モチモチの木に灯がつくという猟師の言い伝え、「勇気の象徴的表現」と交差すると言えます。

　子どもに、このような文学的な表現で表されている意味に気づくことを教えるためには、「『…もっとこわかったからなあ。』を、その前後の文についても考えながら、みんなと一緒に考えましょう。」など提起して意見を聞き合うことによって、『もっと』に注目させることも必要でしょう。それを通して、繰り返しの文章が置かれてある意味・効果を確認することになるのだと思います。

　このように、視点表現、対比、繰り返し、倒置、比喩、象徴などは、一般的な効果を自立的に教えるのではなく、子どもの読みの内容との関係で作品に密着して学ばせなければ、「生きて働く」文章表現方法として身につかないと言えます。

　そのためには、教師の読みで、教師自身が、それらの表現方法によって何が意味されているのかを捉えなけれなならないと思います。

1.6.4　作品の意味することを考える

　教師自身が作品の意味（主題ともいわれる）について考えることはそれほど容易なことではないと言えます。とはいえ、全く考えないかとい

うと、誰もが実際には考えてもいることだと言えます。子どもでも、意外と話の中の事実的なことだけを言うわけではなく、それが何を意味するのかというようなことは発話しています。

たとえば、1年生『たぬきの糸車』では、おかみさんときこりが村から山へ戻ってきて、たぬきが糸車を回しているところをのぞく場面にくると、「恩返しだ」と言う子どもは必ず何人かいます。また、「はじめはおかみさんが糸車をまわして、たぬきがのぞいていたのに、今度は反対になっている。」とある子どもが言うと、それを受けて「あ、たぬきの糸車になったんだ」と鋭く言う子どもがいます。子ども達は、たぬきが糸車を回しているという話の中の行為を、たぬきと糸車の関係、また、たぬきと糸車の関係の変化として意味づけしています。

先に上げたの例の2年生も、『お手紙』では、『どうしたんだい、がまがえるくん。きみ、悲しそうだね。』というかえるくんのがまがえるくんへの問いかけの文に対して、①「ぼくもかなしくなる。」②「かえるくんは、顔を見ただけでかなしそうだってわかるんだ。」③「すぐにわかるんだから、ふたりはともだちなんだと思います。」というような発話が授業で続きます。

文章は、「悲しそうだね」とかえるくんががまくんに言ったという、かえるくんの行為（発話）を述べているものです。しかし、子どもは単純に「かえるくんはそう言った」というようには言いません。①は、読んだときに自分も悲しくなるという読み手である自分の気持ちを表明しています。②は、かえるくんが悲しそうだねと言ったことを相手の気持ちを受けとめるすばやさ、判断の素早さを指摘しています。それに続くように③は、二人の関係を言い当てています。

読み手としての自分の文章に対する感性的な受けとめ、相手に対する親密さというかえるくんのかかわり方、そこからさらに、登場人物二人の関係にまで言及しています。2年生の子どもでも、登場人物の行為という話の中の事実を確認するだけではなく、それ以上のことを推測して

いることが示されています。つまり、文章で示された行為に対する意味を自分なりに捉えています。

また、『四日たって、かたつむりくんが、がまくんの家につきました。』の文章を「四日間も楽しい日が続いたんだ。」という意味として読む子どもがいます。

どうして、小学校の低学年の子どもでも、前述の様に、話の中の登場人物の行為をそのまま何々したというようにだけ捉えるのではなく、登場人物にとってどういうことかという意味を捉えようとするのでしょうか。あるいは、自分の読んだときの感性的な受けとめを捉えるのでしょうか。

それは、日常生活で子ども達は、自分にとって身近な人や自分と友達との距離、関係、心情を意識している、敏感である、判断しているということを現実的な根拠としていると言えるでしょう。日常生活において子どもにとっては、意識していないとしても、他者の行為については自分なりの意味を問題にして生活しているのだと言えます。

文学作品は主要には人とひとのかかわりを描写しています。だから、子どもであっても、その文章による描写に感情を動かされ、そのことの意味をも考えて、場面を思い描く（表象する）のだと言えます。

中学年では４年生が『ごんぎつね』で、「すれちがい」とか「わかりあうことのむずかしさ」という様にまとめています。一文に表現されていることだけではなく、それらを総合して、一連の折り重なる登場人物の行為、その関係が何なのかと考えるようになっています。

６年生『やまなし』で、「ぼくはこれやあれやの語句は一体何を意味しているのだろうと、分からない、不思議だと思っていました。友達の考えを聞いているうちに、そうだ、作者がこのお話を作ったのだけれども、読み手としてのぼく達が語句の意味やお話し全体の意味を考えなければならないのだと気づきました。」と、作品の意味を考えることをはっ

きりと意識出来ることを示しています。

　高学年になると、自覚的に意味を捉えようとし始めるようです。それは、作品の内容が複雑になるので、意識的にでなければ自分なりの意味を見い出しにくいことも関係していると言えます。

　このように、文学作品を読むということは、話の中の事実の確認だけではなく、子どもにとっても、そこに描かれていることはどういうことなのかと、その架空の「事実」の意味を捉え、そうすることによって、全体としてはどういうことなのかと、作品の意味を捉えようとしていることが分かります。このことは、読んで描かれていることを思い描く（表象する）ときには、子ども自身の、つまりどういうことなのかと考える思考が働いているということです。

　教師はこの子どもの学習での心理的実態に敏感でなければなりませんが、しかし、教師が一般的に作品の意味について、必ずしも自分なりの考えをはっきりとはさせないままで授業に臨むのはなぜでしょうか。
　まず、教師が極限的に多忙であることが最大の根拠だと言えます。そればかりではなく、読むことの根強い目標として「文章を正確に読ことが出来る」ことがあると言えるのではないでしょうか。この目標のために長らく学習指導要領では「あらすじがわかる」「順序がわかる」「段落の要旨が分かる」「主題が分かる」等が学年ごとの順次の目標となっています。したがって、子どもが読んで表象することは、この目標に沿ったものかどうかを中心的に念頭において、子どもの発話を受けとめるということになっていると言えるでしょう。つまり、ある基準から、子どもの発話を観るということに慣れてしまい、そのために、子どもが自分なりの意味を持って話の内容を捉えているという事実を軽視したり、それに注目することができなくなったりしているといえるでしょう。このことは、文章を読んで表象するときに、実は、子どもの思考が働いてい

るのだということを捉えていないということでもあると言えます。

1.7　作者と作品と読み手

　「文章を正しく読む」という発想は、読むときに読み手の主観を入れないで読むということだとも言えます。そこには、書かれた文章がおのずとあるひと・もの・ことを表現しているのであるから、その通りに読むという考えがあると言えます。

　他方で、また、確かに、作者はあるひと・もの・ことを描きながら、それを通して作者の想いを伝えるために物語を書いていることは誰もが確認出来ることだと言えます。しかし、作者の想いはともかく、一端作者の手から離れた作品の文章から読み手が物語について何を思うかは、個々の読み手次第なので、それを教えることは出来ないとして、書かれた文章を言葉の社会的な約束事（社会的規範）にのっとって、「正しく」読むことを学校での「読むこと」の目的とするという通念が、暗黙のうちにあると言えます。

　さて、読み手は、作者の想いの外言化としてある文字表現された作品を目の前にするのですが、そこに作者の声も身振りも表情も聞いたり見たりすることは出来ません。ただ文章が在るだけです。しかし、文章を読みながら、誰が何をしたとか、誰は誰のことをどう思っているとか、この景色の感じはどうだとかが分かるだけではなく、そこに書かれているひと・もの・ことから、書かれていないことまで、たとえば、この景色は誰の心とぴったりだとか思うわけです。その時「正しく」読むとはどういうことでしょうか。

　たとえば、『お手紙』の『どうしたんだい、がまがえるくん。きみ、かなしそうだね。』をどう読むことが「正しい」のでしょうか。「かえるくんが、がまくんに、どうしたんだい、かなしそうだねと言った。」と

いうことが「正しい」のでしょうか。つまり、これは文章の単なる繰り返しなのですが、このようにかえるくんの発話を「正しく」再現することでしょうか。

その後に続く文章は二人の会話で、かえるくんの質問に対してがまくんが、誰からも手紙をもらったことがないので、手紙を待つ時間が悲しいのだと説明します。その後に『ふたりとも、かなしい気分で、げんかんの前に　こしを下していました。』の文章がきます。そうすると、読み手は二人の会話を「正しく」再現して「ふたりは…」の文章を理解しなければなりません。そのように読むと、かならず、「どうして、ふたりともなの？」「がまくんが悲しい気分でげんかんの前にすわっているのは分かるけど、なんでかえるくんもすわるの？」という疑問を子どもは持ち、読みの話し合いでそのことを発話します。文章の並び方でいうと、二人の会話文と『ふたりは…』の文の間には飛躍があります。しかしこの飛躍を子どもは読み手として「どうして、二人ともなんだろう」と感じることは、正当なことではないでしょうか。それとも、そんなことに疑問を持っても作者は書いていないのだから答えはない。だからそれ以上話し合いをすることは問題を広げるだけで収拾がつかない。だからまあ、必要はないと、重要には扱わないということでしょうか。

「どうして、ふたりともなんだろう？」という疑問を解くためには、二人の会話とその後に続く文章には書かれていないことを、しかし、文章が表現していることからこう言えるのではないかと推測しなければなりません。これが、文章の意味することを、自分なりに意味づけるということだと言えます。子どもはそれをやろうとしているわけです。

『どうしたんだい、がまがえるくん。きみ、かなしそうだね。』を、「すぐにがまくんがかなしそうだとわかるのは、友達だから。」と、かえるくんの発話の意味を捉えた子どもは、そしてさらに、この子どもの発話を受けとめた子どもは、『ふたりとも』を、「かえるくんは、がまくんがかなしいことがわかって、一緒にすわったんだ。」というように理解出

来るわけです。ここで、『ふたりとも』という作者の書いた言葉を理解したことは、その後の場面でのかえるくんの行為と言葉を捉えることへとつながっていきます。最後の場面の『四日たって、かたつむりくんが、がまくんの家につきました。』という文を、ただかたつむりくんががまくんの家に四日で着いたとは読まず、「四日も楽しい日が続いたんだ。」と子どもが意味づけて読んだのは、実は、この初めの場面での『ふたりとも』の意味を確かめたことから始まっていたとも言えるのです。授業をしたH先生は、子どもから『ふたりとも』に疑問が出たとき、教材分析の話し合いで論議したことがとても重要なことだったと思ったと感想を述べています。

　これは、「主観的」＝「根拠のない想像」と言うわけにはいかないことをはっきりと示しています。むしろ、読み手による、つまり「主観」（個人の観点）による、「文章の背後に、意味として表現されていること」の理解に他ならないと言えます。ところが、「文章の背後にある（したがって客観的根拠のある）意味として表現されていること」を掴むのは、読み手の思考作用によって得られる意味づけですから、個々による読みに他なりません。したがって、個々による捉え方が、全くの主観主義（独りよがり、根拠のない主張）であるとは言えないのです。

　作者の書いた文章には作者の意図的意味があります。それが作品なのですから、その文章から読み手もまた意味をつかみ取ることが出来るのだと言えます。作者が人間の心理やその動きを文章としては発話や行為として、あるいは、比喩的になどさまざまな手法で書いているとしても、それが人間の心理やその動きとして真にリアルなものであれば、読み手にはそれが感動や興奮として伝わり、読み手は、自分の感動や興奮をより確かなものとして捉えようとします。文章の背後にあるその真実をつかみ取ることによって、作者が描いていることの意味として捉えていくことが出来るのだと言わなければなりません。それが作品の意味を捉え

るということだと言えます。したがって、具体的な文章を根拠にどう意味を捉えたのかということになります。

　子どもの読みにおける積極的な部分、文章の背後にあるものを捉えようとしていることを切り捨てないで、さらにそれに応えようとしない限り、文学作品の文章を読む力を育てていくことは出来ないと言えます。そのためには、教師みずからが作品の意味をあきらかにしていくことは不可欠です。

1.8　子どもの生活的経験、思考の発達、「書き言葉」の習熟の度合いを押さえて、教材の取り扱い方を考える

1.8.1　生活的な経験は学習の基礎でありそれを支えている

　子ども達は学校へ来て教室の自分の席に座り、教師の方を向いてさあ学習だという姿勢を取ります。そこで、教師は、学校に来ている子どもを対象として授業をするのですが、席に座っている子どもは、実はそれまでの生活的な経験による生活的な知識と考え方をその内に持っているわけです。そして毎日、学校内外の大人や友達、そして、外界（庭や公園や遊び場、生活圏での様々な場所等）での経験を積み重ねています。ところが、現在は、社会的な変化による家庭の状況の変化によって、子どもの生活的経験そのものが変化してきています。

　とりわけ、非正規雇用の労働者が全労働者の４割をも占めるようになり、正規から非正規へと解雇退職などにより転換した保護者、正規雇用がそもそもかなわなくて、非正規雇用が続いている保護者、正規雇用の保護者であっても、全体として長時間労働・低賃金となっている状態は、家庭生活において子どもと共に過ごす時間が非常に短くなってきています。しかも、経済的な面での安定も不確かで、不安を抱えているという状態にあり、子どもをゆとりを持って見守ることもままならない状況が

続いています。身近な人との対話の少ないことは、子どもの心理的や知的発達に大きく影響を与えると言わざるを得ません。自分の身の回りのことを自立的に出来ないとか、学習のための諸々の準備を自立的にやることが出来ないとか、学習への根気がなくなってすぐイライラするようになるとか、そもそも知的な興味そのものが希薄になっているとか、そのような傾向が色濃く現れてきています。

　また、子どもの遊びの変化も大きく子どもの成長に影響していると言えます。子どもが自然の中で遊ぶことから離れて久しいばかりか、路地や公園、学校の校庭で放課後遊ぶことが出来なくなってからも久しく、今や、一人で、あるいは複数でゲーム機に向き合って、ゲームに熱中することが主要な遊びになっています。スマートフォン等のゲームの中で展開する画面を相手にすることが生活的な経験となり、その画面の中のことが仮想現実であるにもかかわらず、あたかもそれが現実であるかのように錯覚することを打ち破る現実的な他者との交わりが希薄となっていることは深刻です。機器を相手にする場合は、いつでも、自分の都合だけで放り出すことも出来ます。刺激的な変化の激しい場面が相手であれば、自分の発想はなくとも時が流れ、受け身となり、飽きれば放り出すことが出来るわけです。生身の人間を対象として向き合うこともなく、また生身の人間から向き合うこともされずに生活することは、人間にとっては実は苦しいことなのですが、そのことに気づくことも出来ないで、生活しているわけです。

　他者との交わりが希薄になっていることは、子どもが発話することもまた、他者の発話を聞くことも極限的に少なくなっていると言えますし、言葉から遠ざかっているのもまた子どもの現実です。

　教室の席に座っている子どもはそのように変化してきている傾向にあると言えます。ある意味で、学校だけが、子どもにとって現実の人間との交わりを持てる大きな機会となっていることを十分に捉えておかなけ

ればならないでしょう。　学習するために学校に来ているはずなのに、全くそのような態度をとらないというように、かつての子ども達との偏差だけを上げて、『学校の決まり』をさらに声高く唱え、授業での決まりにこだわりそれを授業のデザインの中に入れるという傾向は、それ自身が今日の子どもに向き合っているとはいえないわけですから、ましてや子どもを他者と向き合えるようにする手立てとは言えないと思います。

　文学作品を読むということは、作者の設定する世界を、人と人とのある場所や出来事を通しての交わりを文章から想像して、その意味を感じたり考えたりすることになります。想像するということは、一端は自分自身の現実から離れて作者の設定する世界を想像するのですが、そうではあっても、自分の経験を基礎とします。その基礎となるのは、自分の生活の中での人との交わりの経験、その時の自分の感じ方や心配りや行動の仕方です。その意味では物語の中の人物や情景をどう想像するのかということは今日の子どもにとってはかつての子どもよりは困難であることに留意せずにはいられません。時間をかけて友達の経験を基礎とした読みと交流して、こうだろうか、ああだろうかと想像することが重要だと言えます。その時、逆に自分が生活の中で考えたり感じたりしていることが、どんなに少ないとしても、思い起こせたりするし、そうすることによって、子どもは生活的な現実世界での自分自身や友達のことを知るようになってくるとも言えるのです。

1.8.2　思考の発達の度合いを考察する

　思考は見えません。しかし、思考は、物語を捉える（表象する）その中身に現れています。子どもが自分の言葉で、文章から話の内容をどのように受けとめたかを発話するとき、その子どもがどう考えているのかがそこに現れていると言えます。なぜなら、何らかの考えることなしには、文章は捉えられないからです。その時どのように考えたのかが思考

の働きにほかならないと思います。そして、その思考の働きを発達させることは、子ども自身が自分の頭で考えることによってのみなされるのですが、それは、話の内容を文章からどのように捉えるのかを媒介として、その時に発達すると言えます。

　話の内容には、人間の行為とそれを突き動かす感性と内的な心理、考え、他者にかかわり、かかわられることによって変化する感性と行為と心理、考え、それらが展開されています。思考については、これらをどのように捉えるかにおいて働く思考だと言えます。その中心には想像力の問題が横たわっていると言えます。

　ここで、簡単な具体的な例を通して、文学作品を読むことにおける子どもの思考を、どのように私達が捉えるのかを述べてみます。

　『どうしたんだい、がまがえるくん。きみ、かなしそうだね。』を読む子どもの書き出し（ノート）から、そこに働いている思考を捉える。

　Ｃ１：ぼくもかなしくなってきます。
　Ｃ２：がまくん、どうしたのと、わたしは思いました。
　Ｃ３：ここでは、ほんとうにかなしいのかわかりません。つぎの「うん、そうなんだ。」で、がまくんはかなしいんだとわかりました。
　Ｃ４：かえるくんは、がまくんが、かなしそうにみえたんだなあと、わたしは思いました。
　Ｃ５：かえるくんは、がまくんの気もちを考えたのかなと思いました。
　Ｃ６：わたしは、すずきさんの読みとりをきいていたら、かえるくんは、がまくんの気もちを考えるのがいいなと思いました。
　Ｃ７：どうして、がまがえるくんが、きょうぼくかなしいんだといわないのに、かえるくんは、どうして、がまくんが、かなしいのかわかったのかなと、思いました。

C8：友達どうししか言えないことだとわたしは思いました。
C9：かえるくんは、さいしょからがまがえるくんの名前を知ってたのかなあとぼくは、思いました。かえるくんは、かなしいのがわかるのは、すごいなあとぼくは、思いました。
C10：名前で、かえるくんはがまくんをしっているのがわかりました。
C11：かえるくんは、がまくんの名まえを知っていた。いつもいっしょ。

　物語冒頭部分の一文中の、かえるくんのがまくんに対する言葉で、登場人物二人の関係を確認していったということは、物語の読みにおいて、大変意味深いことだと言えます。ここでは、『かえるくんと、がまくんは、これまで、いつも、一緒だった。』『ふたりは、友達なんだ』というように、二人の関係を読み取るということが、文章中の一語の意味にこだわって考えたことと結びついていることが示されているからです。それは、二年生の子どもが、一文、あるいは、一語にこだわり、そこで暗示されている意味を読み取ったということです。

　C1『ぼくもかなしくなってきます。』C2『がまくん、どうしたのと、わたしは思いました。』は、当該の一文に対したときの自分の側の感性的な受けとめや反応を書き留めています。
　文学作品はこのように、読み手を感性的に揺り動かします。C1はそれを素直に書き留めることが出来ています。この子は自分の感性的な動きに敏感であり、それを注視出来る可能性を持っていると言えます。自分の情動的な動きを捉えることは読み手意識をもつ出発点だとも言えます。この視点を持ちつつ、この子がどのように、自分の気持ちを動かす作品の中の人物について、視点を当てていくのか、これを今後捉えていきたいところです。C2は、がまくんが悲しそうだということに心を動かされています。そしてそのがまくんに「どうしたの」とかかわろうと

していることが分かります。作中人物を捉えようとしています。自分の心の動きと作中人物を捉えようとしていることが同時に書き留められています。読み手の感性と作中人物を表象しようとする関係が見事に分かります。

　C3は、『かなしそうだね。』について、本当にがまくんはそうなのかと自分の判断としては保留して、次に書かれている一文へと注意を移して確かめています。そこで、がまくんの心情を確認しているわけです。おそらく、『…そうだね。』は、確定的なことを意味しないという判断が無意識のうちに働いていると言えます。そこで、一文から次の一文へ注意を移動させて、がまくんのことを確認しているのが分かります。ここでは、自分の側の感性的な受けとめや、反応については語られていません。客観的にがまくんの状態の『事実』を確認するというものです。そのような意味で、Ｃ１、Ｃ２とは対照的な『かなしそうだね』の一語の受けとめかたです。

　C4、C5、C6は、かえるくんが、がまくんの様子に注目したことを捉えようとしています。かえるくんには、がまくんが『かなしそうに見えた』『気持ちを考えた』と、かえるくんによるがまくんの観察、つまり、まなざし・洞察として『かなしそうだね。』の一語を捉えようとしています。つまり、Ｃ４、５、６は、読み手の視点から、かえるくんのがまくんへのかかわりを意味するものとして、『かなしそうだね。』を読んでいます。かえるくんの発話はこういうことだと、その意味することを考えているということです。

　C7の「どうして、がまがえるくんが、きょうぼくかなしいんだといわないのに、かえるくんは、どうして、がまくんが、かなしいのかわかったのかなと、思いました。」という疑問から、それを考えることを通して、授業では、子ども達の発話は二人の関係を示すものとしてかえるくんのがまくんへの問いかけを読み込んでいきます。C7自身がどうそれを考

えているのかは、ここではあきらかではありませんが、こういう疑問が完全な疑問とは言い切れなくて、自分なりのそれなりの考えがある場合が多いのですが。

　Ｃ８：友達どうししか言えないことだとわたしは思いました。
　Ｃ９：かえるくんは、さいしょからがまがえるくんの名前を知ってたのかなあとぼくは、思いました。かえるくんは、かなしいのがわかるのは、すごいなあとぼくは、思いました。
　Ｃ10：名前で、かえるくんはがまくんをしっているのがわかりました。
　Ｃ11：かえるくんはがまくんの名まえを知っていた。いつもいっしょ。

　この子ども達は、かえるくんの発話の意味することを考えています。二人は友達、いつも一緒と、作中人物の関係を捉えました。
　以上から、①読み手である自分を捉えること－読み手意識を形成する出発。②読み手である自分の感性に突き動かされて作中人物に向かう思考の働き。③一人の作中人物の言葉（問いかけ）をこういうことなんだとその意味を明らかにする思考の働き、④それによって、さらに、作中人物同士の関係を捉える思考の働き。⑤として、文章を丁寧に読んで、作中での「事実」を確認しようとしている思考の働き。それらが子どもの発話のためのノートから（実際授業で発話されている）つかみ取れます。このような思考の働きによって、子どもはこの場面での作中人物のそれぞれの様子とそこに現れている二人の関係性を表象する、つまり、想像することが出来るのだと言えます。

　教師が「かえるくんは何と言いましたか。」「がまくんはなんと答えましたか。」「がまくんはどうして悲しいのですか。」と子どもに発問してそれに応えるという形で、話の筋を確認するという授業では、そもそも、子どもがどのように思考を働かせているのかは全く見えてきません。文章を一応文法通りに読んでいて話の筋・なりゆきを「正しく」つかんで

いるかどうかだけが確認出来るだけです。そうすると、突然、高学年になって、「主題はなにか」を捉えるということが学習の課題となったとしても、多くの子どもには困難になります。極めて抽象的な一語でまとめてしまう子どもが何人かいるか、または対照的にいろいろの「事実」を列挙出来るけれども、それらはつまりどういうことかと意味を自分なりに考えることが困難な多くの子どものいずれかになります。

　授業をはじめるにあたって、前の授業での子どもの思考の働きがどのようであったかということを念頭に置くことで、次の授業での教材文を読むにあたって、子どもにとって何が困難か、あるいは、子どもはこの箇所はどう読むだろうかと注目することが出来ます。

1.8.3 「書き言葉」習熟の発達

　子どもは大人から日常的に話しかけられる経験を持つことによって、また、何かを大人や周囲の人に伝えるために2歳頃から言葉を発しはじめ、3歳頃になると一応大人との会話も出来るようになるというのは周知の通りです。それ以後、子どもは大人との会話を通じて、自分の経験を基礎として、急速に話す言葉の領域を広げます。そして、いよいよ、いわゆる「集団的独語」（友達と会話しているのだけれども、まったく会話としては成立することなく、それぞれは別のことを言っているという現象のこと。それは自己中心的言語とも呼ばれています）が消えていく4～5歳頃から、子どもは口には出さない沈黙のままに内面で考えることをはじめるという、いわゆる「内言」を獲得していくと言われています。ここから、子どもは会話で知った言葉の意味を自分なりの意味として蓄積することが出来るようになります。そのような、長い話し言葉の歴史を経て、学校へと来ることになります。そして初めて、書き言葉を学習することになります。

　書き言葉の学習は初めてですが、子どもには「書き言葉前史」がある

ことが明らかとなっています。子どもは自分が話すときに、絵を描きながら話したり（絵は説明のためのもの）、同じフレーズを絵ではなく線を用いたりする様にもなります。つまり、線の様なもので話すことを置き換えるという経験を持っているということです。したがって、子どもにとっては、文字は自分の話したいことをそれで表すというその延長にあるものだと言えます。だから、文字は、お話をしてくれるものでもあるのです。したがって、そのようなものとして文字・文章を理解出来る前提が子どもの発達において形成されているということです。

しかし、話し言葉ではなく、文字表現されたものを読むことは、文字への慣れの抵抗から、分かりにくいということがあります。子どもの思考は大雑把には全体を捉えることがまずあって、その全体の中に、個々の小さなことを配置していくという様に進むと言われています。したがって、一語、一文の文意、形式段落のまとまりで文脈を捉えるという様に、積み重ねるとは限らないということです。文字への慣れから、一語にしか注目しないとしても、全体が捉えられないということではない場合が多く、そのことを考慮しなければならないでしょう。『…かなしそうだね。』の一文から、その場面の全体像を、作中人物二人の関係性まで想像出来るということにそれは現れています。

1.9　授業の開始——教師はいかに子どもと作品の読みをめぐって精神的交流を実現するか

1.9.1　子どもの読みを深めるために、教師が子どもとの相互交流を実現するとは？

授業の展開ということは、教師が教材について子どもと相対しながら、精神的な交流を実現するということだと言えます。つまり、教師は、教

材文と向き合って自分なりの受けとめをする対象として、子どもと相対しているのだと言えます。
　したがって、教師がかかわるのは、子どもが読むときの精神活動に他ならないのです。

1.9.2　読みを深めるために、教師は子どもと作品の内容について相互に交流するが、同時に、そのただ中で、子どもの発話に表れている思考の働きについても注目して、それについても相互に交流する

　子どもの読みを深めるために教師が子どもと（それは必然的に子ども同士と）相互交流するとは、それは子どもにとっては、子どもが教師と（子ども同士と）相互交流するということに他なりません。その内容は、作品の内容を巡って、これはどういうことか、これをどう思うかということ等を話し合います。しかし同時にそのただ中で、もう一つの重要なことを話し合っているのです。このもう一つのことは、実際には話し合われているのですが、特に子どもはそれを意識していないことが多く、また、教師も、長年の教師主導の一問一答式の伝統の結果として、十分には意識していない場合があると言えます。もう一つの重要な相互交流での内容とは、他ならぬ、それぞれの発話者の話の内容に表れている発話者の思考の働きに他なりません。
　思考の働きというのは、その時に発話者が完全に意識しているわけではありませんが、しかし同時に、完全にブラックボックスの中で行われていて現れることがないものでもありません。発話内容に思考の働きは表れていると言えます。しかし、意識して発話内容を他者も本人も観なければ、意識的に確認することは出来ません。すでに述べてはいることですが、ここで、再び同じ具体例でこのことを確認してみます。

　　『お手紙』での子どもの冒頭部分のノート（発話）です。
　　C1：ぼくもかなしくなってきます。

C2：がまくん、どうしたのと、わたしは思いました。
　C5：かえるくんは、がまくんの気もちを考えたのかなと思いました。
これらは、話の内容についての自分の側の受けとめやかえるくんについて述べたものです。普通によくある子どもの発話だと言えます。
　ここにどのように子どもの思考の働きが現れているでしょうか。
　C1は、自分の感性を語っていますが、『お手紙』の冒頭場面の暗く重たい雰囲気でのはじまりを捉えているように思います。それに敏感に反応して自分自身も暗い気分になっているということだと言えます。文章から何かを感じられて、それを言えるということは、一人読みが成立していると言えるでしょう。
　ここでは作中人物について、どういうことを想像出来るかというようには発話していませんが、自分の捉えた「かなしい」全体の雰囲気の中に、登場人物を置いていくという様に読み進んでいくのかどうか、今後の読みでどのようになるか教師が注目するところでしょう。おそらく、C1は、悲しそうな場面ではなく、登場人物が明るくうれしそうになることを期待して、どうなるのかと読み進んでいくことでしょう。そこで、どのように登場人物に対していくのでしょうか。
　C2は、直接登場人物に問いかけています。まるで、一緒に傍にいるかのように。この子は、がまくんのかえるくんへの返事を追っていくのではないでしょうか。ここに、C2の読みの視点があります。どこでかえるくんへと視点が向いていくのか。かえるくんにも、傍にいるように問いかけるのでしょうか。注目して見守りたいところでしょう。
　C5は、かえるくんが、がまくんの様子に注目したことを捉えようとしています。そして『がまくんの気持ちを考えた』と、がまくんへの観察、つまり、まなざし・洞察として『かなしそうだね。』の一語を捉えようとしています。つまり、C5は、読み手の視点から、かえるくんの問いかけを、かえるくんのがまくんへのかかわりを意味するものとして、『かなしそうだね。』を読んでいます。

ここでは、C5はかえるくんの視線に注目し、かえるくんの心理の動きからくるがまくんへのかかわりとして、一語を捉えるという思考の働きが見られます。何かに注目（注意）する、他者へのかかわり方を捉えるというような思考の働きです。

　C1やC2に対して、C5の視点は、大変示唆的です。しかし、立ち位置が違うので、C1とC2は直接的には、C5の発話を受けとめるのは困難かもしれません。C5が、「かえるくんは、がまくんの気持ちを考えたのかなと思いました。」と言ったことと、C2が「がまくん、どうしたの」と言ったことをつなげてみると、C2は、C5の捉えたかえるくんと同じように、がまくんに問いかけているということです。「C2もC5の言ったかえるくんと同じように、がまくんに話しかけているんですねえ。がまくんのことが気になりますねえ。」と教師が話しかけることも出来ます。そうすると、C1には、「がまくんとおなじように悲しい気持ちになっているC1にも、かえるくんが声をかけてくれるといいですねえ。」と言ったら、どのようにC1は応えるでしょうか。おそらく、読み手としての応えが帰ってくるでしょう。「出来ないよ」とか、「早く、がまくんに手紙が着たらいいのに」とか。そうして、「みんなで、二人はどんな話をするのか、読んでいきましょう。」と、読みの視点を作り出しておくことも出来ますし、もう少し、待ってみてもいいと言えます。
　このように、普通よくある子どもの発話でも、ただ、話の内容について述べているだけではなく、それを自分にとって意味あるものとして受けとめるときに、そこに思考は働くと言っていいのではないでしょうか。それ抜きでは、文章は何らかのもの・ことの事実、あるいは、作中人物の行為的な事実の羅列に過ぎないものになります。いえ、複雑な作品中の事実の絡み合いなどの場合は、到底作品中の諸事実の関係は理解出来ないでしょう。個々の諸事実、人物はバラバラにそこに在るかのように映るだけです。

以上のことを思考（すること）という概念を主語として言うと、「**思考（すること）は表象を材料とし、そこに思考のはたらきが作用する**」という様になります。ヴィゴツキーはこのように『ヴィゴツキー　教育心理学講義』（2005, 新読書社、p.293～294）で述べています。思考をまったく抽象的なことを抽象的に把握するものであるかのように考えるのは真実ではなく、思考は実際には現実（ここでは文章）を表象するときに、働くものだと言えます。

1.9.3　子どもと感性的精神的交流をつくりだすために、教師は子どもに学習活動を指示する。

　教師は、ここからは、これまでの教材の分析や子どもの発話やノートを分析をする場面とは、異なった実践の場面に立っています。子どもに向かって話しかけ、子どもに学習活動を指示することから、授業は動き出します。前時の復習を簡単に行うのは、ほとんど全ての授業で行われています。それは、子どもに、前時の話し合いを思い出させて、それとのつながりを意識させようと意図しています。これは、子どもが少なからず以前に学習したことは忘れている傾向にあることが、教師にはよく分かっているからだと言えます。今日の学習を始めるにあたって、いわば、子どものエンジンを前時が終わった地点から、そのまま始動させるための働きかけです。これは、目の前の子どもに学習の過程のどこにいるのかを、意識させるように働きかけていると言えます。

　その上で、今日の学習活動を指示します。

1.9.3-1　子どもにとって、音読する意義

　「一人読み」と呼んでいる学習について説明する前に、音読について言及する必要があると思います。

　声を出して読むことを音読と私は呼びます。声を出して読むことで、文字を一つのかたまり、語として分かっているのかどうかが子ども自身にも分かります。どこまでの文字を一つの語として読むのかで、迷う子

どもはどの学年になっても教材文が複雑になり、新しく出会う語にぶつかると、その時に子どもはどこに区切りをいれてよいか迷います。語としてのまとまりが分かれば、その一般的な意味を子どもは分かろうとします。次に、一文のまとまりをどのように声に出していくのかとなります。声を出すことは大事です。教材文をスラスラ読めなければ、その意味を考えようとする余裕はないと言えます。スラスラ読めるようになると、意味を考えながら、つまり、ただ声をだすということではく、音読することが出来ます。そのような段階になったら、気持ちを乗せて読むように指示します。そうすると、自分がそのお話を話しているように感じることが出来ます。こうして、子どもは音読することで、文字で書かれたものでお話が出来ることを実感することが出来ます。これは、どのように声をだすかとか、気持ちが乗っているかどうかというような結果を問題とするよりは、子どもにとって読むときに、意味が分かるようになっているか、自分では気持ちを乗せて読めているのかを感じることが大事です。ここで、どのくらい大きな声か、ここはどう読むのかと一律のレベルを求めるのは、音読させる趣旨がいわゆる表現読みをするということへと、つまり、文章を理解するという学習とは違うものになります。子どもは教師の指示通りの声を出すことに意識としては専念しようとしてしまい、文章を理解することへと意識が向きません。自分自身で気持ちを乗せて読もうとすると、大きな声でここは読むのか、間を置くのかなどが問題となり、それを発見できているかどうかということが大事なことになります。そうして初めて、「一人読み」の学習に入る準備が出来たと言えるでしょう。

1.9.3-2　話し合いの前提として子どもに「一人読み」を保証する。
子どもにとっての「一人読み」（書き込み・書き出し）の意義

「一人読み」と呼んでいる学習は、子どもがじかに教材文に対面し、読み、そこから、感じること、及び自分の脳裏に反映しているひと・もの・ことに気づき、それと向き合い、それがどのようなものであるのかを書き留める（書き込み・書き出し）ことです。

この時に書き留めたことは、子どもが自力で読んだ内容になります。
　書き留める理由は、すぐに発話するだけであれば、それは消えてしまうので、子どもが自分が感じたり思ったりしたことは、何だったのかを振り返ることが出来ないからです。その意味では、この書く行為は、発話のための準備のノートで、自分のために書くのだと言えます。

　読んですぐに反射的に何かを書く子どももいますが、内面に反映するものが量的にも質的にも高くなると、子どもは自分の内面に反映していることをどのように言い表わそうかと、考え込むことが多くなります。子どもが書き込み・書き出しをしている間、その表情をみると、じっと考え込んでいたり、空（くう）を見つめていたりする子どもがだんだん増えてきます。自分の内面に反映しているものを捉えるときに思考が働くと言えますが、その思考が働き始めているのです。
　このようにして、子どもが自分の内にあるものを言葉に乗せて書き始めることが、話し合いが出来る前提となります。子どもに発言しようというためには、この「一人読み」が保障されなければなりません。

　何を書けばよいかと子どもは質問することがあります。それは自分自身に聴くことによってでしかわからないことなのです。一問一答式ではない授業を始めるとき、はじめは、「解ること、どんな気持ちになるのか、気づくこと・発見したこと、想いめぐらすこと（想像出来ること）などを書き留めよう。」と教師が説明することは大事ですが、あくまで、それはたとえばという仮定であって、子どもが書きたいことを書くのが書き込み・書き出しだと言えます。
　仮に、教師が「わかることを書きましょう」と指示すると、それは、書く内容を限定することになり、子どもは「わかること」を文中から探すという様になりがちです。それでは、自分が直に文章を読んだときに、そこから何かを自分なりに「わかること」の範疇ではないことを文章か

ら受けとめて(反映していて)も、それに気づく前に、「わかること」の例に習ってそれを書こうとしてしまいます。自分で思ったことを書き表すことが出来なくなります。子ども自身の読みを進める芽をそこで摘んでしまうことになりがちです。これが固定し習慣になると、何を書くのかが指示待ちでその「答え」探しが固定してしまいます。

　教師は、何を書くかを教えたい、そうでなければ書けないのではないかと思いがちです。それは当然だと言えます。「たとえば、わかることや感じることですよ。そのほかにもこんなことがありますよ。」「わかることとは、こういうことです」と具体的な例を出して教えることはあるとしても、ここで、重要なことは、子どもに、文章を読んでいると、自分の頭の中に、何かもやもやと、あるいははっきりと、感じたことや思いが浮かんでいることに気づくこと、それを出来るだけたくさん書き表すことが出来ること、そして、次第に、自分が気づいたり思ったりしていることは、「わかったこと」なのか、「想像したことなのか」などと整理出来ることだと言えます。

　『私は、私が言おうとしていた言葉を忘れてしまった。すると、肉体のない思想は、黄泉の宮殿に帰ってしまうのだ。』とは、『思考と言語』の第7章の冒頭に、ヴィゴツキーが引用している同時代のロシア詩人マリエンシタームの言葉です。内言的思考によって思っていたことが整理されないで放置されたままになると、そのとき考えていたことは記憶の闇に消えてしまうのだということだといえます。これは、誰もが経験あることではないでしょうか。だからこそ、「一人読み」による書き込み、書き出しが読みにおいて必要なことだと言えます。

1.9.3-3　子どもに発話することを指示する場合には、子どもにとって何のための発話かを教師は考える

　一人読みをして、文章から受けとめたこと・そこから考えたことを基

礎として、いよいよ、この（これらの）文章をどう読むかについて聞き合い・話し合いをします。これは子どもの発話によって成立しますが、同時に、教師にとっては、いよいよ、子どもの読みを深めさせていくという子どもへのかかわりの行為となります。これによって、教師と子どもの該当する文章をどう読むのかの相互交流が実現します。

　ここで、子どもが発話するということは、子どもにとっては、これまで書き留めたことを基礎とするのですが、それを読み上げるということだけを意味するのではありません。書き留めたこと＝自分の想いを、他の子どもと教師に向かって、発話するのですから、これは子どもにとっては言語的表現活動です。しかし、もしこの発話を書き留めたことを「読みあげる」のだと捉えると、それは、一種の発表のようなものとなりかねません。発表というと、声の出し方などを問題にして、最後にはいわゆる表現読みをさせるという様に発想しがちです。今日の指導書はその傾向になっています。これは、いわば、一般的な表現活動であるとしてしまっていると言えます。こうなると、「この（これらの）文章をどう読むのか」について相互交流するということが後景に退きます。発表の仕方の技術的な学習に移っていってしまいます。

　子どもが発話するということは、文学作品を読む授業では、読みを深めるという文章理解の過程での発話＝対話に他なりません。
　理解を深めるために、過程的な自分の文章の理解を他者に向かって、こうだと思うと語り、他者のそれをも受けとめて、自分の理解の内容と練り合わせていくのだと言えます。つまり、「知ること」を共にやるということなのです。
　ここで、「共に」ということを考えておきます。共にやるということは、結果として同じような理解に到達することを目的にするとか、話し合えば結果として話し合った内容は同じように共有されるとかいうことではないでしょう。話し合うとか相互交流するという行為を「共に」す

るということだと言えます。話し合いによって相互交流を図るということは、一人ではやれませんから、「共に」ということになるのだと言えます。その中での子ども一人一人のかかわりが一人一人の子どもによって他者の影響を受けとめて自らの頭の中に蓄積されるのだと言えます。したがって、「一人読み」と「話し合い」は対になっている学習活動だと言えます。ところが、思っていることを他者に言うという言語的表現行為を、それは表現であるからということで、理解する（知る）こととは異なるものとして形式的に捉えてしまって、切り離してはならないと思います。必ず、何のために発話による対話を作り出すのか（発話する意味）ということが、それを組織化する教師が考えていなければならないと言えます。授業を授業の流れの型を作ると捉えて、対話の必要性が文科省から唱えられると、すぐさま、授業の型として対話を入れることを教委（指導主事）が下してきます。その時に発生する多くの混乱を防ぐことが出来ます。

　新学習指導要領では対話は話し合って一つの答えを出すものとして考案され、それを発表するというように位置づけられています。『話すこと・聞くこと』の中に、『話し合うこと』が付け加えられています。そして、それは、『集団としての考えの形成』を目的とすることが説明されています。この時の話し合いにおける発話は、文章をどう理解するのかということとは切り離されて、グループで一つの「答え」を作り出すことのようなものとなっています。つまり、発表するための準備の発話になっているのです。同じ対話という型でも、全く違うものとなることは明らかです。教師は、子どもへの学習活動の指示を出すとき、それは子どもにとって、何のための学習活動であるのかが、留意されていなくてはならないということが重要です。それによって、子どもの意識の巡らし方が異なってくるという教師の発話（指示）がもたらす、子どもへの影響を念頭に置かなければならないでしょう。これが、教材分析をするときの準備の段階（場面）と、いよいよ授業を展開する実践の場面との違い

だと言えます。たとえば、自分が教材分析をすることは、媒介的に子どもの学習活動に影響しますが、授業での教師の発話は直接的に子どもの意識の動かし方に影響します。精神的交流を作り出すということの特徴はここにあると言えます。

さて、子どもが発話を始めると話し合いが形成されます。これは直接的には子ども同士の対話（聞き合い）です。これについて次に述べます。

1.9.3-4　どの段落、文章、語句、語を読んだときに、あるいは、補助的な挿絵のどこを見て、気づいたり、想ったりしたのかと発話することが話し合いを成立させるための基礎となる（自分の考えと文章との関係）

１年生の後半から２年生以降になると、文章中のどの語句から自分はこれこれを考えたというように発話しようと指示すると、それほど子どもには難しいことではないようです。

たとえば『スーホの白い馬』では、２年生の子どもは、

「『子馬はすくすく育ちました』のところから、スーホは何日も世話をしたんだなと思いました。」

『大造じいさんとガン』では、５年生の子どもは、

「『残雪を狙いました。』のところで、じいさんは、残雪は人間に集中していないから狙うチャンスだと思ったけれども、『再び銃を下してしまいました』のところで、仲間を思っている残雪を撃つのはかわいそうだと思ったと思います。」

と、いうように、（ここでは、思った内容については触れないとして）どの文章からそう思ったのかと文章との関係で自分の想いを述べることができます。述べることが出来るということは、文章を読んでいるとき、自分がその時に内面で、こんなことを思っていると意識していることを意味します。意識していることを自覚しているかどうかはまた別ですが。文章と自分の想いの関係を意識することは、文章という自分の思惟の対

象を意識することになりますから、考えることがより現実的具体的になると同時に、だからこそ、豊かになります。

　日常的な話し言葉での会話では、通常、会話で話題となっている対象は、話し手と聞き手の両者の目の前にあったり、共に経験したりしたことですから、あまり、何から自分はそう感じるのか、思うのかとは言わなくても、お互いに何について話しているのかが分かります。それでも話が複雑になったり、一方だけが経験していることだったりする場合には、「何が？」とすぐ聞き返したりして確かめるのが通常でしょう。クラスの子どもの人数が30人近くという大勢での話し合いで、しかも、話し合う対象が文章で表現されたものという場合には、話の素材が何であるのかを常に確認しなければ、それに対する意見を交流することは困難になります。つまり、すぐに話が飛んでいきます。どの文章から自分はどんなことを感じたのか、という様に意見の交流が成立すると、その中でこそ、お互いへの影響を生み出すことが出来ると言えます。

　発話するときに、その素材である文章、語句、語を特定するのは、前に述べたような話し合いの上での聞き手に対する配慮の必要性ということだけではなく、話し手である自分自身にとって、そのような対話をすることによって形成されるものが大きいことを、もう一度確認したいと思います。他者のために、自分の考えがどの文章について言っているのかを明らかにするだけではなく、自分自身の読む（知る）行為における思考の働きを進めることにおいても重要なことです。空想や想像がそれが湧き起ってくる現実的基礎（ここでは、文章や語、日常生活では、具体的な出来事、誰かが実際に話したという事実）を自分で意識し、確認していないと、空想や想像の内容の中の、何かにつないで続けて次のことを考えるという様に飛んでいくからです。
　自分が「思う」ことや「想像すること」には、必ず現実的な基礎があ

るということを子どもが気づき、自覚することは重要です。印刷された文字表現である文章は、目の前に在る外部の対象物です。これに基づいて考えるということは、知ることにおける「思い込み」、幼児期に支配的な「主観の過剰」（＝外界は自分が思う通りに在ると思う傾向）から脱却して、外界（他者を含む）を対象的な世界として深く知るという認識の出発点に立つことになります。だからこそ、何を素材として考えているのかをお互いに確認していることが、お互いの意見を受けとめ合い検討し合える基礎となると言えます。

1.9.3-5　子ども同士の対話（話し合い）の意義（対話によってうみだされるもの）

①自分の意見についてわかる（自覚出来る）

　自分だけではなく、他の子どもも発話すると、自分と同じようなことや異なることを他の子どもが言っていることがよく分かります。このように他者の意見を知ることによって、それとの関係で自分の意見が何であるのかが分かってくるのだと言えます。

②他者の発話によって、それに触発・影響されて今まで思っていなかった新たなことが分かってくる。

　これは例で具体的に確かめます。

　5年『大造じいさんとガン』（光村図書出版）教材文の一部

47　ガンの群れは、残雪に導かれて、実にすばやい動作で、ハヤブサの目をくらましながら飛び去っていきます。
　　「あつ。」
48　一羽、飛びおくれたのがいます。
49　大造じいさんのおとりのガンです。長い間飼いならされていたので、野鳥としての本能がにぶっていたのでした。
50　ハヤブサは、その一羽を見のがしませんでした。
51　じいさんは、ピュ、ピュ、ピュと笛をふきました。

> 52 こんな命がけの場合でも、飼い主のよび声を聞き分けたとみえて、ガンは、こっちに方向を変えました。
> 53 ハヤブサは、その道をさえぎって、パーンと一けりけりました。
> 54 ぱっと、白い羽毛があかつきの空に光って散りました。ガンの体はななめに傾きました。
> 55 もう一けりと、ハヤブサがこうげきの姿勢をとったとき、さっと、大きなかげが空を横切りました。
> 56 残雪です。
> 57 大造じいさんは、ぐっとじゅうをかたに当て、残雪をねらいました。が、なんと思ったか、再びじゅうを下してしまいました。
> 58 残雪の目には、人間もハヤブサもありませんでした。ただ、救わねばならぬ仲間のすがたがあるだけでした。
>
> (数字番号は、授業で便宜的に形式段落毎につけられたものです)

　次の授業記録は、「57段落で、大造じいさんが再び銃を下したところについて、もう少し詳しくはっきりさせたい」という教師の指示で話し合われたものです。少し長くなりますが、教師が整理しながら進められた子ども同士の話し合いの実情が明らかになると思うので、授業の一部ですが引用します。

5年『大造じいさんとガン』授業記録
（子どもの番号は引用者が便宜的につけたものです。名前は仮称）

　　C1：大造じいさんは、肩にじゅうをあてて『ぐっと』のところで、今がチャンスだ、ずっと前のリベンジだ。と思ったと思いました。
　　T　：はい（板書）つなげてください。
　　C2：再びじゅうをおろしてしまいましたのところで、残雪の優し

さで撃てなかったんだと思います。
C３： 残雪をねらいましたのところでじいさんは残雪は人間に、集中していないから狙うチャンスだ思ったけれど、再びじゅうをおろしてしまいましたのところで、仲間を思っている残雪を撃つのはかわいそうだと思ったと思います。
T ： 板書（難しいかな）じゃあ野村さんいいよ。誰も反応して来ないね。野村さんが今残雪は、おじいさんのほうを向いてないって言ったんだよね。じいさんは誰と闘ってるの。（C: 残雪）（C: 残雪っていうよりか）ずっと残雪をねらってんだよね。じゃ、残雪は爺さんのほうは向いてないの。残雪はどこ見てるの（C: ハヤブサ）（C: 仲間を守るってしか、頭の中に入ってない。）（C: あっおとりのがん）（C: 残雪の目には、人間もハヤブサもありませんでした。ただ救わねばならないなかまの姿があるだけでした。）（C ていうことはハヤブサ）じいさんが見ているのは、じいさんがこう見てるのは、（板書の絵を指して）残雪で　残雪は何をしているんだ、今、（C: ハヤブサと闘ってる？）ハヤブサは？（C: おとりのがんを捕まえる、おとりのがんと残雪を見ている。）ハヤブサは（C: 先生、反対じゃないの、それ）はんたい？（C: 残雪が上でハヤブサが下じゃないですか）そう？（C: 白いほうがハヤブサだよね。）（C: そう）（C: 教科書見たら、あれ少しだけ白い部分が入ってます。）（C: ちょっと、斜めになっている）
（板書）（C: 先生うまい）（先生スゲー。）おとりのがんはどうなる？（逃げた）じいさんは？…どうぞ。
C４： 大造じいさんは、ぐっと銃を肩にあてのぐっとっていうのは、気合を入れているそのとき。
T ： ほかのところと関係付けながら話した方がいいよ。
C５： ・・のところで…銃をおろしてしまいましたのところで最初

はチャンスだと思って残雪をねらったけど、爺さんは残雪がおとりのガンを助けてくれてびっくりした感じで銃をおろしたのかなと思いました。

T ： さっき石川さんが残雪の優しさでて言ったけどその優さでも中身のことを言ってくれたんですね。はいありがとう　はいまきのくん。

Ｃ６： 57番の大造じいさんはぐっと銃を肩にあて、残雪をねらいましたが、何と思ったか再びじゅうをおろしてしまいました。は、58番の残雪の目には人間もハヤブサもありませんでした。ただ、救わねばならぬ仲間の姿があるだけでした。っていう残雪のその思いが大造じいさんに伝わったんだと思います。

Ｃ７： 56番の『残雪です。』で残雪が出てきた…またおとりを助けるために戻ってきたっていうことなんじゃないのかなあと思います。

T ： ああ、どう？（C:ああ）（C:しかも西、西、55番にも大きな影がそらを横切りました。って書いてあるから）55番？

Ｃ８： 仲間に指揮は、任せて、自分はおとりを助けにいく。

T ： ああ、一回は残雪は逃げているんだ（はい）ほかのと一緒に

Ｃ９： 逃げるっていうか導いて、つれていってんの。

T ： ああ、ああ、導いて行ってんだ残雪も。でも、また戻ってきてんだ。確かに、55番に大きな影がそらを横切りました。って書いてある。確かに。

Ｃ10： 47番にも残雪に導かれって書いてあるから。

T ： 残雪に導かれ、なるほど、いったんは全員が逃げた。がしかし、また戻って、ここに来た…はいどうぞ。

Ｃ11： 蒲田君。

Ｃ12： 57番の大造じいさんはぐっと銃を肩にあて、残雪をねらいました。が、何と思ったか再びじゅうをおろしてしまいました。

のところで、残雪とハヤブサの闘いに、手を出したらいけな
いと感じたのではないかと思いました。
T ： もう一回言って。
C12：残雪とハヤブサの闘いに、大造じいさんは、手を出したらい
けないとではないかと思いました。
T ： ここですか、2羽が闘っているところに手を出したらいけな
い。チャンスだからと言って、板書
（鳥の闘いだから人間ははいっちゃダメ）
T ： なるほどありがとうございました。
C12：木村さん
C13：はい、西村君が言ってた残雪は逃げたけど、仲間を助けるた
めに戻ってきたのところで、47番にがんの群れは残雪に導か
れ実に素早い動作でハヤブサの目をくらましながら、去って
いきましたのところで、「あっ」は残雪が思ったのかもと思い
ました。47番の最後のところの「あっ」は残雪も思ったと思
いました。（C: 大造じいさんも「あって」いってるけど）（C:
残雪はチームのリーダーだから「あっ」と…）

　この話し合いでは、全体的に言うと、大造じいさんが銃を下した理由
について考えることと、残雪の動向を詳細に追うこととの二つのこと
が、並行しつつまた交差しつつ発展しています。
　最初に大造じいさんが銃を下したことについての発話が続きます。
C1とC2の発話では、リベンジとか、優しさとかいう様に、大まかで
やや抽象的に大造じいさんの心情的な特徴が述べられています。それに
続いてC3は、大造じいさんの目当てである残雪について詳細に述べ、
それとの関係でじいさんの判断を推測する発話となっています。「残雪
は今、じいさんの方に集中していないからチャンスだとじいさんは思っ
たけれども、仲間を思っている残雪を今撃つのはかわいそうだと思った

のだ」と。ここで、大造じいさんが狙っていた残雪と、それと向かい合っている大造じいさんとの両者が子どもによって描写されました。

　それを見て取って、授業者K先生は、具体的に両者（大造じいさんと残雪）がどのような位置関係にあり、両者がそれぞれ何に相対しているのかを子どもと共に確認しようとしています。黒板に残雪とハヤブサと大造じいさんの切り抜きの絵をどのように置くのかを、教師よりもむしろ子どもが積極的に指示して、確認しようとしているところに、子どもの集中の度合いが伺えます。

　これを受けて、大造じいさんについて次のようにC7の意見が出てきました。「57番の大造じいさんはぐっと銃を肩にあて、残雪をねらいましたが、何と思ったか再びじゅうをおろしてしまいました。それは、58番の残雪の目には人間もハヤブサもありませんでした、ただ、救わねばならぬ仲間の姿があるだけでしたっていう残雪のその思いが、大造じいさんに伝わったんだと思います。」

　C7は、57段落で大造じいさんは銃を下したと書かれていますが、実はその後の58段落で、『救わねばならぬ仲間のすがたがあるだけでした。』と残雪の思いが描かれている。その残雪の思いがじいさんに伝わったのだと文章の関係を押さえながら、大造じいさんが銃を下した理由を述べています。ここは、文章としては大造じいさんの決断と、残雪のハヤブサとの闘いが逆に前後して置かれています。大造じいさんの決断を強調している、作者の意図がうかがえる文章の前後逆転の配置だと言えます。したがって、読み手には大造じいさんの決断の方が先に飛び込んできて、どうしてだ？と考えざるをえないのです。しかし、大造じいさんは銃口から残雪の姿は見えているのです。子どもは、意識的にではないけれども、この文章の前後を正当に感じ取り、ハヤブサと闘っている残雪に向き合ったときの大造じいさんの心情として、具体的に焦点をあわせて想像していると言えます。この子どもの発話はそれまでの、リベンジ、優しさ、残雪をかわいそうと思うという大造じいさんの心情の推

察から、飛躍的に核心的に大造じいさんの心情に迫っています。

　このC7の発話を受けて、次に仲間を助けるために戻ってきた残雪の行動へと、C8、C9、C10の発話が発展しています。残雪は、ハヤブサから逃げたのではなく、ガンの群れを導いて飛び去って行って、その後、おとりとなっていたガンまでも助けに戻ってきたのだと、文章47『ガンの群れは、残雪に導かれて…』、55『さっと、大きなかげが空を横切りました。』、56『残雪です。』を取り上げて、残雪の仲間を助けようとする思いの強さを裏付けようとしています。『ハヤブサと闘っている残雪の目には、救わねばならぬ仲間のすがたがあるだけでした。』という文章は、教師と共に確認したのですが、それからだけではなく、残雪はその闘いのために戻ってきたのだということを他の文章から根拠づけて、残雪の仲間を思う気持ちの強さをより強調しようとしています。これが、大造じいさんに伝わったというC7の主張に、呼応するものだと言えます。
　付け加えると、C13の残雪も「あっ」と思ったと思うという意見は、実に言い得て妙というほかありません。これもこの話し合いが生み出した子どもによる発見にほかなりません。

　子どもの話し合いの実状は行きつ戻りつするのですが、しかし、その中から、次々と今まで自分がはっきりとは思っていなかったことを、意識にのせて前後する文章から新しく意味を発見し、大造じいさんの決断に迫っていっていると言えます。
　この授業の終末の5分間で子ども達は、「今日の学習で」ということで、その時間の話し合いを通じて自分が学んだことを、自分の言葉でノートに書いています。三つの典型的な子どもの考え方を引用します。
　「大造じいさんは、残雪がおとりを助けてくれて、自分には出来ないようなことをやってくれたから、残雪を撃てなかったと思いました。」
　話し合いの過程では、「残雪の思いが大造じいさんに伝わった」とい

うように述べられているところを、「自分には出来ないようなことを残雪はやってくれたから」と、よりはっきりと大造じいさんの決断を推測しています。

「じいさんと残雪の気持ちを、分けて考えてみたいと思いました。」
（自分の視点を大造じいさんと残雪の両方に向けるという意味。）

多くの子どもは通常、作品のはじめの方は、大造じいさんがガンを狩る計略に注目し、残雪のハヤブサとの闘いの場面では残雪に注目し、最後に残雪が助かってよかったという様に読むのですが、ここで、大造じいさんと残雪の両方についてそれぞれを考えることで、大造じいさんの変化をつかめるようになるという意味で、この自分の視点に言及することは大変重要なことだと言えます。

「ハヤブサは餌をとるためにガンをねらい、野性の本能がにぶっていて、ハヤブサにつかまるところだったおとりのガンは残雪に助けられた。大造じいさんは撃てなかった。」

おとりがハヤブサにつかまったことの根拠を野性の本能がにぶっていたとおさえて、大造じいさんが撃てなかったこととつなげようとしています。これは、大造じいさんの変化の根拠が、自分がつくったおとりのために、意外にも残雪とハヤブサの闘いを生起させたことに対する残雪への負い目・痛みにあることへとつながる指摘だと言えます。

以上から、子ども同士の話し合いに教師が的確にかかわることによって、子どもはそれを反映してさらに自立的に子ども同士で相互に影響し合って、読みを深めていくことがはっきりと分かります。

子ども同士の対話・話し合いは、子どもが読みの過程において、一人で文章に向かい、自分の読みを深める過程を基礎として、教師や友達に自分の読みの内容を発話して、相互に交流する学習活動を実現することで、自分の読みをさらに深めていきます。この時、教師は子どもの読みの内容に現れている子どもの意識の向き方・思考の働かせ方に注目して

子どもの意識に働きかけていくのだと言えます。
　子どもはどのような意識の向き方・思考の働かせ方をすることによって、読みを深めていくのかについては、1.9.4の項で具体的な例に基づいて検討します。

1.9.3-6　授業の終わりに「今日の学習で」などの名称で各自学習を振り返ってノートに書くことの子どもにとっての意味

　授業の終末にどのような学習活動をするのかは、たとえそれが5分間の活動であっても、子どもにとって大きな意味があります。授業では、子どもは「一人読み」、「話し合い」の学習活動を展開し、そこで最後は、一人読みと話し合いで、自分はどういうことを学んだかを考えさせることは、子どもにとって自分の学習を振り返り、それを意識するようになるという意味を持ちます。1年生では『今日一番心に残ったことはなんですか』ということから始めてもよいと思います。2年生頃になると、誰かの意見について思ったことがあったら、それも書いて置きましょう。など指示すれば書くことが出来ます。さらには、自分の読みの変化などに気づいたことを書き留めることが出来るようになります。

　よく、ワークシートを用意して、登場人物に何か言ってあげましょう、などの枠を作って渡すことが見受けられますが、その場合の学習は、子どもにとっては、いわば学習の発展というか、新たな課題ということになります。つまり、教師としては、どうしても押さえたい内容を最後に書かせることで学習を発展させたいという願いが込められていると言えます。そして、教師は、そこに話し合いの内容が反映されているかどうかを確認するものとなります。しかし、子どもにとっては、自分の学習を振り返るという意識が働くものにはなりにくいと言えます。
　あるいはまた、文科省型のグループ討論などで、一つのことにまとめて、標語的なことをグループ毎にまとめさせ、それを全体で確認すると、それが今日の学習の核心だという共通認識が出来るので、それを確認す

ればよいという様に考えられがちですが、しかし、「学習の共有」ということは、クラス全体の子どもがそのようなものを共有しているとは言えないのです。「学習の共有」は、個々の子どもの内面において、それぞれが独特に微妙に異なっているものを自分で確認しているということに他なりません。それを、各自が書くことで、各自が自分の学んだことを意識する方向に向いていくということが重要だと言えます。

1.9.4 子どもの授業での発話やノートから、子どもはどのような意識の向き方・思考の働き方、さらに文章の読みを習熟することによって自分の読みの内容を深めていくのかを学ぶ

子どものどのような意識の向き方・思考の働き方、文章への習熟が、その子どもの読みを深めさせるのかについては、あらかじめ、たとえば登場人物への視点、登場人物間の関係を押さえる、読み手意識を持つ、登場人物の心理の動きを推測する、行為の意味を考える、単文ではなく、ひとまとまりの文章の文脈を捉える等々と、一定の概念を網羅的に明らかにして考えておくということは、理論的には必要かもしれません。しかし、それらの諸概念を実際の授業の展開へ適用するということは、子どもの発話やノートを、それらの概念に妥当するものがあるかどうかというように観るということでは、決してないと思います。これは俗にいう上から目線、天下り的な思考だと言えます。

やはり、毎日の授業での発話やノートを検討して、子どもの思惟がどのように進んでいるのかを分析し（＝子どもから学んで）、この教材ではこんな風に読むと限界になる、こんな風にすると深まっていくんだなあと、具体的につかむことが重要なことだと言えます。全員の子どもをたどっていくのは時間的制約もあり大変なことですから、一人、あるいは二人、あるいは特徴的な子どもを追跡しながら、分析することが重要だと思います。このような分析が教師の中で少しずつ蓄積すると、授業のただ中で、作品の話の内容の論議だけではなく、その論議を取り上げ

ながら、このような視点や意識を持つことは大事なことですねえと子どもに対して、示唆することが出来ると言えます。

上で述べた概念からの天下り的な子どもの話し合いや発話・ノートの観方では、子どもの作品の内容のつかみ方との関係で、つまり、子どもの話の内容のつかみ方に、今、そのような意識の向け方が働いているという様には、具体的につかみ出せないものになり、子どもの意識には絡み合わないものになると言えるのです。

1.9.4-1　上記の『大造じいさんとガン』での子どもの学習から学ぶN君のノートより

① 大造じいさんと残雪の知恵比べのような最初の1.2節の場面での書き出しでは、一文一文に対して、「**次はどういう作戦でいこうか**」、「**こんど、ここにわなをしかけよう。**」「**よし、がんばろう。**」というように、一文で大造じいさんの自分への掛け声を想像して書き留めています。

② 書き出しの内容の変化は、57段落の読みから見られます。ここで「ハヤブサは餌をとるためにガンをねらい、**野鳥の本能がにぶっていたおとりのガンがハヤブサにつかまるところを、残雪に助けられた。**」と、一文に対する反応ではなく、その段落の場面を、部分的にですが、事の成り行きをまとめて捉えています。

③ 二つ目の変化は、4節で、「**残雪とじいさんは、ライバルの存在。**」と、はじめて、じいさんと残雪の関係に言及しています。それまでは、どちらか一方だけについて書き出していました。

④ 上の授業記録で示されている授業の後のまとめのノートでは、次のように書きまとめています。

「この物語は、大造じいさんから椋鳩十さんが聞いたはなしだから、ノンフィクションであり、大造じいさんや残雪の勇気や気持ちが出ている。大造じいさんは、ガンをとるのなら何をしてもよかったと思っていたが、最後は残雪をにがしてあげた。

　残雪とじいさんは、もともとライバルでいたが、ハヤブサがでてきた

ときに、残雪は、命を惜しまずにじいさんが使ったおとりのガンを助けた。その堂々とした心に心を打たれて、じいさんは銃を撃てなかった。
　自分は、残雪の堂々とした態度が、リーダーでかっこよかったです。」

　N君の読みにおける変化は、第一に、一語や一文への単発的な感想や人物のつぶやきを書くことから、段落の文脈を捉えて、話の中の事の成り行きを自分なりに説明するようになったことにあります。これは人物への視点が両者に向かう伏線にもなったと言えるのではないでしょうか。第二の変化は、人物への視点が、じいさんと残雪の両者に向かい、その関係を捉えようとすることに在ると言えます。第三に、二人の関係の変化、主要にはじいさんの残雪への変化を、おとりへの残雪の態度に見ていることは、子どもとしてはあまり見られないことです。残雪がいいという場合、子どもは、「仲間」を助けたというように言います。しかし、N君は一般的な仲間ではなく、「じいさんが使ったおとり」、「野鳥の本能が鈍っていたガン」というように言っています。ここは、最後にN君が残雪の「堂々とした態度がかっこよかった」という、正義感が「おとり」を敏感に捉えたといえるのかもしれません。まとめの文は、この話のどの要素も中心も落とさずに簡潔にまとめていると言えます。彼なりの総合だと言えるのではないでしょうか。
　ここでは、登場人物への読み手の視点の広がりと、一塊の文章群の文脈を捉えることが、N君の読みを切り開いたと言えるものです。

1.9.4-2　4年『ごんぎつね』（光村図書出版）児童言語研究会の大場先生の授業での子どもの学習から学ぶ

教材文：
　ごんは、のび上がってみました。兵十が、白いかみしもを着けて、いはいをささげています。いつもは、赤いさつまいもみたいな元気のいい顔が、今日はなんだかしおれていました。
「ははん、死んだのは、兵十のおっかあだ。」ごんは、そう思いながら頭

をひっこめました。

　そのばん、ごんは、あなの中で考えました。「兵十のおっかあは、とこについていて、うなぎが食べたいと言ったにちがいない。それで、兵十が、はりきりあみを持ち出したんだ。ところが、わしがいたずらをして、うなぎをとってきてしまった。だから、兵十は、おっかあにうなぎを食べさせることができなかった。そのまま、おっかあは、死んじゃったにちがいない。ああ、ウナギが食べたい、うなぎが食べたいと思いながらしんだんだろう。ちょっ、あんないたずらをしなけりゃよかった。」

①子どもは兵十、ごんをどのように捉えたか。
　例１：ごんについて（１）（※｜｜は立ちどまりを表わす）
　MK：『のび上がって見ました』だから、今のごんは興味津津に誰が死んだか知りたいでしょ。{３}※のところの兵十も真剣にうなぎとかをとっていましただから、兵十と同じくらいにごんは真剣に待っていたんじゃないかな。（C　同じです、の声）

　MKは、『のび上がって見た』ことを、ごんが誰が死んだのかを知りたくて、真剣にじっと待っていたからという様に捉えています。これは、六地蔵の後ろにかくれてから、「のび上がって見ました。」までのごんを想像して、真剣だったと特徴づけていることになります。六地蔵の陰に隠れてから、のび上がって葬列を見たというごんのこの過程（文章には書かれていない）の心理を洞察することは、この立ちどまりの最後のごんのつぶやき（心内語）に見られるごんの変化を捉えることにとって、非常に重要なことです。さらにMKは、兵十もまた同じように以前真剣にうなぎをとっていたと、兵十との時間的には違う場面のことですが共通性を見出そうとしています。登場人物の両者を視野に入れる読みの視点は重要です。

ごんについての子どもの発話には、情景についての話し合いのところですでに重要な洞察がなされているのがありましたが、さらに、次のような発話が続いています。
　MM：兵十のところの誰が死んだかも言いたいんだけど、ごんがいたずらをするときは、いたずらをする時の顔見たいとかそういうことでしょ。いたずらをしなくても兵十の暗い顔を見ているけど、驚いた顔や怒っている顔とは違うから、ごんはいつもあまりいたずらをしても感じないことなんだけれど、本当はごんの胸の中の何かがキュッキュッと引き締まって、どんどん苦しくなってきているんだけど、ごんはそれを止めようとしない。それで、兵十の暗い顔を見て、もっと、キュッキュッと引き締まってきたんじゃあないのかなと思う。

　MMは、ごんが兵十の顔の表情と向き合った瞬間に感じるもののようなことを、洞察しているのが特徴的です。言葉できちんと表現しきれていないとは言えますが、MMが言わんとしていることは、次のようなことではないでしょうか。
　ごんはいたずらをするとき、兵十の驚いたり怒ったりした顔を見たいからで、それを見ているが、普段は何も感じていないようにやり過ごしていた。本当は胸の中の何かがキュッキュッとなっていたのに、それに構わずにいたずらを続けてしまっていた。今度は、いつもと違う兵十の暗い顔を見てしまった。だから、いつもよりもっと、キュッキュッと感じたのじゃあないか。MMはこのように言っていると思えるのですが、簡潔に言うと、ごんは、怒ったりする兵十の顔ではない、暗い顔を見たからこそ、一層、胸の中の何か、痛みのような締め付けられるものを感じたのだと言っているように思います。私が注目するのは、怒ったりする元気のいい顔の兵十ではなく、暗く悲しんでいる顔の兵十を見てしまったからこそ、ごんは胸が騒いだ、痛んだというように、ごんの心理

的な痛みを想定しているといえるのではないかということです。
　この洞察には、葬列の中の兵十を見たその時に、ごんの心の内に何が起きたのかを心理的に言い当てているというすごさがあると思います。しかも、その洞察は、これまでのごんの心理との比較でもあり、そればかりではなく、それを（これまでのごんを）根拠としている（「…ごんはいつもあまりいたずらをしても感じないことなんだけれど、本当はごんの胸の中の何かがキュッキュッと引き締まって、どんどん苦しくなってきているんだけど、ごんはそれを止めようとしない。……。」と述べている箇所。うなぎを首に巻きつけて山に逃げ帰ったときに、『ごんはほっとして』と描写されていることは、MMのように読むことが出来ると思います）という関係をも押さえているのです。これは、ごんが「思っていること」を述べているのではなく、いわば、ごんの心的な情動の端緒のようなもの、つまり心的情動体験を洞察していると言えるのではないでしょうか。おそらく、MMは、生活の中で、自分自身のうちに湧き起るこのような心的情動の端緒とでもいえるような、胸の痛みのようなもの、それが起きることがあることを自覚していると言えるでしょう。人が他者に対して行動するときの出発点は、対象との関係において心的に発生する情動の端緒のようなものであると言えるのではないでしょうか。それを、このMMは、言及していると言えます。
　この心的情動（その端緒的ないわば相手の表情を受けとめたときに起きるような瞬間的なものを含めて）は、読み手が触ったり、見たりすることはできません。しかも、文章において、はっきりとは描写されてもいません。文章やその中の語や語句に注目することによって、そこから読み取ることですが、そのように注目することが出来る根拠には、読み手自身の心的情動を、その生活の中で感覚していることを文章を読むときにそれとして意識のうちにのせること、あるいは、文章を読みながらごんに同化するときに、読み手自身が感覚することが前提となります。これは、感覚することではありますが、あくまで、文章を読むことによっ

て湧き起る感性あるいは感性的な自覚であって、現実の物・事・人に対する五感（見る、聴く、臭う、触る、味わうこと）による生理的な反応・反射とは異なります。高次の精神的機能の働きによるものです。高次精神機能が文化的社会的と規定される由縁はここにあると言えます。

  AY： いつもは赤いさつまいもみたいな顔なのに、元気がないから、兵十にごんが怒られてごんが元気をなくした、その時の兵十の方がいいのかなと思いました。
  OY： …いつも元気のいい兵十にごんはほとんど怒られているから、元気がなくなってごんはつまらないのじゃあないのかな。

　AY、（またそれに続く OY）は、MM の発話を受けて、兵十の顔を見たときのごんは、「いつものようではないので、つまらない」のではないかと推測しています。ここには、ごんのいたずらは遊びのようなものだと考えていることがわかります。そして、その相手は元気に対応してくれた方がいいとごんは思っているという、子どもだからこそ言えるとらえ方を披露しています。

　「ははん、死んだのは、兵十のおっかあだ。」というごんのつぶやきからは、「ははん、」なので、まだ、悔やんでいるのではないと言えます。だから、案外、AY,OY はこのごんの「ははん、」を言い当てているのかもしれません。ごんには、いまだ自覚的ではない『キュッキュツ』という胸の引き締まる感覚と、その前面にでている、いたずらの相手が元気がないのはつまらないという感情とが二重にあったと言えるのかなと思わせられます。

例2：ごんについて（2）
  SK： 『わしがいたずらをしてうなぎをとってきてしまった』の所で、ごんは悪いことをしてしまったと思っているんじゃないかな。
  MK： 『あんないたずらしなけりゃよかった』のところで、ごんはい

たずらをして後悔していると思います。(C, 似ている、付け
　　　足し、そのほか、の声多数)
　HS：『ちょつ、あんないたずらをしなけりゃよかった』のところで、
　　　今葬式に行ってきて、とこについて考えたときに、今頃後悔
　　　しちゃったんじゃあないかな。

　ごんは、死んだのは兵十のおっかあだとわかってから、その晩は穴の中で独白しながら、兵十のおっかあがどのように死んだのかを想像しています。『わしがいたずらをしてうなぎをとってきてしまった』と、自分の行為がおっかあの願いをかなえさせなかったことにつながっていたと振り返っています。そのことをSKは、ごんは自分の行為に対して悪いことをしたと判断している言っています。MKは『ちょつ、あんないたずらをしなけりゃよかった』というのは、つまり、ごんはいたずらを後悔しているのだと言っています。SKの「ごんは悪いことをしてしまったと思っている」とMKの「ごんはいたずらを後悔している」とを比べると、SKの言ったことをMKは「後悔」という抽象的概念で言い換えたというように、二人は同じことをいっているように見えてしまいます。しかし、二人がごんのどの言葉について言っているかというと別々のところについて言っているのです。そうすると、二人は同じようなことを言っているとは言えないのです。すでに述べたように、SKは、ごんはうなぎをとってきたことを悪かったと判断していると言っているのに対して、MKは「いたずらをしなけりゃよかった。」という文章を「いたずらを後悔（しなければよかった）している」に、ただ、言い換えただけなのです。後悔という言葉に置き換えただけです。
　HSは、同じように、後悔したということを言っていますが、これもまた、MKと異なっています。ごんはすぐに後悔したのではなく、葬列をみて、そのあと、穴にかえってから（HSは、「いまごろ」と言っています）後悔したと、MKに付け足しています。『ちょつ、あんないた

ずらをしなけりゃよかった。』という文章を「後悔」という言葉で言い換えたわけではありません。HS 自身ははっきりと言及できていないわけですが、ごんが後悔の念を口に出すまでには、葬列を見てから晩になるまでの時間があったという意味のことを言っているのです。これは、時間のことを言っているのですが、後悔するまでにはそこへ至る過程があったことを気づかせるものなのです。

SZ： 『ちょ、あんないたずらしなけりゃよかった』のところで、兵十のおっかあはかわいそうと思ったんじゃあないかな。
IU： ごんはいたずらをして、損をしているような感じ。
JN： SZ 君と同じ表現で、ごんはすごく責任感を感じているんじゃあないかな。
NH： 後悔（板書を指して）って書いてありますよね。それで｛2｝と｛3｝のところにもつながるんですけど、2，3 日の雨の間はずっと穴の中でしゃがんで待っていましたよね。それで、やっと（雨が上がって）村にいたずらに行こうと思ってぬかるみ道を歩いていたら、兵十は川の中に腰まで水に浸りながら魚を取っていて、とても興味を持ってじっと見ていましたね。それで、兵十が何かを探しに川上の方へ行ってしまったから、それでいたずらをしてしまったけれど、そのいたずらのせいで、本当は兵十のおっかあが食べたいと言っていて、それに応えようと思って兵十は必死になって、たぶん魚を取っていたと思うんですよ。それで、せっかくとって何かを探しに行っている間にごんはひどいいたずらをしてしまったせいで、最後に兵十のおっかあは食べられないまま、本当は食べたくて本当に苦しかったんだけど、食べたいという気持ちがあったから、兵十は取りたかったのに、ごんのせいで食べられないまま死んじゃったから、おっかあはすごくかわいそうだ。

以上、SZ、JN は、ごんの「後悔」の動因について言及していると言えます。ごんは、兵十のおっかあをかわいそうと思った。責任を感じたと。後悔の概念を言葉の当てはめではなく、後悔したのはなぜかと、後悔という概念の内実を捉える方向へと思考を導く発話です。
　IU と NH は、読み手である自分自身が、ごんのつぶやきから何を思ったのか、感じたのかを言っているようです。読みにおける読み手の判断や情動が語られることは非常に重要だと思います。読み手がそのお話によって心を躍動させ、揺らしていくというのが文学作品の作用に他ならないからです。また、これ抜きには、登場人物への同化も異化も成立しないからです。IU は、言葉たらずで、自分の想いをぴったりと表現する言葉を使っているとは言えませんが、ごんに寄り添いながら次のように言いたかったのではないでしょうか。いたずらがわざわい（損）になってしまったという意味のことを言っていると思います。この損というのは、後悔しなければならない、気が重くなる。自分が嫌な気持ちになるということを指していると思います。子どもにとっては（いや、大人にとっても）後悔するということは重いことなのだと言えます。この重たさから、ごんはどのように栗やまつたけを毎日運ぶ行為へとなるのでしょうか。新実南吉はこの段落以降それを丹念に描いています。
　IU の「損をした感じ」をもう少し詳しく言わせたい（聞きたい）ところです。「後悔」の重たさがやはりもっと話し合われることが、ごんの「悲劇」を捉えるためには重要なことではないでしょうか。

　NH は、後悔という友達の発話（板書された）について、何かを言おうとしたところから言い始めて、最後は自分が「兵十のおっかあがかわいそうだ」という心情を明らかにしています。発話としては、はじめと終わりがずれています。長い発話なのでずれてしまったのか、ずれていないことを言おうとしたのか、おそらく両方であろうと思います。川で

うなぎをとっていた兵十の心情を、そのように兵十を突き動かしたおっかあへの兵十の気持ちとして押さえています。そして、おっかあのことを思う兵十がとったうなぎを、おっかあが食べられなかったと思うと、読み手としての自分は、おっかあをかわいそうだと思うと自分の心情に気づき、そうだ、ごんも、おっかあがかわいそうと思ったのだと、ごんの後悔のはっきりとした心情的な根拠を突き止めたであろうと思います。その全体のもやもやしたことを、おっかあがかわいそうという自分自身の情動からごんの心理的情動を直観して、発話を始めたのです。

> IG： 同じ表現で。ごんが初めていたずらをしなけりゃよかったと思ったことが分かった。

IG も、重要なことを言っています。IG は物語を振り返り、この場面でのごんの後悔を、初めてのことだと意味づけたのです。これは、「ごんが変化した」ということに等しいと言えます。

MM の発話とつなげると、兵十の顔を見て「胸がつよくキュッキュッと引き締まった」であろうごんの心的な変化が、いよいよ、はじめて、口ではっきりと、「しなけりゃよかった」と外化されたということになります。この過程が HS の言う「葬列に行ってそのあと、穴に戻っていまごろ、後悔した」という過程にほかなりません。IG、MM、HS によって、ごんの後悔へ至る内的及び、外的な過程が、言葉での表現としては稚拙とはいえ描写されていると言えます。

> MU： 今まではいたずらをしていて、立ちどまり1のところで、『畑へ行っていもを掘り散らしたり、菜種がらの干してあるのへ火をつけたり、百姓家の裏手につるしているとんがらしをむしりとって行ったり、いろいろなことをしました』と言って、今までは、誰かが言ったように、いたずらをして喜んでいた

けれど、IG君はそれをつなげて、初めていたずらをしたことで後悔していると言ったけれど、初めて後悔したことから、これからは、ごんはだんだんいたずらを少なくして人間たちと仲良くなっていくんじゃあないかなと思った。

　MUは、ごんの変化をまとめようとしています。これまではいたずらをして喜んでいたが、この場面で初めて後悔した。というように。だから、これからは、いたずらが少なくなり、人間と仲良くなるだろうと、今後のことを予想することが出来るのだと言えます。「この後はきっとこうなると思う」というようなお話の予測をするということは、ごんに入り込み、心情を想定できることを表していると言えます。いい読みの姿勢だと思います。
　このように予測して読んでいくと、最後の場面での衝撃は大きいでしょう。この読み手としての自分の情動的な断絶を考えることが文学を読むということになると言えると思うので、このまま読み進める事でもいいのですが、まだまだ、ごんの紆余曲折は続きます。それにどのように、読み手として向き合うのか、が問われるのですが、MUが、ごんの「後悔」について自分自身はどのように考えたのかは、発言していないことは気がかりです。

　YD：　たぶんごんは今まで村の人たちのことを心配したことがないけれど、ごんは初めて死んだ兵十のおっかあのことを心配したと思う。

　IGの「初めて後悔した」につけ足して、YDは、「初めて兵十のおっかあのことを心配した」と言っています。人を心配することが出来るから、いたずらによって傷つけたことを後悔出来る。これが、自分の行為を後悔する（どのようなものであったのか、を自覚出来る）論理的かつ

情動的構造だろうと言えます。後悔という言葉だけが一人歩きしないためには、後悔を論じるときには、このような、YD, 先に述べたSZ, JNの言及した「兵十のおっかあをかわいそうと思った」「ごんは責任を感じた」というごんの他者に対する実感について同時に留意しつづけなければならないと思います。

　TN：　ごんは、最後の場面でやっとやさしさのとびらを開いた。

　TNは、ごんの後悔をやさしさとして捉えています。おそらく、ごんは「兵十のおっかあをかわいそうと思った」という友達の発話を考えあわせて言っているのだと思います。「やさしさのとびら」という比喩を含む造語がつくれることの見事さと同時に、TNが、「最後の場面でやっと」と言っていることに注目しなくてはならないと思います。「最後の場面でやっと」は、「初めて」という言葉よりもより確かに、(「やさしさ」を持つように) 変化したという意味で言おうとしていることが受け取れます。
　しかし、これを受けとめた他の子どもが「やさしさの扉を開く」とか「やさしさ」というように「最後の場面で、やっと」を省略して言ってしまうと「やさしさ」という言葉が形骸化して、言葉の一人歩きを招きかねません。このような抽象化の危うさも押さえなければなりません。なぜなら、この「やさしさ」という言葉だけでは、「誰かをかわいそうと思った」ということの言い換えです。しかし、「最後にやっと」には、ごんがやさしさを持つに至った経過が暗に意味されています。葬列を待っていたごん。兵十のしおれた顔を見たごん。そして、穴の中で、うなぎの一件を思い起こしたごん。この時間的な経過を経て「最後にやっと」なのです。同時に、ごんが兵十のおっかあをかわいそうだと思うことが出来たという読み手による「発見」には、ごんによるうなぎの一件の思い起こしがあって、それに寄り添いながらごんのつぶやきを読むという過程があります。兵十がどんな気持ちでうなぎを獲りに行ったのかや、

うなぎを食べさせることができなかった兵十のことを思い起こすことによって、初めて、おっかあがどんな気持ちで死んでいったのかを想像出来たごんをしっかりと押さえて、「やさしさ」という言葉を使わなければ、言葉主義になる恐れがあります。抽象化することが出来るということは、同時に、それを支える自覚、何を抽象化したのかについての自覚が常に必要です。そうでなければ、抽象的概念の中身が空疎になります。

　以上から、子ども達は、主にごんについて、六地蔵の後ろに隠れて葬列を待っているときから、穴へ戻ってつぶやくまでの間のごんの心理的変化を、それまでに学習した場面における兵十や村人へのかかわりや、ごんの行動と心理についての自分達なりの考察ともつなげながら、非常に丁寧に（細やかに）かつ多面的に意見を出し合って、捉えようとしたと言えます。外側からみれば、一連の話し合いの発話が最後の発話、TN の「最後にやっと、やさしさの扉をひらいた。」という発話を創造したと言えるでしょう。しかし、この TN の創造の担い手である発話した子ども達、及びそれを受けとめていたが発話しなかった全ての子どもの個々のごんの心理的変化「後悔」を捉える内容と、それを支える心理的思考的働きは、いまだ、ばらばらであり、子ども達が相互に理解したとは言い切れません。このことを一歩高めていくことが、さらなる教師の役割であるだろうと思います。
　そのためには、個々の子どもの発話の意味を明らかにして相互に位置づけることが必要だと思います。その内容として、子ども達の想像したことを、ここで、相互に位置づけながら捉えると：
（１）読み手にとっては美しく明るいと感じられる秋の陽射し。
（２）その中で、兵十と村人は悲しく暗い気持ちでいた。
（３）他方、六地蔵のうしろに隠れて葬列が来るのを持つごんは、ただ兵十の家の誰が死んだのかを知りたかった。
（４）そのごんは、真剣に葬列を待っていた。

（5）兵十の暗い顔をみたごんは、兵十のおっかあが死んだのだとわかったこと。いつもいたずらをしていたときに兵十の顔をみたときよりも、この時は強く胸にキュッキュッと引き締まった感じを持っただろう。

（6）あるいは、ごんは、元気でおこっている兵十の方がいい。元気がないのは、つまらないと思ってもいる。

（7）洞穴にもどったごんは、初めて、兵十のおっかあをかわいそうと思った。

○ごんは、つぶやきの中で、自分がうなぎを持ってきてしまったことを思い起こした。

○思い起こすなかで、兵十が真剣に一生けんめいおっかあに食べさせようと思って取ったうなぎを、自分が持ってきてしまったので、おっかあは食べられなかったのだと想像した。

○そう考えると、おっかあは、うなぎが食べたいと思いながら死んでしまっただろうとも想像した。

○こういうことから、ごんは、初めて、村人のことをかわいそうだと思ったと言える。

（8）以上をまとめると、ごんは、初めて後悔した。やっと、「やさしさの扉を開いた」と言える。

（9）これまで、ごんは、いたずらをして、喜んでいたが、兵十のおっかあが死んだのがわかったとき、おっかあをかわいそうだと思って、後悔した。

（10）これからはいたずらが少なくなるだろう。村の人と仲良くなれるだろう。

と、なるだろうと思います。

　授業で取り扱ったこの２の場面は、『ごんぎつね』の物語構成においては、起承転結の承に当たります。１の場面を受けるものですが、同時

に3の場面で転へと転じるための準備の場面でもあります。したがって、この第2場面は、主人公ごんがうなぎのいたずらをして、そのことがごんの心理に何をもたらすのかという第1場面とつながっており、同時に、第3場面での転におけるごんの行動を突き動かす心理的根拠になるものが展開されるように第3場面とつながっている場面だと言えます。

大場学級の子ども達は、見事にそれを解き明かす読みをしていたと言えます。子どもの表現としてはつたない、けれども必死の読みを、子どもは何を言いたかったのかをわたしなりにさぐりながら再現してみました。そして、その発話の持つ意味（意義）を捉えながら、子ども相互の言いたかったことを関連づけ、位置づけ返してみました。大場学級の子ども達は、今自分が思うことを出来るだけ言葉にのせて明らかにしようと一生懸命に提起しています。だから、言い尽くせないことや言い表し方が十分でない発話が多いのですが、そこがまた、素晴らしいと言えます。そのために、子ども達のために、言いたかったことはこうだろうと再現し、相互に関連づけることは、必要だろうと思います。

②**子どもは、どのように、登場人物に同化したり、異化したりしているか。**

授業での発話の中には、子どもが登場人物に同化したり、あるいは、異化したりして、その心情や心理の動きについて想像を深めていました。どの発話をとってみても、登場人物の心理・心情がわかるためには、同化したり、異化したりして考えていることが分かります。

次の4人の子どもの発話を例として、子どもはどのように意識を登場人物に同化したり、異化したりしているのかを見ることにします。

　　SZ：『ちょ、あんないたずらしなけりゃよかった』のところで、（ごんは）兵十のおっかあはかわいそうと思ったんじゃあないかな。

『ちょ、あんないたずらしなけりゃよかった』という文章は、いたずらをして悪かったと、ごんは自分の行為を否定的に捉えたことを示して

います。その文章から、「(ごんは)兵十のおっかあはかわいそうと思ったんじゃあないかな。」と思うということは、その文章の内容についての直接的な説明ではありません。その文章を読みながら、「兵十のおっかあは、ああ、うなぎが食べたい、うなぎが食べたいと思いながら死んだんだろう。」という文章とつなげながら、そんな風に死んでいったおっかあのことを思い浮かべるとかわいそうだなと思う。だから、あんないたずらしなけりゃよかったと悪かったというようになったと、ごんの心理の推移を辿ったのだろうことが推測されます。つまり、ごんの身になって、独白の文を読み、独白の背後に動く心情を思い浮かべていると言えます。

　ごんに同化しながら考えていると言えます。

　IU：　ごんはいたずらをして、損をしているような感じ。

　これは、いたずらはごんにわざわいしたなと、ごんといたずらの関係を述べています。ごんといたずらを異化した視点から関係づけようとしています。

　NH：　後悔（板書を指して）って書いてありますよね。それで立ちどまり２と３のところにもつながるんですけど、２，３日の雨の間はずっと穴の中でしゃがんで待っていましたよね。それで、やっと（雨が上がって）村にいたずらに行こうと思ってぬかるみ道を歩いていたら、兵十は川の中に腰まで水に浸りながら魚を獲っていて、とても興味を持ってじっと見ていましたね。それで、兵十が何かを探しに川上の方へ行ってしまったから、それでいたずらをしてしまったけれど、そのいたずらのせいで、本当は兵十のおっかあが食べたいと言っていて、それに応えようと思って兵十は必死になって、たぶん魚を獲っていたと思う

んですよ。それで、せっかくとって何かを探しに行っている間にごんはひどいいたずらをしてしまったせいで、最後に兵十のおっかあは食べられないまま、本当は食べたくて本当に苦しかったんだけど、食べたいという気持ちがあったから、兵十は獲りたかったのに、ごんのせいで食べられないまま死んじゃったから、おっかあはすごくかわいそうだ。

　NHは、すでに考察したように、ごんの後悔について述べようとして、ごんがどのように自分のいたずらを思い起こしているのかをたどっているうちに、ごんが思ったことと、自分自身が『兵十のおっかあがかわいそうだ』という気持ちになったことを区別しないで、一体化してしまったと言えます。

　以上は、登場人物に同化して考える、異化して考える、同化して考えていたのが一体化となった例です。

　はじめに、NHの登場人物と一体化した意識になってしまう例における意識の構造を見てみます。この場合、最初は、ごんの後悔する心情を探っていました。ごんの独白に沿って考えて、最後におっかあはうなぎが食べたかったのにごんのせいで食べられないまま死んでしまったんだと思ったとき、このごんの独白に共鳴して自分自身も兵十のおっかあはかわいそうだと思った。この自分の実際の感情とごんが感じただろうとNHが想像するおっかあへの気持ちを混同して、一体化してしまっているということだと言えます。
　このことは、意識の面でごんの想像的な思考を辿ろうとする同化する意識の働きがあると同時に、現実面における意識の働き、つまり読み手である自分が、自分の同化する意識によって得られた想像上のごんの心情に共鳴する、という両方が同時に働いているということを示していま

す。そのために、自分が明らかにしているごんの想像であるのか、それを考えている自分に湧き上がる心情なのか、その両者なのであるかということが意識されない場合、その過程に自分の内部に浮かび上がるごんについての想像上の心情と、自分自身のそれに対する感性的反応とを混同一体化してしまうということも出てきてしまうということです。簡潔に言うと、ごんがそう感じている（思っている）のか、自分がそう感じている（思っている）のかという〈誰が〉を常に意識する必要があるということだと思います。そうすることによって、読み手は、二重の意識を働かせているというこの事実を自覚出来るようになるのだと言えます。

　では、次にSZの、ごんに同化して想像することについて、その構造を見てみます。SZは、ごんの心的結論の表現である『あんないたずらをしなけりゃよかった。』を読んだとき、その結論の背後に動くごんの感性的な動因を想像したと言えるのでした。ここには、ごんの内面をごんの立場に立って追求する意識が働いています。SZは、自分の意識の面での意識の働きを捉えて、「ごんは、…・かな。」の「かな。」ということだけ付け加えて、現実場面で話し合いをしている自分自身の判断であるという意味も残しているのです。つまり、SZの場合も、意識の二重化という事実はあるわけです。

　最後に、IUの場合について見てみます。IUは、意識の面で自分が想像したごんの想いについては述べていません。ごんの行為に対する読み手としての自分自身の判断を述べたものです。しかし、SZの後をうけての発話であることから、「ごんは損をしているような感じ。」の中には、ごんが「兵十のおっかあをかわいそうと思った」であろうというごんの内面を追認する意識が働いたであろうことは承認できます。ごんを外から見て判断するというごんを異化して見ようとする意識においても、意識の二重化は見られます。

以上から、言えることは、同化して登場人物の内面を想像するということと、異化して登場人物をその外から観ようとすることも、それはバラバラに孤立してあるのではなく、意識の二重化を行うということに変わりないと言えます。そのいずれを強調しているのかということであり、または、意識を二重化していることを意識的に自覚していないために、どちらかを省略して、あるいは、自ら想像した人物のものであるのか、読み手である自分自身のものであるのか混然一体化させて意識に載せるのだと言えると思います。

2　説明文の実践例を通して授業展開の構造を考察する

2.1　授業の実際（1年光村図書『くちばし』）を考察する

　『くちばし』は、1年生になって学習する最初の説明文です。
　この授業は、子どもが一人で文章を読んだときにどんなことを思うのか、その生の想いを聞きたいという指導者の気持ちが溢れているのが伝わってくる授業です。そして、見事に子どもの鋭さや混乱、子どもらしい注意の向け方の移り変わりをたくさん見ることが出来ます。説明文を読むときの子どもの実情を知るための宝庫のような授業だと言えます。
　そして、だからこそ、先生が孤軍奮闘して、子どもの発話を生かす話し合いをさせようとしている姿を見ることになります。そこにも、子どもに寄り添う姿勢が見られます。
　このように、子どもに寄り添う姿勢を貫き通しながら、子どもの混乱や鋭さを的確に捉えて、そこから子どもに考えさせるような授業にするには、どういうことが考えられなければならないかと思わずにはいられません。はじめに、この授業での子どもが、文章や絵・写真にどのよう

に向き合いそれを反映し、注意を集中したり、拡散したりするのかを知り、それを一般化しながら述べることは、説明文の授業の展開についての論点を明確にするのではないかと思います。

2.1.1　授業記録

　『くちばし』のはちどりの部分の授業記録です。長いのですが、まず、授業記録の全文を記載します。そのあと、考察を行います。

　教材文（文章毎に番号を付け、発話には通し番号を付けます。子どもの名前は仮称。話題の区切りの箇所で行替えをしています）

① これは、はちどりの　くちばしです。
②はちどりは、ほそながい　くちばしを、
　はなの　なかに　いれます。
③そして、はなの　みつを　すいます。

1	T	いろいろな鳥のくちばしのかたちをみてみましょう。と始まって、いよいよ最後の三つ目になりました。これは何のくちばしでしょう。
2	C	うん？はちどり。
3	T	これはもうみんなは、次のページを見ているんだよね。ええそれを覚えている人が答えで答えてくれています。じゃあ、ここ書いておきますね。三つ目の鳥ははちどりです。どこに答えが書いてあるかは今日読めば分かります。先生は今日は○読みをしてみたいと思います。
4	C	まるよみってなあに？
5	T	まるがついているところまで、一人で読みます。53ページからはじめたいとおもいます。それでは53ページからひとりひとりに読んでもらいたいと思います。佐藤リエちゃんスタートです。みなさん用意はいいですか。最後の鳥ははちどりです。佐藤さんどうぞ。
6	C	読む。
7	T	きょうやる最後の場面です。54ページをそれぞれ読みしたら言いたいところ線を引いてみてください。

8	C	なんでさあはちどりはくちばしが長いの？
9	T	長い理由ね。絵をさしてここね。書いてあったね。 正確には前のページに「ながくのびた」ってかいてあった。 ここには長くって書いていないけどどの言葉でなぜって思ったんだろう。
10	C	花の蜜をすうから。
11	T	ちょっとまってね。なぜ長いの？この言葉ですね。
12	C	花が細いから。
13	T	花の蜜を吸ってここにつながるの。細長い理由はみつをすうよ。 つぎにいきます。
14	C	なんでさあはちどりは赤い蜜をすうの？
15	T	このみつって赤いって書いてあったの？赤い蜜でなくて花の蜜
16	C	花の蜜を吸いますって。
17	T	赤い蜜ではなくて花の蜜。赤とは限らないかもね。書いてないものね。 花の蜜をなぜ吸うの？それとも花の蜜は赤いの？どっち。
18	C	なんではちどりは赤い花をすうの？
19	T	赤い花のことだね。赤い花が好きなの？絵に描いてあったからね。
20	C	なんでさあ、細長かったらさあ花はさあやぶれるとおもうけどさあ あのさあ絵ではさあぜんぜんやぶれてない。
21	T	細長いものをこっちから花の中に入れると言うこと？ それやるとやぶれる。なぜやぶれないの？
22		やぶれるよ。いつかやぶれるよ。　　（口々に。）
23	T	佐藤君は何か考えた？
24	T	なぜかなって悩んでる？
25	C	……
27	T	なぜすき？それははちどりだけでいい？
28	C	はち？
29	C	はちとはちどり
30	T	はちとはちどりはなぜ？はちもすきなの
31	C	はちも蜜すうよ・
32	C	先生知らなかったと思うけどね。どうしてかというとね、 はちみたいなことをするからはちどりっていうんだよ。

33	C	蜂みたいにさすから？
34	T	ああみつをすうのははちとはちどりでこのはちどりは徳永君によるとはちみたいに
35	C	はちどりはどうしてこういう名前なんだろうかというとあのはちってちょっとながいのがあるんだよ。だからはちもすうじゃん。 はちと一緒で花の中に入れるからはちどりっていう名前…… ママ、調べてくれた。
36	T	はちのような鳥だから同じ蜜が好きではちのようになってはちどりって名前がついたんだよ。これで４人発表が終わりました。続いて意見のある人からどうぞ。田中さん１番　１のかわどうぞ
37	C	赤い花よりも……白が好き
38	T	ああ、あかだけじゃないんだ。お花の蜜って赤だけじゃなく白でも黄色でも
39	田	赤じゃないよ。赤とは限らないよ。
40	C	赤の蜜を吸えば赤になるよ。……はち……はちどり……（口々に）
41	T	その言葉をもらおう。赤とは限らないよ。難しい言葉だね。 いいんだって阿部さんつまり、赤でも白でも黄色でも。 蜜はそこに入っているから。
42	C	はちって花粉は食べないんじゃない。蜂と似ていないんじゃない。
43	T	はちって花粉を食べるの？
44	C	集めるの
45	T	蜜はくっついてくる訳ね。 だからちょっとは似ているんじゃないかなという徳永君の意見ね。 けど、詳しい保科君はみつはちょっとついてくるんだよという意見。
46	西	中に伸びているやつ、てっぺんのやつ。 赤でも青でも黄色でもみつはそこに入っている。
47	T	細長いっていうやつ？先生も持ってきた赤いの。（実物の花を提示）
48	西	赤いバラとかさ　全部　　あるんじゃないの。
49	T	もうちょっと詳しく
50	西	見たことある
51	T	お花のこと言いたいの　　お花を指しに来てくれる

52	西	こういうのが入っている。白いやつ。赤いやつ。ばらのやつ。てっぺんに黄色のが入っている。蜜が入っているんじゃない。
53	T	お花には必ず蜜はいっていているてっぺんに。
54	佐	あのさああお花の蜜を吸いますとかいてるけどきつつきもくちばし長いよ。
55	T	きつつきだって出来るよ。
56	C蘇	細長いって書いていないよ。きつつきのところには。鋭くって書いていないよ。
57		とがっていると書いている。
58	T	細くはないのね。とがっているのね。
59	C々	書いていない。長くは……（口々に）
60	C	細長いとわかっていないよね。
61	C伊	うん。
62	T	いっしょに蜜をすいましょう。
63	C	書いていないよ。きつつきの所には書いているよ。細ないよ。
64	T	これ調べてみたいね。きつつきってできそうだな。
65	佐	あとさ　53ページにしたが赤いところあるでしょ。くちばしで。54ページになったら下が黒くなってるよ。
66	C	ここが赤　黒
67	C	辛いから
68	C	えっえっ
69	蘇	その前のページ飲んだあとだから赤いんじゃない。くち口
70	C々	花も赤じゃん。血かもしれない。遠いからじゃない。
71	C	色が変わっているよ
72	C	いいんだからじゃない
73	中く	あのさくちばしってさ棒みたいなの。
74	中く	ふつうさあこのへんからくちばしっておわるじゃん。ここになんでくちばしみたいのついているんだろう・
75	T	ここからここまで　望月さんだったっけ人間の唇っていってたね。人間の口のお外のところをくちばし。じっさいたべてるのはくちびるで食べているんじゃないんだよね。口に中入れてのどでごっくんって通って
76	蘇	でもさ　えさを食べれないじゃん

77	T	ちょっとここまでで解決してみましょう。 この中でまず細長いくちばしって気になっているみたい。 何で長いの。花の蜜を吸いたいんだよって。 お花もってきたよ。おもしろい。きつつきも出来るよ。 長いじゃない。鋭いじゃない。作ってみようと思って。 細長いってこんな感じでしょ。細長いくちばしをはちどりは 花の中に入れるわけだよね。入れます。こんな感じ。 そして、花の蜜をちゅうちゅうと吸います。こんな感じ、。 ちょっとこれ貸してね。頭ぐらいつけようか　（手作りの模型で実演）
78	C	どこからすうの？
79	C	先生反対向きなような感じがする。
81	T	グラジオラスっていうお花は実は大きさはこちらのお花が近いです。 これはホタルブクロ。ちょっと大きめ。ここにつっこんで行く感じ
83	T	となるとこれぐらい　羽をつけて
84	C	ねんど　ちっさい　（口々に）　ちっさいはずだよ。 ちがうよ。　あれぐらいといったら小さい。
85	T	大きさは
86	C	ちかくで撮っているからじゃない。
87	C	すごい小さい　口々　もっと奥に入れてんじゃない
88	T	きつつきってあの大きな木にとんとんとんて開けるんでしょ。
89	C	でもそれはでっかいからだよ。
90	T	となるときつつきさんのくちばしはこれぐらいあるんじゃない。
91	C	ほうらはちどりより　きつつきのほうが大きい。
92	T	先生の水筒じゃだめ．くちばしはこんな感じで これくらいじゃない　体これくらいかなごんごん
93		本当にやった。
94	T	となると、今これを見ると、かなり小さい
95	C	ちかいよ
96	C	絵とくらべると……1番大きいのおうむかもよ。だよね。
97	T	絵からはわかりにくかったけど今これをやったからわかったんだよね。 ここからわかったことかもね。 実は先生調べてみました。世界で1番小さい鳥だそうです。

98	C	ええー当たった　すげー　（口々に）　すずめ
99	T	すずめはねそれでも世界一ではないようです。
100	C	ありは
101	C	はちどりが1番小さいということ
102	C	やばい
103	T	ねえきつつきが食べるものってなんだった・
104	C	虫
105	C	木の中にいる虫
106	T	虫食べないじゃない・
107	C	細長いし　　　食べられないもん
108	T	つまりきつつきは虫を食べたけどこの小さいはちどりさんは蜜をチュッとすうことしか出来ない
109	C	食べない
110	C	虫はやっぱり小さい虫しか食べない。
111	中	ありとか吸い込んで食べるんじゃない。
112	T	中村君の今の手もう一度やってみて　　（はばたくしぐさ）
120	T	ねえこの絵おかしくない
121	徳	たしかにおんなじ
122	T	飛んでるってなかむらくんの言ったこと分かった。
123	C	わかる　　わかる　　口々
124	T	そうなのすごい早さでぱたぱたぱたって　凄い速さで
126	C	吸ってるよ。写真撮っているから
127	C	スピード　　落として吸えるんじゃない。
129	C	スピードあげながら　　　写真とってるから　（口々に）
130	C	入れて写真とってるから
131	T	保君止まっている写真でブレていると言うことは
132	C保	……
134	C徳	空中ジャンプみたいに。
135	T	ジャンプすると？って落ちるじゃない。
136	C	空中鳥

137	C	空中で止まるってこと
138	中	バランスとってまっすぐにしているんじゃないの
139		（口々に）　バランス
140	高	山みたいになって首だけ顔だけ飲んでんじゃない。
141	T	顔はぶれてないもんね。
142	C	顔動いていないと言うことは固まっている
143	C	おうむが1番大きい。
144	C	きつつきが1番大きい
145	T	オウムも大きいきつつきも大きい
146	C	先生調べてくれてありがとう。
147	T	じゃもういっかいかくにんしてもいい？ なんではちどりはとまってはなの中に くちばしを入れる
148	C	おなかがすいているときだけ
149	C	のどがかわいたときだけ
150	T	なんでなにをしたいの
151	C	蜜を吸いたい
152	T	虫をたべるんじゃないんだよね。
153	C	魚も食べない
154	C	みつが食べたい。おなかがすいたときだけ。
155	徳	でもね、魚食べるのいるよ。かわせみだよ。
156	T	こういうのえさっていうんだけどね。
157	C	そうだよそうだよ。えさ。
158	C	わかった。
159	C	とけた　　二つぐらいはクエスチョンとけたよ。
160	徳	そうだね。やぶれない
161	T	ちょっとちょっと、落ち着いて　なぜ？
162	C	留まっているからやぶれない。。　とまっているからやぶれない。 すごい花だから　花がすいこんでいくから。しみこんでいく。
163	T	順番に行こうよ　　やさしくすってくれるから大丈夫という意見 が一つ。 はい松浦君
164	松	あのさあ隙間から飲むからあたらない。……

165	T	隙間から飲むからあたらないということは　この字だね、
		こういうことじゃない
		細くて長いから隙間に入ってあたらないってことなんだ
166	C	わかった　（口々に）
167	C	お花のところに破れるって書くね。
168	T	細長いから大丈夫　入山さん佐等さんどうぞ
173	入	あのさはちどりってさくちばし細長いでしょ
		それでさあ細ながいからはなにあたらないですうことが出来るから
		それでやぶれないんじゃないの。
169	T	やっぱりこれね。
170	佐	あのさはちどりさくちばしが長いからさ前がやぶれるんじゃなくて
		ちがうところがやぶれるんじゃない。見えないところ。
171	T	お花の？奥の所ね。周りは大丈夫そうだね。細長いからね。先崎さん。
172	C	中とか
173	先	あのさ、動いていないから、羽しか動いてないからさやぶれないんじゃない。
174	T	そうね。羽だけ。
175	さく	あのさ　このさ　こういうさ赤いさ・・・飲むって　さ　　　さ
176	T	ゆっくり　はっきり
177	櫻	さっきさお口さ　ところだけだけどしっぽも赤くなるんじゃないの。
178	T	みつをすうと赤くなるんじゃないか。
179	C高	確かに
180	T	桜井さんこれはどこかに書いてあった？
181	櫻	ううん
182	T	調べてみなっくちゃね。みつをすうとあかくなるの。浅川さん、
		高橋君、阿部さん
183	浅	あのさ、ぶれているから優しく飛びながらさぶれているんじゃない。
184	T	羽だけ？優しくとびながらつっこんでいるから破れない
185	高	七海ちゃんが言っていたけどくちばしが赤くなるって
		もうしたがあかくなってるよ。ここ。
186	T	それはどこか文に書いてあった。
187	C高	ええと、七海ちゃんが言ってた……

188	T	図鑑のお話に書いてあった？赤くなるのは蜜を吸ったからですとか
189	高	ない
190	T	これも調べてみなければわからないね。
191	阿	はちどりの蜜を吸っているさあとこからさがしたら誰かがはちどりの写真撮っていてうごいていないということはこうやってゆっくり動いているんじゃないの
192	T	頭は動いていない。羽だけがぶれているよね。羽だけは動いている。撮っている人がいるよね。ゆっくりだから撮れたってこと？
193	高	ええゆっくり動いていたらスローだよ。スロー。
194	T	じゃ高蔵君これはゆっくりではないということ
195	高	たぶん、スローだよ。スローモーションならぶれないよ。
196	伊	スローモーションだとぶれないよ。
197	T	ああ伊谷君。そう
198	T	スローだったら写真ぱしってやったらぶれたりしないよね。さっきのはカシャカシャ高速というのか速いと、伊野君の言うとおり。写真の写し方で先生もわかります。それでは、発表したら終わりになります。全部謎が解けました。
199	C	これさ　　これさ……ここもぶれているけど（しっぽだね。T）しっぽはなんでぶれるの。
200	T	羽はぶれているのは動いているからわかる。しっぽはなんでぶれるの。なんでここは動いているの。
201	C	ねえ先生もしかしたら留まるところはないよ。ツメとか
202	T	留まってないよね。
203	C	留まってない。留まれない。写真だからとまるところ写すんじゃない。写真だから見えないんじゃないの。　（口々にi）
204	山	あのさあはちどりって鼻血でないんじゃない。 血とかはさあ鳥とかは出ないんじゃない。
205	C	出るかもよ。人間　　出るやつと出ないやつがあるよ。　　　（口々に）
206		昨日調べたこと……
207	C	あのさあ、はちさあ蜂蜜の中で本当は飲んでいて、きつつきはすぼんで飲んでるの。
208	C	はちとはちどりは仲間なんじゃない。
209	T	にてるってこと？

210	C	はちどりはさあ羽をさ飲むためにはゆっくりしているんじゃない。それで飲めるんじゃない。
211	T	顔は動いていなくて羽は動いている。
212	C	あのさあこのはちどりのこのくちばしの、1番先の場所ってちょっと紫色だよ。
213	C	黄色だよ。後ろが紫に見えるよ。（口々に）。　本当。本当。
214	T	色が違うよってこと。
215	櫻	あのさ、この赤い花さあこの中に蜜があってさあ　ここからさすってさああのさこの蜜をここから飲むんだよ。
216	T	時間になりますよ。言いたいこと言って終わりにしましょう。
217	C	あのさありょうとくんがさはちどりさのむときってさなんで羽動かして飲むの。
218	T	さっきみんなが言っていたことだよね。留まっているんだって。ヘリコプターみたいなかんじかな。羽だけぐるぐるまわっているんだけどヘリコプターはそこに留まることが出来る。
219	徳	そうだよ。くるくるくるとまわって留まれるんだよ。
220	高	えっとさあ赤のお花と青白、白ないと思うよ。
221	T	お花にはね、白の見たことがある人いるよ。みんなのあさがおだって白が咲く人もいるよ。さあ、あと3人頑張って聞きましょう。
222	松	あのさあ二つあるんだけど、なんでちょっと光っているのか気になる
223	T	色のことね。
224	C	光で
225	松	だってその赤いの食べるって言ってたじゃん
226	T	血かなって言っていたからね。
227	松	固まったんじゃない。
228	T	それってどこかの文に書いてありましたか
229	C	首ふる。
230	T	調べるしかないね。
231	C	家で調べる
232	蘇	あのさあここがぼやけてるからこうやって動いているんじゃない。
233	T	しっぽも一緒に動いてる。頭は動いていない。すばらしい。止まっているのが頭。

234	C 徳	はちどりってさあ鳥もおんなじだけどこうやってなるよね。だからさあそのままでここに突っ込むんじゃない。
235	T	留まっているってこと？羽が動いてないって言うこと？
236	徳	とまってて中に入ってて
237	T	だけど、みんなはさっき発見したよ。ブレてるの、ヘリコプターのようにくるくる回るところがあるから留まっていられる。最後です。
238	伊	あのさあはちどりって細長いって書いてあるでしょ。この蜜の中に入れたらここらへん穴開くんじゃないの。
239	T	佐藤さんも言ってたよ。もし、開くとしたら奥の方かなって。ホバリングっていうんだけどもしホバリングがうまくいかなかったらグサツ。
240	C 徳	そうだよ。飛行機もそうだよ。ホバリングが悪くなるとどっかにに突っ込んだり。
241		
242	T	音読しましよう。この時間1時間超えてるの。この時間みんなは発見しました。音読しましょ。
243	C	音読
244		
245	T	発見しました。休み時間を終えてから日記をつけましょう。

2.1.2 子どもの疑問や問題提起を分析する

　授業での子どもの発話は、行ったり戻どったりしていますが、その中で、節となる疑問や意見が出されています。それによって、話題が次には変わっています。そのような疑問や意見を述べる発話を取りあげて、その前後の話し合いを検討します。
（1）8番の子ども（C8）：「なんで　はちどりはくちばしが長いの？」
　教材文については子どもは指定していないのですが、上記教材文の②『はちどりは、ほそながい　くちばしを、はなの　なかに　いれます。』か、『ほそくて、ながい　くちばしです。』を読んで、はちどりは「ながい　くちばし」を持っていることは確認していることは分かります。その上で、「なぜ？」と発している言葉です。その次の文、③『そして、はな

の　みつを　すいます。』も、音読で読んでいるにもかかわらず、それには注意を向けずに疑問を提起しているのですから、長い嘴と蜜を吸うこととが、どうも結びつかないのだと言えます。蜜を吸うためにどうして長い嘴（が必要）なのかと尋ねているのかもしれませんが、嘴と蜜を吸うこととが漠然としているということは確かだと言えます。

　授業の指導者U先生は、どの言葉を読んでC8が発話しているのかを確かめています。それによって、発話の意味を知ろうとしているのだと言えます。それに対する子どもからの返事はありません。他方、二人の子どもがC8に答えています。「花の蜜を吸うから。」「花が細いから」と。それを受けて、「細長い理由は蜜を吸うため」だと教材文③とつながることを授業者は教えています。

　C8は、教材文①、②、③を読んでも、それを、はちどりは蜜を吸うために細長い嘴をしているという様に表象化しがたいということです。はちどりとは初めての「出会い」です。日常的には写真などで見慣れている（しばしば見たこともある）はちも蜜を吸うことは知っているけれども、長い嘴ではないということもあるからか、長い嘴で蜜を吸うということはよくわからないのかもしれません。これは、説明されている対象はちどりの実際の蜜の吸い方が分からないと、文章だけでは納得がいかないということです。他の二人は、文章だけで、花の蜜を吸うためだと「理解」しているようなのですが。これは、文意が分かると、「ながいくちばし」と「みつを吸う」を結びつけることが出来るということです。はちどりの実態を想定しているかどうかまでは分かりません。C8のこだわりは、説明文を読むときの特質を表していると言えます。説明されている対象（ここでは長い嘴で蜜を吸うこと）を実際に納得出来るように分からないと、文章からだけ（蜜をすう）では「理解しない」ということです。

　実際、はちどりは、蜜蜂のように花の中には入っていきません。飛んだまま、空中給油のように蜜を吸うのですから、そのために長い嘴が適

-199-

応発達したものです。南北アメリカ大陸の中継点、コスタリカに主要には生息しているようです。南北アメリカ大陸がつながったときに、そのつなぎ目の地域には、両大陸の動植物がまじりあって生息することになり、動植物は単純な淘汰ではなく、長い年月をかけて棲み分けをしていったと言われています。そのための適応発達の例としてはちどりは取り上げられています。したがって、子どもが、蜜を吸うということだけで納得出来ないとしても、それは、逆にはちどりの生態に迫る道を開く可能性をもっているということでもあると言えます。

U先生は、そのために、授業の後半では、「空中給蜜」の話し合いをしています。

ここで、重要なことは、説明文では、説明されている対象（もの・こと）を、自分で実際に絵や写真、実物、経験などで想定して、ああ、そうだ。そうなっている、と納得しながら、説明している文章を表象化する（捉える）ということです。このような実感を持って説明文を読む方向を断ち切ってはならないと思います。そうでないと、説明されている対象（もの・こと）を字面だけで、極めて抽象的にのみ確認するだけに終わります。説明文を読んで、身の回りの、もの・ことを知ることは深まりません。

（2） C14「なんでさあ、はちどりは赤いみつをすうの？」

C14は、「みつをすう」は、教材文③「そして、はなの　みつを　すいます。」から、「赤い」は、同じページの写真からとりだして、それを合成して「赤いみつをすう」というように捉えたのだと言えます。つまり、③の文は、「はなの　みつを　すいます。」なのですが、それを「あかい　みつを　すいます。」というように受け取って（思い込んで）いるのだと言えます。指導者が聞き返していると、「赤い花をすうの？」と言い換えています。いずれにしろ、写真の「赤」が印象に強く残っているようです。

このような思い込みをする過程を考えてみます。写真の赤い花（グラ

ジオラス）の印象が強いことはすぐに分かるのですが、「みつをすう」ことを取り入れた教材文③は読んでいるのですから、この時、問題の言葉は「はな」だということが分かります。子どもは、一般的に、「はな」という言葉は、花一般ではなく、個々の具体的な花をみるとそれを全て「はな」という様に名づけるというように言われています。次第にそれが、花一般のことだと分かるようになるのですが、C14は、この一般化の思考が発達していないことを示しています。写真で見る花を文章の中の「はな」は指示していると思ったということが言えます。このような形で、写真と文章を合成していると言えます。その上で、はちどりがその写真の花（赤い花）の蜜をすうのはなぜなのかと尋ねているのです。見たことがないものに対する素朴な疑問だと言えます。日常的に見るものはそういうものだと納得しているものの、新しいものを、「書いてあるから、そうなのだ」とはならない、自分の日常的経験への固執、実際のものやことに対する固執だと言えます。

　ここにも、C8と同様の、文章を表象化するときに、実際にどうかという納得で、説明されているものを想定をしなければならないという思考が働いていると言えます。これを断ち切ってはならないと言えるでしょう。

　つつじの花の蜜をすったり、蝶がいろんな花にとまるという景色を日常的に見ていたりすることがないという、現在の子どもにとっては、文章から実際の物を想定しにくいのだと言えます。そしてさらに、もの・ことを一般化して見ることが出来る経験的な基礎は、異なる条件での同じようなもの・ことを数多く見ることにあるのですから、文章を読むとき、それを一般的になものとして、想定することが出来ないわけです。現在の子どもにとっては、文章はより抽象的にしか語ってくれていないと言えるでしょう。そのために、一文を読んでも、その文意が納得のいくものとしてつかめないという実態が出てくるわけです。

　他方、数少ない経験を基礎として、文章を理解しようとすると、たとえば、「はなの　みつを　すいます。」という文章の「はなのみつ」とは、

同じページの写真にある「はなのみつ」そのことなのだと言葉を実在化して読むことにもなります。

　C14が提起している問題は、説明文を読むことにおける壁だとも言えます。身の回りに自然的なものが消えているコンクリート社会に育っているのは、低学年だけではなく、教える教師自身もそうだからです。今日では文字・文章よりも映像が氾濫し、それが実際に在るものとして観念されてしまう世の中に在るからです。C14の提起している問題は、直接には絵と文章の合成であるということと「はな」という語が花一般を表すものであるということを理解しがたいということです。
　授業者であるU先生は、この両方を解決しようと試みています。「みつって、赤いって書いてあったの？」「赤い花のことね。絵に描いてあったからね。」と文章と絵とを区別出来るように指摘しています。また、その後再び同じようなことが問題になったときに、T38「お花の蜜って赤だけじゃなく白でも黄色でも…」と説明しています。C39がそれに続いて、「赤だけじゃないよ。赤とは限らないよ。」と、蜜はいろいろな色の花にあると説明しています。「…とは限らない。」と、上手に言葉を使っています。要は、子どもが、「「そして、はなの　みつを　すいます。」と文字を読んだときに、いろいろな花の蜜をすうためにはちどりが飛び回って、はなにくちばしを差し込んでいる様子を思い浮かべることが出来ること、その上で、「はな」はいろいろのはなをまとめて「はな」という言葉を使うということを、理解出来ることだと言えます。これをどのようにこの単元で指導するのかだと言えます。つまり、経験させながら、「はな」という概念の内包するものを豊かにするということだと言えます。それが、自然的なものの有り様を知ることになるのだと言えます。そこが教師の考えどころだと思います。
　このことは、文学教材の読みにおいては、子どもが教材に設定されているお話の世界（フィクションの世界）を想定し、想像するようになる

ための心理的思考的手続きが必要なこととして現れてきます。文学教材の場合は、それは、同化と異化の心理的思考が働くように働きかけること、及び、登場人物の行為や心理的動きの意味を子どもが自分なりに考えるようになることがそれに当たります。文学教材では、社会的生活での人間の行為による交わりの中での心理を想像することですが、それは質量共に貧困になっているとはいえ、現実社会での自分の行為やそれを通じた他者との交わりの経験を想起にすることを基礎として、同化・異化することを学ばせます。

（3）　C20「なんでさあ、細長かったらさあ、やぶれると思うけどさあ、あのさあ、絵ではさあ、ぜんぜんやぶれてない。」

　この問題提起も、不思議に思うことをズバリといって、いい発話だと思います。C20は何が分からないのでしょうか。文章と補助の写真からは到底わからないことです。しかし、重要なことが説明されていないところを突いているものだと言えます。それは、検討会で他の先生から出されていた「ハチドリの大きさを確認すること」だと言えます。

　これは、説明されている対象（もの・こと）の実像を確定することに当たります。これをあいまいにしていると、その生態と体の器官との適応発達を知ることはできません。説明文では、説明されている対象を、子ども達が経験的な知識を動員して確定する作業も不可欠です。

　授業者は、「なぜ　やぶれないのか」と子どもに投げ返しましたが、子どもの反応は良くなかったようです。そこで、しばらくして、これを手作りの模型で説明しようとしています。

（4）C54「お花のみつをすいますと書いてるけど、きつつきもくちばし長いよ。」

　C54は、これまでとは少し異なった問題提起をしています。この説明文の最初の例として出てきた、きつつきもくちばしの形状ははちどりと

同じで長いと言うのです。くちばしの形状を例として出されている他の鳥と写真を見て比べています。そして同じような形状だから、きつつきも花の蜜を吸うのではないかと言っているようです。あるいは、同じ形状なのにはちどりだけここでは花の蜜を吸うと言っているのは、どうしてかということかもしれません。ところで面白いのは、それに続く何人かが、「細長いって書いていないよ。」と、文章に立ち返って、長いとはわからないと言っていることです。「書いていない、長くは。」だから「細長いとわかっていないね。」「うん。」というように、細長くとは文章に書いていないから長いということはわからないというのです。この子ども達は、文章でどう書かれているのかから考えようとしています。これはクラスの子ども達の注目を「文章ではどう書かれているのか」へと向けていく、大きな問題提起となる発話です。「文章でどう言っているのかから考えているね。」と子どもの発話を特徴づけて、その方向からも考えてみようと話し合わせることが出来ます。

　ここで、重要なことは、子どもは、一方で、日常的に経験のないこと・ものに対しては、文章に書いていることだけでは納得がいかない疑問を解決したいとか、絵で目に留まることを解決したいとか、そのようなことから、文章そのものの文意を捉えられないとかの文章に対する壁があるということ、他方で、なかなか解決しないとなると、文章ではどう書いているのか、そこから何が分かるかというように、文章に立ち返るということ、そのような、二つの文章に対する向き合い方を持っているということです。文章を読むときには、そのどちらも大切なのではないかということです。前者は、文章から、題材（説明される対象、もの・こと）を受け取るのですが、文章からだけではなく、実際にはちどりはどうなんだということを分かりたいということです。説明されている対象と蜜の実際の関係にかかわること（嘴の形と蜜を吸うことの関係、蜜を吸う理由、蜜と花の関係、蜜の吸い方などがどうなっているのか等として明らかにされること）を考えていくことです。後者は、文章ではどう

説明されているのかを考えることです。

　上記の二つの説明文との向き合い方を大事にすると、たとえば次のように話し合うことが可能ではないでしょうか。
　きつつきの写真だけを見れば、きつつきの嘴も、比較的長く見えます。しかし、筆者は、「長い」ときつつきの嘴の特徴を描写していません。「とがった」と書いています。それは、エサを取る行為、木に穴を開けることとつなげていくためだと言えます。子ども流に言えば、「木に穴をあけるから、くちばしはとがっているんだ。」ということでしょうか。このように教材文の②と③を読むことになります。
　しかし、知覚で「長い」と認められたことは、そのままでは解決しないでしょう。そのような印象は強く残るものです。その時、きつつきとはちどりの全身の写真を並べて比較することも出来ます。大きさは実際のありのままで、この二つを比べると、全長に対する割合が大きく違うので、はちどりは長いとすぐ特徴づけられます。その上で、きつつきの嘴は長いというよりも、他のことで目立つことは何だろうかと話し合えます。そこから「とがった」とはとられられません。写真だけでは「とがった」ことは分からないという結論になるでしょう。では、「文章で『とがった　くちばし』と、書いて、何を教えてくれるのだろうか」と②の文と③の文をつなげて読むことにします。多くの子どもは、「木に穴をあけるためにとがっているのだ」と捉えることは出来ます。その上で、きつつきの嘴が「とがって」いることは、「きっと、確かめよう」とやはり残しておくことは大事なことだと思います。

2.2　説明文教材を読むということ

　文学作品は人間の歴史的、社会的生活において、人間が他者と関係を結びつつ行動していく中での人間の心理を主に描写しています。それを

どのように描写するのかは作者の構想として打ち立てられ、それを通して作者は自分の何らかの想いを社会に・他者に伝えようとするものです。他方、説明文教材は、主に、人間を取り巻く社会的、環境的自然や生活様式に関係するもの・ことを題材にとり、その仕組みを分かりやすく説明するものです。

そのような題材の違いにより、文章表現されたものの特質や構造が異なり、したがって読み方が異なってきます。

2.2.1 説明文の文章の特徴をおさえる
2.2.1-1 説明文の抽象性について

説明文は実際に在る（在った）もの・ことを特定の書き手が文章によって説明するものです。そこから、二重の意味ですでに一定の抽象的性格を持っていると言えます。一つは、文字による表現であるという意味において、二つ目は、特定の書き手の価値意識と判断によって説明されているという意味において。付け加えると、題材が歴史的過去の社会において使用されたもの、あるいは使用の仕方となると、それは実在したものではあるけれども、すでに見る事は出来ないという意味では三重の意味で、読み手にとっては抽象的なものとなります。

一つ目について言えば、子どもにとって、目の前に在るものは文章（補助的には挿絵）であり、説明されているもの・ことは実在するものであっても、目の前にはないからです。これは、文章を読むこと一般において言えることです。

二つ目について言えば、書き手の観点によって題材の特徴が浮き彫り的に説明されるのであって、説明の良しあし以前の問題として、題材となっているもの・こと、そのものではないということです。

したがって、実際に在るものだから、説明されていることは「実際にあるものそのものだ」というようには、言えないということです。この

説明の対象となっているもの・ことの説明として妥当かという視点が読み手には要求されます。そればかりか、子どもが日常的に知っている(そのように思っている)「特徴」ではないこともあります。また、書き手の観点が何かということもあまりそれについては説明されないから、読み手、とくに子どもにとっては分かりにくいことがあります。

2.2.1-2 説明文の叙述の論理性について

　説明文は、ものごとについてその特徴を一定の自然科学的あるいは社会科学的考察を前提として、それを子どもに分かりやすく叙述する文章ですから、文章の構造は論理的構成に従うと言えます。そのために、ものごとを基本的には因果関係において、あるいは説明のための工夫として比較・対照において論じていることが多いと言えるでしょう。説明されている対象（もの・こと）を捉えるためには、この論理的な構造を押さえることが要求されます。

　しかし、論理的な構成それ自身を自立的に押さえることは、子どもにとってはその必然性が最初からはありません。説明されている内容が、いくつかのことの関係が理解出来ることによって、この部分の原因はこれだというような論理的な関係が理解できます。そうして文章の論理的な展開という構造も理解出来るという様になると言えます。

２．２．２　説明文を読むということ

　以上のように説明文の特徴を押さえると、説明文を読むということは次のように言えるのではないでしょうか。

　子ども達が実際に見たり触ったりしたもの、写真等で見たもの、既に経験していることなどが、どのように説明されているのか、実際のもの・ことをどのような観点から説明されているのかというように、実在のもの・ことと文章表現を区別して捉える必要があります。すなわち、実在のもの・ことはこうなっていると読み手(子ども)は捉えているのだけど、それを文章ではこう説明している。あるいは、文章でこう説明している

けれども実際にはそうだろうか。という様に行ったり来たりして、文章表現を理解するということが重要なことだと言えます。

このようにして文章による説明内容を理解することによって、（ある場合にはその内容を補いつつ）、いくつかの項目で説明されたことがらの関係をも、論理的な叙述や語句によって示されていることを手掛かりとして理解することによって、実在のもの・ことを新しい発見を含めて内面に表象化し、理解を深めていく（新しい観点から見る事が出来ることも含めて）。これが説明文を読むという学習だと思います。

2.3 説明文教材の分析

説明文教材は、その文章の特徴によって、分析の仕方は文学教材とは変わってきます。教材文に沿って読むことによって、説明されている対象がより鮮明に表象化（想像、イメージ）出来るかどうか、そして、それぞれの論点によって対象物の説明内容は妥当に描かれているかどうか（論点の構造は妥当か）が分析されなければならないでしょう。

具体的な例によって、分析します。
教材文（１年光村図書出版『じどう車くらべ』クレーン車の部分）
『　クレーン車は、おもいものをつりあげるしごとを　して　います。
　　　そのために、
　じょうぶな　うでが、のびたり　うごいたり　するように、つくってあります。
　　車たいが　かたむかないように、しっかりした　あしが、ついています。』
三つの文で、第一文にクレーン車のしごと（機能）が述べられています。「そのために」という接続語を含む第二文と、第三文で、クレーン車のつくり（構造）が二点にわたって述べられています。

まず、クレーン車が働いている現場が挿絵にないということは、吊り上げるものは何か、したがって、どのくらい重いものを吊り上げるのかがわかりにくいようになっています。つまり、ただ、クレーン車だけを見るのでは、非常に抽象的になるのです。挿絵では、それほど大きくはない箱（コンテナ）のようなものが吊り上げられています。挿絵そのものが、抽象的な設定になっていると押さえる必要があるでしょう。
　このようなことは、文章にも、共通しています。「重いもの」ということも、抽象的です。また、さらに言えば、「つり上げる　しごと」ということも、抽象的ですし、それだけではなく、じっさいのクレーン車の働きから言って、「つり上げる」という言葉だけでは説明はまったく不十分です。「つり上げ、そして前後左右に動かして、高いところでちょうど必要なところに置く」と言わなければクレーン車がする実際の仕事の描写にはなりません。それを言うためには、工事現場では、港では、と場所を設定してどうするのかを具体的に描かなければなりません。それが説明文です。そういうことが一切捨象されているのです。説明的な文章を読むという国語科の指導領域にある教材文が、現学習指導要領のもとでの教科書では、文章を読むだけでは、説明されていることが分からないようになってきています。この特徴を捉えておくことは重要です。文章に沿って読みの指導をするというようにはなりにくいのです。
　この傾向は、教材『じどう車くらべ』の変遷をみると明らかなように、「言語事項」を教材の内容指導に貫くという現学習指導要領（国語科）（1998年）以降、一層強くなってきているわけです。（詳しくは、巻末の野口静子先生による、「『じどう車くらべ』の文章の歴史的変遷の分析と問題点」を参照）

　では次に、この教材文のクレーン車を説明する観点と文章展開の論理構造について分析します。
　文章でクレーン車を説明する観点は、「しごと」と「つくり」です。「し

ごと」は物の「機能」をあらわし「つくり」はその物の「構造」を表すとされています。物については「機能」と「構造」押さえることが基本であるという考えが教科書会社の指導書で展開されています。

　しかし、そもそもこの「機能」と「構造」という「基本」がおかしいわけです。人間が物を道具として扱う場合に、人間が何をするのかの目的に合わせて「機能」があり、機能が発揮出来るように「構造」が作られているというように、「人間が何をするために」ということをきちんと言わなければ、「機能」も「構造」も説明はされません。自動車は自然物ではないからです。物の「機能」を「しごと」というように言い換えたとしても、人が何をするための（具体場面、家を作っているとか、船にコンテナを積むとか）クレーン車の「しごと」なのかが常に想定されなければ、「しごと」のイメージと意味はつかめません。同様に、ああ、こんなことをするために、腕が長いのだなどと「つくり」を「しごと」と結びつけて考えることは出来ません。何をするためにクレーン車はどんな働きをするのか、その仕事をするためにどんなつくりになっているのか、この三つは一連のこととしてつなげて考えられなければならないわけです。これがつながるのは、何をするのかがはっきりと子どもにイメージされるか、理解されるかしないとつながらないと言えます。

　１年生なので、文章は短くしなければならないという制約があるので、何をするときにクレーン車が使われているのかを挿絵で提示することは決定的に重要です。その挿絵が、クレーン車だけを描いたものであるのであれば、「のびたり動いたり」という語句の解釈のための挿絵にしかなりません。語句の解釈だけをやっていると、その語句だけのことになるので、子どもには「しごと」「つくり」という語は言葉だけになります。教師が「しごと」「つくり」を語として強調すると、クラスの何人かだけは言葉としてのみ覚えてしまうでしょう。少数の子どもが言葉だけを覚えるという読みの学習にしかなりません。

　このことは、再度、授業での子どもの読みの進め方を例に出して論じ

たいと思います。

2.4 説明文の読みにおいて、教師はいかに子どもと相対して、精神的交流を実現するか

　基本的には、子どもとの精神的な相互交流を創造するために、一人読みと話し合いと学習の振り返りという三つの学習活動を行うことは、文学教材と同じだと言えますが、特に説明文教材ではどのようなことが問題となるのかについて述べます。

2.4.1　説明されている対象を自分が知っていることや絵でわかることを具体的に想定しながら読む。

　文学作品を読むときには、文章から物語を想定しながら読みます。説明文教材では、文章から説明されている対象（もの・こと）を想定することになります。文学作品の文章で語られる物語と説明文で説明される対象（もの・こと）の違いは、物語が作者の構想によるフィクションの世界であり、説明される対象（もの・こと）はおおむね実在する、手に取って触ったり眺めたりすることが出来るものだということにあります。また、物語文はおおむね社会的生活における人間の行為によって引き起こされる、人間と自然の関係や人間関係について描かれていますが、説明文では、社会的営みに規定された自然的環境や生活様式における、人間の生活に身近なものが題材となっています。

　したがって、説明文では、題材となっている身近にあるものを思い浮かべながら（今まで知っていること、絵や写真等で確かめられること）、それを作者の観点から描かれる論点に従って反映していく（新しく知る）ときに、そのように説明されるとこれまでよりもよく分かるのか、自分が知っていることと違うのか等が読み手にとって問題となります。そして、説明の対象となっていることを書き手の論理に従って理解する、逆

にこのようには理解出来ないと結論することになります。

　一見、説明文をそのまま解釈していけば、説明されている対象についてよく分かるようになるのではないかとか、文章で表現されたものだけで分からないときは、補足的に絵や写真、日常的経験から補足すればいいのではないかと考えられがちですが、実は、そう簡単なことではありません。読み手には、自分なりに蓄積してきたこれまでの経験と知識とがあり（当該の題材については経験と知識がない場合も含めて）、また文章そのものの理解にかかわる知識の程度があります。
　そこで、
　（１）自分なりに蓄積してきた説明される対象についての知識
　（２）書かれた文章で説明される対象の特徴
　（３）自分なりの説明される対象の観方
　（４）書き手の説明する対象への観点（どのような側面から対象を説明するのか）
　（５）自分なりの文章についての慣れ、習熟度
　（６）書き手による説明するための論理展開に基づく文章構成
　このような要素が、説明文と向き合う読み手の間にはあります。
　つまり、（１）と（２）は、説明内容にかかわる、読み手と書かれてある文章の違いや一致
　（３）と（４）は、どの観点から説明するのかにかかわる、読み手と書かれてある文章の違いや一致
　（５）と（６）は、説明のための論理展開をどのように文章表現するかにかかわる、読み手と書かれてある文章との程度の違いや一致
　以上のような三つの要点での読み手と書かれてある文章の違い、あるいは、一致が説明文を読むときの子どもには存在するということです。だから、簡単に書かれてある文章の（２）、（４）、（６）を子どもに流し込む（インプットする）というようにはいかないのです。子どもは今ま

での自分なりの（1）、（3）、（5）と練り合わせながら（2）、（4）、（6）を理解しなければならないからです。

　ところが、子ども自身は上に述べたように三つの領域にかかわる読み手（自分）と書かれてある文章との違いとか一緒だとかについて、意識していないことが多いので、特に低学年での子どもの発話は、様々なことが混在したものになっています。それを読み解きながら対話を創造していかなければなりません。

　子どもの発話を少し検討します。
（1）教材文に対して、「○○がわかりました。」「○○がわかりません。」という書き込み・それを基礎とした発話が多いのが、説明文の学習での特徴です。これは、文章を読むときに、実際には何か日常的経験で知っていることがあるのですが、それを意識に乗せて、文章を読むということをしていないことから来るものと言えます。文学教材で、一人読みをして書き込みを始めるときに「何を書くかわかりません。」と言うことと同じ傾向です。「もう少しだけ詳しくわかる（わからない）ことについて説明してみてごらんなさい」「知っていたことと同じなのかなあ」等と言って促してみると、それは、経験的に知っていることや写真で見たことなどを想定することが出来るようになると言えます。そうすると、それとの関係でこれこれがよりわかる、あるいは、これこれはどういうことか等、もう少し具体的に文章で捉えたことが分かるように発話するようになります。
（2）中学年になると、「初めて知った。」「そういうことか。」などの発話が出てきます。これは、日常的経験を想定しています。それとの比較・対照しています。これは、4年東京書籍『色さいとくらし』での発話ですが、「色」についてこれまで考えたこともなかったということですが、では、あらためて振り返ると、「色」「色さい」についてどんなことを考

えていたのかを思い出させることが非常に大切です。この場合は、「色」「色さい」についての、書き手との観点が違うということから来る「初めて知った」「そういうことか」という感想だと言えます。子どもは「好きな色」「どんな感じがする」という個人的な好みの観点で色に接しているようです。説明文では、色（色さい）がどのように暮らし（特に社会生活）に取り入れられているのかという観点で取り扱っています。この観点のズレを確認して、くらしに取り入れられる場合の理由について、自分はそうだと思うかどうかと意識を持つと説明内容を検討することが出来ると思います。

　付け加えておくと、社会的に信号や水と湯のでる蛇口や避難口の緑色などを、色が独自に持つ性格（目立つとか、安心を与える等）を取り入れたものと説明していますが、果たしてそのように言えるのかと思われる叙述が多いようです。社会的に使用してきたものは、それによって、「赤は危険」、「青は安全」という様に感じるという感覚が社会的文化的に形成されたと言えるのであって、直接的に色自体がそのような感じを与えるものだとは言えません。なぜなら、各個人が必ずしも、色そのものに同じような感じ方をするとは限らないからです。このような『説明文』そのものの内容の杜撰さがあるのが多いのが今日の教材です。

（３）高学年になると、筆者名のある説明文では、小学生に分かるように、自身の研究の一端を説明文にするというものが、1998学習指導要領以前は多くありました。読みごたえがあり、子どもは大きな知識欲と喜びを持って読んだものです。その場合、取り扱っている題材は日常的に身近にあるものですが、説明内容は高度で、子どもが実感出来ないものもあります。

　そのようなとき、文章解釈だけで、何となく言葉上で理解するのでは、説明されている対象（題材）について理解することにはなりませんし、日常的に見ているものの性質や成り立ちを、改めて著者の説明による新しい発見の下理解することにはなりません。

そういう時は、実際に実験したりすることを通して、説明文を理解するということは大事なことではないでしょうか。
　たとえば、5年光村図書出版『粉と生活』では、次のようなことを試みた例があります。教材文全体を検討することは省略しますが、身近な粉の典型として小麦を主要には取り上げています。
　子ども達はパンやケーキやうどんは知っています。そして、それらが小麦粉から作られていることも知っています。しかし小麦を知りません。では、小麦はなぜ粉にして食べるようになったのか（米は玄米を精米するとはいえ粒のままで食べるのとは違う）、粉にすることがいかに大変だったのか、そのために、大昔からどのように小麦を粉にする道具が改良されてきたのか。そして、ロータリー―カーンが発明されたことは「画期的な改良」であったと説明されているのですが、その「画期的」ということはどういうことか、子どもにとっては実感を伴わない未知のものです。しかも、その「ロータリー―カーンの技術はその後の風車や水車で粉を引くときにも生かされ、現代の機械の誕生となった。」という叙述をいかに受けとめるのか。このことは、主食等がすぐに食べられるものとして店頭や食卓に出てくる姿しか知らない子どもにとって、食糧の起源と歴史を知ることは、人間生活の社会的生産という、人間の生活の歴史の一端を知るという意味で大きな意味を持つと言えます。
　そのような意義を押さえて次のようなことが試みられました。
○小麦をさわり、手でくだいたりして見る
○石皿、サドル―カーンのようなもので砕いてみる
○ロータリー―カーン（石臼）で砕く
これらを記録に取り、教材文を読むという試みです。

　教材文の一読後の子どもの感想は以下の通りです。
○こんなに身近に粉が使われていることを初めて知った
○ガラスも粉から出来るということに驚いた

○小麦をなぜ粉にするのか詳しく知りたい。小麦を例に出しているわけは何だろう。小麦を知らないので見てみたい
○粉を作る道具には歴史があることを初めて知った。庭で石うすを見たことがあるけど、本当に粉が作れるのか
○石うすに「てこの原理」というのは、何なのだろう

　子ども達の一読後に書き留めた内容は、鮮やかに筆者三輪茂雄の文章の内容・表現上の意図と連なっています。これを断ち切って、ただ文章の解釈で終わってはならないというのが授業者の意図でした。
　小麦を触る、石うすを回す体験での子どもの感想を以下に記します。

　C1：　わたしは小麦をたたいてみた。たたいてみたら皮と実が飛び散った。まるで何かがおどっているみたいだった。わたしは、このツブをみているとなんだかウキウキしてきた。いろいろ工夫してみたが、なかなか潰れなかった。ハサミでやっても潰れなかった。この硬さはやって見ないとわからない。小麦を例に出して人間の道具が進ん出来たことがよくわかる気がした。
　C2：　粉とグルテン
　（前略）このグルテンは、小麦粉のタンパク質を言うらしく、グルテニンとグリアジンというものからできている。パンがふっくらふくらんだり、うどんのシコシコした歯ごたえは、全部グルテンの働きによる。自分の目でタンパク質を見て、これからの勉強も自分の目で実物を見たり本からも学んだりして勉強していきたい。
　C3：（石うすの）握り手はいちいち回せない－石は回る－むりに力まかせに回すと、手のひらは豆だらけになるだろう。ここを、どのように解決したらよいか？それがあの「取っ手」なのです。よく発見しました。あのプラスチックは現代のものです。昔は、木の取っ手でした。その取っ手には、「おばあさんのあせと油」がしみこんでいて、黒光りして、つ

るつるしていたわけです。だから使えば使うだけ使いやすくなっていくわけ。力の入れぐあい、自分の真向いあたりでにぎりぐあいをゆるくして、石の回転に合うようにしていたわけ。だから、手のひらはかたくなるけど、豆が出来るほどにはならない、というわけです。

C4:『石うすと「てこの原理」について』

（てこは）石うすと同じで1の番号に3こ。3の番号に1こつるして支点から遠い方が重りが小さくなる。石うすでは取っ手が遠くなるほど軽くなることが結びつけやすい。てこの時も支点から遠いほど重りが小さくなったので、石うす・輪軸・てこはそれぞれ支点・力点・作用点があり、同じ仕組みになっている。

授業者は、「本当に実感を伴って分かったときの子どもの表情は険しい。そして、必ず言葉に内包される内容は豊かになる」と言っています。

2.4.2 説明されている内容を表象化する

これは、文章に沿って説明されていることをこういうことかと、表象化する（捉える、具体的に想像する）ことです。大人も子どももその程度の差はあれ、文章を読んで表象化するとき、これまでの自分が知っていることや写真や絵で分かることと関係させながら、思うことや感想（おどろきや面白いなど）を持つものです。文章から分かることだけを自分の脳裏に蓄積するわけではありません。前項2.3.1で述べた、説明されている対象を経験的に知っていることや写真・絵などをみて分かることを想定しながら読むということが文章を読んでそれを表象化することに役立っています。例でその様子を見てみましょう。

例1：1年光村図書出版『じどう車くらべ』の授業記録から
教材文『クレーン車は、おもい　ものを　つりあげるしごとを　しています。』を読んで、（C1、C2…は筆者が便宜的付加）

C1：クレーン車は重いものをつり上げるのところで、重いから機械で運ぶのかな。
C2：重い物をつり上げる仕事をしていますのところで、中身はなんだろう。

という二つの傾向の受けとめが出されました。C1は、(人が出来ない)重いものだから、クレーン車が運ぶのかなと考えています。では、人がどんなことをしているときにクレーン車を使うのかと、クレーン車が働く現場はどんなところかなと考えようとつながる考えだと言えます。それが文章では示されていないということになります。C2は，重いものとはなんだろうかと言う疑問を投げかけています。やはり、重いものがはっきりしないと、どんな働きをするのかはイメージ出来ないことを示しています。そこで、何だろうかと話し合いが続きます。

C3：なんか、中身にさあ。つぼ？つぼ？
T ：うん？壺？なかに壺が入っているのかなと思ったのかな。なるほどねー。Kちゃん。
C4：重いレンガかなあ。
T ：そうだよね、ただのレンガでも、重いレンガなんだよね。他にいませんか？こういうの。重いものってどういうものかなあって思った人。Sくん。
C5：はしら。
T ：おお、はい、Kくん。
C3：なんか、おうちとかに、おうちを…
T ：ちょっと待って、しーっ。
C3：おうちを建てるためのなんか…

C3は、はじめ、挿絵を見てなのか、箱にはいっているものは壺か？

と言います。そこで、C5が柱というと、それに触発されたのか、C3は家を建てるための何かだと、推測しています。ここでC3は、クレーン車の作業現場を想定しようとしています。家を建てるための何か重い物をつりあげるというように。このように、何を吊り上げるのかがクレーン車の働きを具体的に想定するものとなっています。

　子どもの思惟の方向は、日常生活での少ない経験を動員して、クレーン車は何を吊り上げるのかを推定しようとしています。これを明らかにするためには、仕事の現場を想定することが必要です。子どもの思惟の向き方は当然でしょう。それが分かると、上に上げるのだということは分かります。仕事の現場、何をつりあげるのか、そして、その後にクレーン車の働きを理解するというのが、子どもの理解の方向だと分かります。教材文では作業現場の記述はなくクレーン車のしごとも「おもいものつりあげるしごと」というだけで「説明」しています。子どもは、教材文では説明不足または欠如しているために、それだけでは表象化出来ないところを日常的な経験によって補うという読み方をしています。

　このように1年生でも、文章を読むときには文章の語句の意味だけを拾って考えるのではなく、それが説明している対象（題材、もの・こと）を日常的な経験から思い浮かべながら、文章を理解していることが分かります。（C3のように、他の友達が言ったことに触発されるように経験を思い浮かべるということはしばしばあることです。おそらく、一人で教材文の挿絵を見ながら重いものって何だろうと考えていたのでは、家を建てるときのものということは思いつかなかったでしょう）。

2．4．3　説明される対象についての説明内容と説明のための論理について、その両者の理解の指導をどのように一人読みした後の話し合いの過程で追及するのか。

　説明文では、説明される対象が、説明のための論理に従って描き出されています。描き出された対象の諸部分は、説明のための論理によって

つながっています。説明のための論理の構造は、文章や語句によって提示されています。それが説明文の文章の特徴だといえます。

　教材分析においては、説明内容の妥当性と説明する文章展開の妥当性を検討するわけですが、子どもの読みは多様です。説明される対象を、日常生活における経験の中でよく見聞きしているのかどうかが基本的な基礎となって、次のように多様な読みが出てきます。

（１）子どもは、説明される対象の諸部分を、通常個々バラバラに話します。
（２）そして、何人かは個々バラバラに理解したことを、理解の程度に従ってつながりを付けて話します。
（３）あるいは、さらに少数ではあるのですが、論理展開を表す一語や語句・文章を理解しながら、意識的ではない場合が多いのですが、諸部分をつなげながら説明されている対象について話します。

　つまり、子どもの発話において、説明されている内容について話す中に、説明のための論理展開が理解されているかどうかがすでに表現されているのです。教師は子どもの多様な発話を受けとめながら、説明される内容をつなげていくようにし、子どもの使う「つなぐ言葉」を教材文のそれと同じ意味を持つものとして注目させていくようにすることができますし、そのことが子どもにとって説明されている諸部分を関係付けて捉えることを意識できるようにすると言えます。

実践例では次のように現れています。
　例２：１年光村図書出版『じどう車くらべ』のクレーン車
教材文は（p.208 参照）。
　　Ｃ１：「『クレーン車は重いものをつり上げます』のところで、重いから機械で運ぶ。」
　　Ｃ２：「人間だと重たいからクレーン車で持ち上げる。」
　　Ｃ３：「はい、『かたむかないように』のところで重い物を上げるからかな。」

以上の子どもの発話は、「から」を使っている発話を抜き書きしたものです。C1、C2 は、上記教材文の第一文について、C3 は、第三文についての発話です。子どもの言葉としては、理由を表す言葉としては「から」を使っています。
　C1、C2 は、クレーン車が思いものを吊り上げる仕事をするのは、人間では重いものを吊り上げることは出来ない、あるいはたいへんなことだから、機械を使うという意味で言っていると言えるでしょう。これは、教材文では語っていないことです。しかし、「自動車の仕事」を説明するためには、実に重要なことです。
　C3 は、第三文について述べているのですが、第一文とつなげて車体に足がついている理由を述べていると言えます。

　三人とも理由を述べるときに、まず理由を述べて、その結果を述べるという様に展開しています。順接の接続詞を使って滑らかに一文にする方法です。典型的には「…ので」でつなぐ文章の型です。教材文では、「そのために」を使って、二文に仕立てています。これは１年生には分かりにくいのでしょう。意味はわかるけれども、それを自分の言葉でいうときには、自分のやり方で表現するということだと言えます。
　教材文と子どもとの『理由を説明するためのつなぎ言葉』のこの違いは何でしょうか。
　子どもは、「車たいがかたむかないように　あしが、ついている」と説明されると、足がついているのはなぜか、それは傾くからだ、傾くのは重い物を上にあげるからだというように考えを進めているようです。教材文は、「おもい　ものを　つりあげるしごとを　しています。」とまず、クレーン車の「機能」を述べています。そして、その機能を遂行するために、という意味で「そのために」を置き、「車たいがかたむかないように　しっかりしたあしが、ついています。」と、足がついている

という「つくり」を上げています。考えを進める方向が逆なのです。子どもは、なぜクレーン車を使うのか。なぜ傾くのか。なぜ足がついているのか。というように考えを進めています。三人とも、前記の（２）「何人かは個々バラバラに理解したことを、理解の程度に従ってつながりを付けて話します。」の例だと言えます。

　教材文は、クレーン車を対象的に置き、それを機能とつくりという観点から述べるのですが、他方、子どもは、クレーン車の「機能」（働き）を人間（自分）にとってどうなのか、「つくり」を、働きにとってどうしてそれがあるのか、必要かという様に掘り下げるように知っていくという方向なのです。子ども達はクレーン車は見たことはあるけれども、特別にそれについて詳しく見たり触ったりしていません。だから、クレーン車を知る過程にあります。あらかじめ、「機能」「つくり」という観点からクレーン車を観るというようにはいきません。「それはなぜ？」「ああ、○○だからあ。」と、読む過程が、納得しながらクレーン車のつくりを知る過程だと言えます。

　そのような意味で、かならずしも教材文の論理展開が、小１の子どもにとって読むものとしてふさわしいかというとそうとは言い切れません。しかも、単元の終わりに教材文の三つの文をモデルとして、説明文を書かせるという教材文の取り扱いは、読むこと（知ること）のための文章を、逆に誰かに対して書くこと（表現すること）のモデル文として提示するものになっているので、ほとんどふさわしくはないと言えるでしょう。

　ここでは、「から」の使い方が妥当であり、しごととつくりの関係が正しく捉えられていることを、確認することが出来るでしょう。その上で、「そのために」も使うことがあることを知らせる方が、子どもが教材文を読んで来た過程を大切にすることが出来るのではないでしょうか。

3　いわゆる授業の流れについて

　授業の具体的展開が全く異なる二つの事例、書きことばを教育として初めて教授する＝学習する時期の小学校１年生での初めての説明文『くちばし』（光村図書出版）の授業の二つの例を参考にして、授業の流れが異なることについて考えたいと思います。
一つ目の『くちばし』の授業については、すでに、この章の第２節、説明文の授業展開についての冒頭の実践例として示しています（p.187～205）。ここでは、二つ目の『くちばし』の授業を検討して、二つの実践例を比べて考察したいと思います。

３.１　Ｎ先生の『くちばし』の授業記録の考察

　これは、６年前に実践されたものです。先に事例として分析したＵ先生の『くちばし』の授業との違いを考察するために、ここで、事例として取り上げます。

Ｔ	「これは、はちどりのくちばしです。」の文で気がついたことを言いましょう。
Ｃ１	答えの文です。
Ｃ２	昨日のくちばしははちどりのくちばしです。
Ｃ３	くちばしが長いです。
Ｃ４	「これは」は指しことばで前の細くて長いくちばしを指しています。
Ｔ	答えははちどりでしたね。はちどりって知っていますか。世界で一番小さな鳥だそうですよ。それでは次の文に進みます。「はちどりは、ほそながいくちばしを、はなのなかにいれま

		す。」のところでわかったことを発表しましょう。
C5		花の中にくちばしを入れることがわかった。
C6		くちばしを入れることがわかった。
C7		ようすのことを書いています。
C8		くちばしを花の中に入れるから細長いことがわかりました。
T		そうなんだね。花の中に入れるから細長くなくちゃだめなんだね。おうむみたいなくちばしだと入らないもんね。では次の文にいくよ。「そして、はなのみつをすいます。」の文でわかったことを発表しましょう。
C9		「そして」はつなぎことばです。
C10		花のみつをすうことがわかりました。
C11		みつを吸えるから細長いと思いました。
T		はちどりは花のみつを吸うんだね。わかったことが出せたので、□の中にことばを入れましょう。文をよく見て正しく書いてください。(あてはまることばを視写する。)

※初めはこの視写が経験不足のために結構できなかった(視写した後、発表して文を完成させた)。

　第一に、N先生は子どもに文章そのものに注目することを促し、文章が表現している内容ばかりではなく、文章そのものの型・役割や文法を教え、それについて考えることを促そうとしていることが分かります。文章に慣れるように様々な工夫をして、他の時間に練習もさせています。幾人かの子どもはそれを使いこなそうとしています。問と答えの文の文型についてはそのつながりを押さえて正確に使えています。問われたことに答えを見いだすということで、発話した子どもはくちばしに注目することが出来ているように思えます。問─答の文型を読み取ることは、問いに対して答えを見つけようとすることから、注目するべき観点をつかむという意義があると言えます。この説明文では、くちばしについて

お話ししますよと予告されていることを受けとめさせたい文です。そうすると、その次の二つの文を、くちばしが何をするのかと注目することが出来ます。

　第二に、C8とC11は、説明されている二つのこと、細いくちばしと、花の中にいれる（場所）あるいは、蜜を吸う（食べ物の特定と取り入れ方）ということとの関係を考えようとしています。そして因果関係について言及しようとしています。二つのことを関係付けて考えるという思考が働いていることを、1年生のこの時期に既に発達していることを示しています。使われている順接の接続語「から」は「……のために」と言う意味で使われていると言えます。

　ところで、N先生は、文章について発話することを子どもに求めていますが、文章からだけで説明されている対象（もの・こと）について子どもは納得して理解しているのかどうかは判断しがたい、もっと、自由に感じたことなどを発話させたいということで、次に、写真なども活用して、発見したことを発話する様に促しています。

T	では写真をようく見て発見したことを書きましょう。教科書の写真を見るといいですよ。
C 12	くちばしを花の中に入れるとは思わなかった。
C 13	みつをすえるのがすごい。
C 14	くちばしを花の中に入れてる。
C 15	まるでストローみたいと思います。
C 16	くちばしが細長いです。
C 17	きつつきやおうむよりもすごいながいです。ストローみたいです。
T	今ストローみたいって出たんだけどほんとにそうだね。細くて長いとずっと奥の方に入れられるね。ホームランです！

　　　　　※ホームラン発言と言ってほめている。
C18　くちばしがまっすぐになっています。
C19　花のみつを吸えるんだ。便利だと思います。
T　　Y君が便利って言ったんだけど「便利」ってどういうことですか。
C20　花のみつを吸うのにちょうどいい。
C21　便利っていうのは役に立つこと。

　ここでも、子どもの写真をみる観点は、くちばしと花の中、くちばしと蜜を吸う、に集中しています。新しい発見としては、そのくちばしをストローのようだと言っていることです。写真では、はちどりが花の中にくちばしを入れているところが示されています。その絵は、観る者をして直観的に、はちどりの長く細いくちばしが蜜を吸うという機能を分からせるものとして働いていると言えます。そういう意味で、ストローという比喩は、形状としてだけではなく、くちばしの機能が分かるものとして言われていると言えます。その形状と機能がストローのようだと日常生活上知っていることとの類似を見つけることを通して、はっきりと、くちばしの機能を理解したと言えます。教材文「はちどりは、ほそながい　くちばしを、はなの　なかに　いれます。　そして、はなの　みつを　すいます。」の二つの文章が、写真では一つになってその関係を明らかに示しています。「そして」が「つなぐ言葉」だと言う文法上のことが分かっても、そのように、一連のもの、具体的行為として二つの文章だけから想像することは難しいけれども、写真ではそれを示してくれます。
　ストローと言う比喩は、写真の補助があってはじめて子どもから出て来たことで、文章だけでは出てこなかったということは、文章を読むことの子どもにとっての難しさをここで理解しなければならないでしょう。と同時に、写真を見てはじめてくちばしをストローに見立てること

が出来た根拠は、子どもがくちばしに注目し、それが何をするか（花の中へ入れ、蜜を吸う）ということに注目しているからだということも見落としてはならないと言えます。この注目は文章によって、子どもに与えられたものであり、子どもがそのように文章を読んだことにあります。ここで、重要なことは、このような文章を読んで、文意や文型がわかることと、それを写真のような映像によって補助することの関係だと言えます。文意を外れて映像をとらえると、くちばしが何をするのかということに注目することは出来にくく（U先生の授業の例）、文意だけでは子どもはくちばしがすることをややぼんやりと言葉の上での理解にとどまっている（N先生のはじめの対話部分）という関係です。

　ここまでの授業の記録では、N先生は、文意や文型について教え、文意をとらえさせることと、それに踏まえて写真などにも注目させて、文章だけからの限界を補おうとしてしたということが示されています。そうすることによって、子どもはくちばしがストローのような餌を取り入れる機能を果たしていることに気づきました。

　次に、N先生は、これまでの話し合いによって、文章全体（三つの文章）から分かったことをまとめて発話させています。ここで、これまでよりも多くの子どもが発話しています。N先生は、子どもの中での理解の広がりを確かめようとしていると言えます。それは、どうなっているでしょうか。

T　　　難しいことばを知ってるね。花のみつを吸いやすいようにできているっていうことですね。ではわかったことを書いてから発表しましょう。
C 22　　細長いと便利です。
C 23　　花の中にくちばしを入れるから細いのがわかった。
C 24　　とがっていて長いからつっつかれたら痛そう。

C 25　くちばしがすごくするどいから痛い。
C 26　はちどりにつっつかれたら痛そう。
C 27　全部の鳥のくちばしがちがうことがわかった。
C 28　はちどりは花のみつを吸うことがわかりました。
C 29　太いのと細長いくちばしはちがうんだね。
C 30　はちどりはみつを吸うことがわかりました。
C 31　はちどりのくちばしはストローみたい。
C 32　はちどりのくちばしは長くてすごい。それに細い。
C 33　くちばしが長いです。

　C24、25、26 はくちばしの形状から受け取る感覚的な反応。痛いのではないか。C28、30 は、くちばしには言及していない。蜜を吸うとのみ。
　C31、32、33 は、くちばし。　C27、29 は、他の鳥の嘴との形状の違い。というようになっています。
　特徴づけると、くちばしについて教材文で説明されている、細長いくちばし（嘴の形状）、花の中に入れる（場所）、蜜を吸う（食べ物と取り入れ方）、という3つのことについて照らし合わせると、少なくとも、C24、25、26、28、30 は、くちばしでえさをとらえることという本題からずれているか、くちばしについて言及していないことになります。約半数近くの子どもは文意からは、かなりあるいはやや、ずれています。他方、C22 は、くちばしの形状と機能。C23 は花とくちばしの関係、二人はくちばしと食べ物について言及していると言えます。C27、29 の二人は、くちばしに注目して、他の鳥の嘴の形状についての比較をしています。この比較は、嘴が食べ物をとるために形状が異なっていることをとらえることへと、発展していくものです。このような二つの傾向に子どもは分かれています。そして、全体的には、日常的な生活経験の中での知識と突き合わせて納得するとか、逆に初めて知ったことについてわからないとかいうようなことは述べていないという特徴があります。

N先生は、他の鳥とのくちばしの違いが出て来たことを受けて、次に、この説明文の全体からわかることをさらに進めて深く考えさせようとしています。

　T　　　　たくさん発表できましたね。今まできつつきとおうむとはちどりのくちばしを勉強してきたんだけど、くちばしがみんなちがうわけを考えてみてもいいです。考えられる人はいますか。
　C 34　　食べるものがちがうからくちばしがちがうと思います。
　C 35　　鳥にとってくちばしは大事です。
　C 36　　その鳥にはそのくちばししかない。
　C 37　　くちばしがちがうとえさは食べられない。
　T　　　　みんなで考えるといい意見がいっぱい出るね。はちどりでまとめると、細くて長いくちばしなのは花の奥まで入るためなんだね。このくちばしははちどりに　便利で役に立っているんだね。

　ここで、４人の子どもは見事に、えさを取り入れることとくちばしの形状が関係しているととらえています。
　これは、先に見た子どもの中の二つの傾向の一方の傾向の発展だと言えます。この傾向が子どもの中にあることは、他方の傾向に影響を与えることが出来るという意味で重要です。文意をとらえ、その観点からくちばしについての説明の核心とも言える、くちばしの形状はえさとその場所によって異なるという結論に達するからです。
　しかし、この文章に即した思考の働きは、もう一つの傾向に対して関わり合える力強さに裏付けられていないことを見落としてはならないで

しょう。

　文意からはずれて、はちどりのくちばしにつつかれたら痛そうだととらえる子どもと共に考えることがない弱さを持っていると言えるでしょう。はちどりのくちばしにつつかれたら痛そうだという感覚は教材文には記述されていないのですが、正当な感性的な受けとめだと言えます。その子どもの感覚は鋭いものだと言えます。はちどりは、蜜を吸うだけではなく小さな虫をとらえて食べると資料等では言われていますから、つつかれたら痛そうということはそれほど的外れな感想ではないと言えます。つついて微小な虫をとらえるということはあるからです。ここで、「痛そう」に感じられるほど細長いくちばしは何をするのか、その細長いくちばしで虫もたべるのかもしれないから調べてみようと確認することは大事なことだと言えます。そのようにして細長い嘴に注目することをさらに広げて、文章には何をすると書いてあるのかと立ち返るときに、子どもは文章に注目することが出来ます。そして、長いくちばしでどのように花にある蜜を吸うのかと具体的に考えることへとつながります。

　実際にあるいは図や写真で見たりしているみつばちと同じように吸うのか、細長い嘴でどのように吸うのかと共に考えることが出来ます。そのことから、はちとはちどりの大きさの違い、はちどりは花の中に入って吸えるのかなど、具体的に考えることが出来ます。空中でホーバリングして吸うという独特な蜜の吸い方もわかってきます。
　それは、なによりも、「くちばしの形状は、取り入れる餌の違いによる」と考えること（概念的な思考）を、日常的に見聞きして「知っている」虫が蜜を吸うこととはちどりの蜜の取り入れ方がどのように違うのだろうか等というような、素朴な、しかし、実際的問題をとらえること、つまり生活的な概念の形成によって、力強いものにすることになります。これが、説明文の読みにおいて、説明されている対象をより確かにとらえるということが必要であるという理由です。

3.2 同じ教材文での二つの授業の違いから学ぶこと

　N先生は、聞き合い・話し合いのための発話をさせるにあたって「『これは、はちどりの　くちばしです。』の文で、気がついたこと（次の文についてはわかったこと）を言いましょう。」というように、教材文の一文、一文について「わかること」と限定して発話するようにと子どもに発問しています。それは、文章に注目させ、その文意をとらえさせるということになります。他方、先例のU先生は、全文について、言いたいところに書き込みをさせ、発話させ、特にどの文についてという指定はしていません。また、文章についてか、写真についてか、その指定もしていません。子どもの発話内容の二つの授業での違いは、明らかに、教師の指示によって異なっていることがここに示されています。

　文意をとらえさせ、説明されていることについて注目させて考えさせるということでは、クラスの一定のメンバー、少なくとも4人、その影響を受けて次第におそらくは8〜10人については意味があることが示されています。この数は次第に増えていくという強みがあります。
　しかし、全体としては、子ども自身による説明されている対象についての論点があまり話されない、話されても論議にならないという弱さがあります。それは、概念的には嘴と餌の関係をとらえても、実態がわからないという弱さになります。言葉と文法だけの文意の理解は、高学年になってくると、「ことば主義」の弊害が出てくる根拠にもなる可能性があります。そこで、文章で説明されていることをとらえることと（文章が教えてくれていること）、経験して知っていることとの違いや類似をどんどん発話させることを考えていくことが重要になります。

　他方、U先生のどこからでも、想ったことを発話させることは、子ども

の論点が非常に広がりを見せています。U先生の実践報告でまとめられていますので参照してください。

　U先生の授業では、嘴の形状、花の中に入れる、蜜を吸うということに注目し、焦点を合わせることに時間がかかりました。多岐にわたる子どもの興味関心は整理することが非常に大変で、子どもは何が分かったのかがとらえにくいようでもあります。そのような弱さがあります。しかし、ああだ、こうだという過程を通って、細ながい嘴で花の蜜を吸うということはどうやら納得したようです。この行ったり来たりの中で、3つの教材文では、くちばしとえさである蜜を取り入れる関係がすぐには納得できないということが示されたという強みがあります。教師にはなかなかわからない＜子どもには何がどうしてわからないのか＞を、子どもが教えてくれているということです。
　これを教師がとらえて、教師自身の内で子どもの発話を文意との関係で整理して、たとえば、はちどりの餌の確定にかかわること、蜜のある場所とくちばしの形状の関係にかかわること、蜜の取り入れ方などにかかわることというように整理して、それぞれを、子どもの発話を中心に話し合うとしても、文章では何を教えてくれているのだろうかと、文章に立ち返って一緒に考える等する必要があると言えます。実際、きつつきの嘴との違いを子ども自身が文章に立ち返ってとらえて発話していることに注目すれば、文章に立ち返ることの大切さを教えることが出来る場面が授業中にはありました。そうすることで、日常的な経験を基礎としつつ、文章で説明されていることをとらえるという道筋をつくり、文章での説明をさらに補うことが出来ます。

　文章で説明されていることだけをとらえることに終わるのでもなく、文章を読んでその中の言葉に触発されて、そこから自立的に想いを馳せるということに終わるのでもなく、文章が説明している対象（もの・こ

と)・説明の観点について注目し、その対象（もの・こと）について実際に自分自身が納得するように思いめぐらすときに文章を主体的に読むことが出来ると言えます。その過程で、文章で説明される概念を、実際の事物への感じ方をも含む具体的なとらえ方で裏付けることが出来ると言えます。いずれにしても、要は、説明文教材がその視点と論理で、説明する対象を十分に説明しているかどうかの教師自身による吟味が重要になると言うことでもあると言えます。それによって、子どもの発話の理由が理解できる可能性を保持できるからです。

　ここで、授業の流れについてまとめてみましょう。
　授業を展開する教師には、それぞれの経験の歴史があります。同じように授業を行ったとしても子どもへのかかわりにはその個性が出てくるものです。授業の流れを何か一つの型（モデル）に当てはめて、その通りにやっていって、子どもが教材文を理解すればよいというだけで授業をやればよいというわけにはいきません。
　子どもには子どもなりの納得の筋道があり、他方、文章は、言葉が鏡的に読み手に伝わるものではないからです。文章は想像力を以って読まれるものであり、想像力は日常的経験の質量を絶対的基礎とします。そして、何よりも、学習する子どもが自らの想像力を学習のただ中で発揮することなく、何かを自分のものにすることは出来ないからです。
　このことこそ、ヴィゴツキーが『思考と言語』、『精神発達の理論』等で明らかにしたことに他なりません。

　ここで、二つの典型的で対照的な授業の例を考察しましたが、いずれも、強さと弱さを持つことが示されました。それぞれの特徴を知り学び合い、自分の授業を振り返りつつ、授業者自身の教材と子どもに対する考えをはっきりとさせて、授業を展開することによって、子どもの精神的機能、主に思考力を発達させていけるのではないでしょうか。

第三章
授業論の基礎となるヴィゴツキーの理論

> 第一章 文科省による「アクティブラーニング」授業法の危険な本質と、第二章 国語科文学作品及び説明文教材を対象とした「読む」学習の実践例を通した授業展開の構造の考察とにおいて、述べたことを基礎づける理論的諸問題をこの章で論じることにします。

1．「読む」ということ

1.1 「読む」ということをどう考えるか

　「読む」行為について論じるためには、文章を書いた作者と読み手との関係を押さえることから始めなければならないでしょう。
　「読む」ことは、作者の書いた文章（言葉）を読み手が受けとめ、文章（言葉）の意味を捉えることだと言えます。作者は自分の伝えたい・表現したいことを構想して、それを言葉を通して作品にすることによって、自分の意識の世界にあった想いを外言化します。作者の想いは、作品があることによって他者に伝える可能性を持ちます。作者の側からすると、読者に自分の想いが伝わるのかどうかは、自分の表現力と読者の読み方次第だと言えます。ここから、読み手の読みが始まります。読み

手は、作者の表現力によって、読みながら心を動かされ、感情的な経験を持ちます。それだけに終わらず、自分の感情の動きは何だろうかと、この話はどう進むのだろうかと読み進みます。あるいは読み返してみたりします。その過程で、読み手は、作者が話の展開を構成する出来事を登場人物の行動や心理を通して描写したものを、作者の想いの世界として想像します。文章の意味を捉えるとはそのようなことだと言えます。作者の想いを捉えたのかどうかは、読み手の丁寧な文章の読みと想像力にかかっています。それは作者に同意するか否かにかかわらず、作者の想いを読みにおいて想像することによってはじめて、その照り返しとして、自分の感情の動きの意味を捉えることが出来ると言えます。と同時に、作品に対する価値判断・批評も可能だと言えます。

　したがって、子ども自身が、読みながら湧き起る感情的な高揚に突き動かされながら、丁寧に文章を読む力をつけること、想像力をつけることが「読む」学習だと言えます。

　教師主導で「正確」に読ませるために、語彙や文法の一般的な約束事を知識として習得させるということに、「読む」学習の授業は終始するものではないことを、すでに実践例を通して明らかにしてきました。子ども自身が「読む」行為において、文章で展開されている内容に意味を見い出しつつ想像するときに、それにとって不可欠な思考が働いています。そのような思考の働きが毎時間の読みにおいて、どのように作用しているのかを教師が分析しつつ、それを意識化させるために子どもに働きかけることが、子どもとの精神的な相互交流を実現することでした。この精神的な相互交流が子ども自身が文章を読み深めていく源泉だということでした。子どもは、自分自身の読みの内容を教師や他の子どもに問うという、社会的な実践を授業において実現することによって、他の子どもの同様な行為（発話）や教師の示唆を受けとめ読み進めていくことが出来るのでした。強いて、語彙や文法の習得に関して言えば、自ら

が読み、話の内容的展開を理解するその過程においてこそ、生きた知識として身につくと言えます。しかし、言葉の知識一般を習得することが、「読む」学習の直接的かつ最終的目標ではないはずです。子どもが、自分自身が個別にかつ同時に集団的社会的に読むことによって獲得する・発達するものは、実に大きなものであることを、「読む」ということをここで整理しながら明らかにしたいと思います。

1.2　学習において「読む」主体は読み手（子ども）である

　「読む」という学習行為の主体は子どもです（同一の過程で「読む」ことを教授する主体は教師です）。教室を場所として読み手（主体）は、個々の子どもであり、個々の子どもが向き合う対象(客体)は教材であり、教材の文章表現を内容的に「読む」学習です。ところで、教師は30～40人の子どもを教授の対象としています。その指導下で子ども達が個々に学習の対象である教材を「読む」ことを指導します。したがって、教室において、教授と学習は同時に行われるというように捉えることが重要です。一方で子どもの側から言えば、学習ですが、その過程を他方で教師の側から言えば教授ということになります。この構造の中で、「読む」学習を実際に行うのは子どもですから、「読む」主体は個々の子どもだと規定し、確認することは重要です。

　学習は30～40人を一クラスとして行います。しかし、集団で学習するとしても、「読む」学習行為は30～40という数のそれぞれの主体と客体の構造において行われます。当然のことですが、30～40人の子ども達の脳は個々の個体に在り、30～40の数の生命体、個体なのですから、脳が直接的に個体を超えてひとつながりになっているわけではないからです。「読む」行為においては、この一人一人の脳が、個々の子どもの精神的活動、主に思考活動を可能とする物質的な基礎です。しかし、脳器官はあくまで物質的基礎であって、それによって可能となった人間特

有の個別的な精神的活動と、それによって支えられた精神間的（社会的）な関わり合う行為によって、それらの経験がそれぞれの脳に蓄積していくのだと言えるでしょう。個々の人間の生理的器官が、人間行動を生理的器官の単純反応として決定するわけではありません。

　この当然のことが、しばしば教えるときには忘れ去られる傾向にあり、新学習指導要領では、あらかじめ「正確」であるとされる既成の読むべき内容と、言葉に関する社会的な規範を教師が子どもに教えるというように設定されています。そして子どもが思考や判断を発揮するのは、その後のグループなどの子ども同士の対話の場であるとされています。そして、最後に評価の段階になって、個々の子ども達の個別の評価が行われることとなってしまっています。

　しかし、それは教授＝学習過程を、切断して考えるという誤りなのです。教師が教授するためには、子どもが実際に自分で読み、それを持って自分の読みを教師（他の子ども）に伝えなければ、教授することそのものが成立しないのです。教師と子どもとの精神的交流が一方通行になってしまいます。一方通行で教えられたことは、その後に自分でそれを使うことは非常に困難です。

　「読む」ことは、子どもの数だけそれぞれにおいてなされなければなりません。しかし、一連の読みの過程において自分の読みを他者に問う交流を通して、自分の読みを振り返り広げ深めていきます。教師の側から言えば、教師は子ども達の「読み」が、その子どもなりの筋道を持って読み進めるように子ども達と話し合う相互交流を実現します。これは一対一の相互交流ではなく、子ども達同士の個々の子どもの読みの聞き合い（話し合い）を作り出していくことによって、教師は、それぞれの読みの持つ意義や意味を作品の中心を捉えることに位置づけたり、どのような思考の働きがあるのかを明らかにします。それによって、子ども達は、他の子どもの「読み」を受けとめて考え、自分の読みに取り入れたり、違いを確認してさらに考えようとしたりすることが出来ます。こ

うして教師による子どもとの相互交流の実現によって、学習が進められるのですから、個々の子どもは、自分の知的発達を単独でやる以上の可能性を持って実現できます（これをヴィゴツキーは、それぞれの子どもは「発達の最近接領域」を持つと言っています）。

したがって、教師が教えることと切り離して、子ども同士の対話を取り立てて設定し、前者を教える場面、後者を子どもが思考力・判断力を主体的に発揮する場面と考えることは、決して子どもが活発に学習することにはなりません。また、評価は個々の子どもの力としてのみ測定することは本質的には出来ないと言えます。

1.3 「読む」主体は個々の子ども、しかし学習過程は社会的であるということ

このような人間特有の学習過程の社会的構造によって、読む主体は個々の子どもであるとしても、それは個人主義を強調することではありません。個人主義を基礎とした多様性、それ自身を賛美するものでもありません。多様な考えを自由に子どもが発話することは、非常に重要な出発点となりますが、それは、学習過程で他者とお互いに響きあったり、対立しあったりしながら、それぞれにおいて一歩自分の読みを深めたりするという過程が重要ですし、実際子ども達同士の話し合い（聞きあい）によって、子どもの読みは初めの時からの変化を生み出します。

このように自分の「読み」を他者に問うという外的社会的な働きかけ（精神間的交流）によって、それを受けとめる他の子ども及び、本質的にはそれらを促している教師との対話を実現することは、個々の子どもにとっては、社会的局面における精神的活動です。これを通して、自分の「読み」を意識化して、振り返り、広げ深めていくという内面的精神活動を進めると言えます。すなわち、他者への働きかけと交流（発話による対話）が、自分の内面に映し出され自分なりに自分のものとして確

かなものになるのですから、個人はすなわち社会的存在なのです。
　「読む」行為の主体は個々の子どもであるということは、単純に個人主義とレッテルを貼られるものではなく、むしろ、自ら「読む」主体として、実際に「読む」行為を貫き通すことによって、社会的存在として個々の子どもは、その社会性を日々の学習の中で、自分の内なるものとして再生産していくと言えます。
　わたしのこのような考え（方）とそれに基づく教育実践は、ヴィゴツキーの理論によって、より明確に意識的になりました。
　ヴィゴツキーは、精神発達について次のように言います。

『あらゆる高次(精神)の機能およびそれらの関係の基礎には発生的に、社会関係、人々の現実的関係が存在する。』
『子どもの文化的発達における全ての機能は二度、二つの局面に登場する。最初は、社会的局面であり、のちに精神的局面に、すなわち、最初は精神間的カテゴリーとして人々の間に、のちに精神内的カテゴリーとして子どもの内部に登場する。このことは、随意的注意にも、論理的記憶にも、概念形成にも、意志の発達にも、同じように当てはまる。』（「文化的―歴史的精神発達の理論」1930-31 執筆 /2005 学文社　p.182）

　残念ながら、多くのヴィゴツキー学派といわれる欧米の研究者は、このヴィゴツキーの主張を、他者からのかかわりが社会的局面において行われるのだとだけ捉え、それがかかわられた個々人によって内面化されるという様に理解してしまっています。社会的局面における精神間的交流と個の内面的精神活動を、個々の子どもの自分の精神間的な交流＝社会的かかわりの局面（したがって、人々の間において）と、自分の内面的精神活動とにおいて、つまり二度現れるということではなく、はじめに他者からのかかわりが必要で、次にそれを受けとめた個の精神内的定着が図られるというように分離し、機械的に結合するのです。そうする

ことによって、最初に、教師が外から教え、次に、自分でそれを内面化するという学習パターンを設定するのです。「対話」も、基本的には教師や優秀な子どもが引っ張っていき、他の子どもに影響を与える（他の子どもは自分のものとする）というように考えてしまっています。

日本でのヴィゴツキー理論の適用としての教育研究においては、一部の研究者以外のほとんどの研究者は、欧米のヴィゴツキー学派（構成主義、社会的構成主義）の本や論文を翻訳し、その主張をまとめるだけに終わっているために、上記と同じような理解になっています。そのために、文科省の「対話」つまり「アクティブラーニング」に対して、共存するかあるいは無力になっていると言えます。フィンランドのエンゲストロムについては、基本的にこの範疇に入りますが後に述べます。

1．4 「読む」ことは想像することである
―想像することの力・その持つ意味―

「想像する」ということについては、通常、極めて狭い意味で考えられているといえるでしょう。典型的には、頭の中で絵を描くようにイメージする，一定の像を結ぶこととして考えられています。文学作品を扱うときには、主に、情景描写や登場人物の様子をくっきりと具体的に頭の中で思い浮かべることが出来ることと思いがちです。総じて言葉で表現されたものを絵画的にするとでもいうことのように考えられています。それも想像することに変わりありませんし、とても重要なことですが、絵に出来ないことを思いめぐらし、想像することが「読む」ことでは非常に多いと言えます。

文学作品を読むときに想像するその主なこととして、（1）登場人物の言動の文章的表現からその人物達のそれぞれの感情や心理・心理過程、それを基礎とした登場人物の関係・関係の変化を推測・想像すること、

（2）それらから明らかとなることをも含めた作者の表現する物語の世界全体を捉えること及びその世界の意味を考えること、その過程で、作者はどう考えてこの場面を設定したのだろうか、この語句を使ったのだろうかと、自己の価値判断に立ちながら作者の想いを探って結論をだす、自己内での対話の創造的想像、これも広義の意味での想像によるものだと言えます。第一章の冒頭の例2で紹介したO少年の『やまなし』(p.26の１．２．１を参照) についてまとめたものは、この（2）の作業の典型的な一つの例だと言えると思います。

　これら（1）、（2）は、文章としては書かれていないことを、書かれている文章から何かに気づき、何かを発見し、それらを基礎として想像することだと言えます。この時再び自分の想像したことを絵に描くとしたら、目に見えることだけを描いた絵よりも、より表現豊かな絵になっていることでしょう。

　また、（3）読み手である自分の読む過程での感情の動きにあるいは価値判断に導かれながら、文章を何度も読み返し、それまで推測したり、想像したことを修正したり、混迷したりします。この過程を捉えることはこれは自己の内面の過程の考察ですが、これも想像することだと言えます。自分の読む過程を振り返るということは、これまでその都度書き留めていたことを読み返すときや友達の考えを聞いたり、感動したりしたときに、実際に、はっとしたり、そうかと思ったりするという自分の内面の動きに気づくことを現実的な基礎とします。しかし、はっとしたり、そうかと思ったりすることそのものは確かに実在する（した）のですが、その先、それが何かをはっきりさせることは、自分が思いめぐらして考えることによってのみそれを明らかにすることが出来ます。新しい地平を切り開いていくことが出来ます。これによって、読みの過程が現実的に一歩新たな地平で創り出されることでしょう。

　以上のような読みにおいて想像するということは、文学作品の内容を深く豊かに捉えることにとって不可欠だということだけではなく、人間

の発達、したがって社会そのものの発達にとって、いかに大きな不可欠なものであるのかを、ヴィゴツキーは端的に明らかにしています。
　ヴィゴツキーは『子どもの想像力と創造』（1930/2002　新読書社 ）で次のように言っています。

　『自然の世界とはちがう文化の世界の全ては、人間の想像力の産物であり、人間の想像力による創造の産物なのです。』(p.12)
　しかし、想像することは、人間の行動において独立していることではなく、現実に結び付いているとして、次の４つの形態を上げています。
　「第一の形態は、想像のつくったもの全てが、現実にある要素や人間の過去経験に含まれている要素で組み立てられている場合です。」(p.18)しかし、この過去の経験に基づくものであっても、単純な再現ではなく、必ずそこには新たな発展を持っていると彼は言います。
「第二の形態は、空想による既成の産物と現実の複雑な現象との間の結合です。」(p.23) これは、第一の場合のように、直接的に過去の体験に基づくのではなく、すでに過去における誰かの経験を基礎とした想像の産物である研究や書物を参考にして、たとえばフランス革命やアフリカの砂漠の情景を描くことで説明されます。これは第一の形態よりも高度な形態とされています。これによって、人間は自分が見ていないものを想像することが出来るからです。この形態において想像力は、人間のほとんど全ての知的活動において完全に不可欠の条件だといいます。
　「第三の形態は、情動的な結合です。」(p.26) これは、情動が想像することに影響を与えると同時に、その逆に、想像することが情動に影響を与えるという結合であると説明されています。想像が情動に影響を起こすということとして、彼は次のように言います。「空想で考えられた主人公たちの情熱、運命、彼らの喜びと悲しみは、それは実際の出来事ではなく空想上の虚構であることを知っているにもかかわらず、なお読者を不安がらせ、興奮させ、引き込んでしまうのです。」(p.30)

「第四の形態は、…空想のなせる構想が、かつての人間の経験にはなく、また現に実在している何らかの事物にはありえない、本質的に新しいものであるということです。しかしながら、**外面的には具象化されて、物質的に具体化したこの「結晶化」された想像力は、現に事物となって世界に存在しはじめ、他の事物に影響を与え始めています。**」(p.30)

これは、技術的な装置や機械や道具などを指しています。

こうして、ヴィゴツキーは、4つの形態の想像について述べた後、次のようにまとめます。

「**結局、空想の産物は具現化し、再びそれらは全てこの現実を変える能動的な力となって戻ってきたのです。想像力の創造的活動の完全な循環とはこのようなものです。**」(p.31)

何という現実的にしてかつ、壮大な考察でしょうか。わたしは、想像活動と現実の結びつきの4つの形態の一つ一つについては知っているつもりでしたが、ヴィゴツキーのこの言葉にかつて出会うまで、「**想像の産物は、再び全てこの現実を変える能動的な力となって戻ってきたのです。**」というように、想像することの力を、その意味をこれほどはっきりと考えたことはありませんでした。　種々の教科の学習の特性において、子どもが想像力を働かせるように教師として子どもと精神的交流を日々行うことの意味と、人間の社会の発達にとって不可欠な、生産手段の創意工夫による創造の本質的なところとが、はっきりと結びついてきたと言えるでしょう。このことを拠点にすえるからこそ、文科省の1980年代の「生きる力」「生きるための知識と技能」の育成方針への転換とそのジグザグの末に、一つの結論として今日の新学習指導要領の「何が出来るようになるか」という観点に立った新しい時代21世紀の資質能力のための「生きて働く知識・技能」という方向づけが、いかに明らさまに個々の子どもに対して、小学校から大学までを貫通するものとして、安易で時流に乗るだけの便宜的な知識・技能を身に着けさせるものとなっているのかを明らかにしないではいられないのです。

2　同化と異化について

　文学作品を「読む」とき、その読みの確かさと豊かさ・深さとを支えるのは、同化と異化を繰り返しながら読めているか、ということだというのは周知のことです。この同化して読む、異化して読むということにおいて、やはり想像することが求められます。

　同化や異化の問題は、様々な意味で使われています。同化は共感的に見ること、異化は客観的に批判的にみることとか、同じようなことですが、同化は心情を捉えること、異化は俯瞰図のように捉えるなどなど。前者のように同化・異化の意味を言う場合は、登場人物（他者）を見る観点を言い、後者は、見る対象領域のようなものを指しています。しかし、同化して対象を捉えるとき、その対象に批判的な場合でも、したがって、必ずしも共感的ではなくても、その対象の立場に立って、その内面を想像するということもあり、また異化して見る場合、客観的であることが必ずしも批判的ではなく、意義を確認するということもあります。同様に、同化と異化で、登場人物のどの面を見るのかと領域で異なることはありません。同化と異化は、想像する時の視点、想像する対象を読み手がどの視点から想像するのかということの違いだと言えます。その場合重要なことは、読み手は自分自身の意識の面で登場人物になって（同化の場合）、あるいは読み手として登場人物や物語全体（異化の場合）を想像するのですから、意識の面で「仮に」相手になって観るという意識と読み手である現実の自己の意識とに、意識を二重化するという意識の働きがそこに在るということです。ここに、「読み手」意識を持つことが、重要なこととして浮かび上がってきます。

　このように、「想像する」、「読み手の想像の視点」、「読み手意識を持つ」

というようなことを考慮に入れると、低学年ほど同化しやすいとよく言われたりしますが、本当に、そうだといえるだろうかと、立ち止まらざるを得ません。学齢期前の子どもや低学年の場合、本の読み聞かせを喜び、登場人物の気持ちを言い当てたり、怒ったり涙をながしたりと同化しているように見えるのですが、それは、相手の方に入り込むのではなく、自分自身が物語の展開に対して、怒ったり悲しんだりしている場合が多いのです。これは読み手としての物語に対する感性的な受けとめを示すものです。そのような意味で低学年に見られる感性的な受けとめの表現は大きな意味があります。しかし、自分が怒ったり悲しんだりする、その自分の方へと引き寄せて登場人物を同化してしまうという例が多いと言えます。これを登場人物への同化と混同してはならないと思います。自分の方へと同化するのでは、読み手である自分と登場人物が一体化しているからです。これは意識のうえでの自分と登場人物の融合といえます。

　しかし、低学年でも、１年生の終わりごろから２年生にかけて、この登場人物との意識の上での融合を、「誰が思ったのかはっきりさせよう。」「今、『…と思います。』というのは、がまくんが思ったの？かえるくんが思ったの？自分が思ったの？」と尋ねてそれを意識させていくことによって、読みの上では、どの登場人物に視点をおくのかということでも視点の広がりを持つことが出来るようになり、お話の中と読んでいる自分という区別がつくようになります。そうして、次第にその両方について言及出来るようになります。

　それとは逆に、低学年で自分の想いを話すことと、お話の内容について話すことの両方を大切にする、聞き合い・話し合いを経験させることなく高学年に近づくと、物語の推移や事の成り行きを正確に捉えたり、登場人物の性格などを特徴づけたりするけれども、自分自身の感性的な物語への受けとめは、言わなくなる傾向が強くなります。同時に、登場人物の感性的・心理的な変化などの考察へと入り込まなくなりがちです。これは、物語は物語として客観的に捉えていると言えるのですが、読み手としての感

想を表現することが乏しいということでは、主体的な読みとは言えないし、客観的に捉えているということもまだ道半ばだと言えます。意識の上での融合の分離が未だ半ば、発達しえていないと言えるでしょう。

　同化することも異化することも意識の働きによる想像です。同化するということは、読み手である自分の意識を一端登場人物になり切って、その意識において、登場人物の内面を想像することです。異化することは、この同化する意識を助けて、たとえば、『ごんぎつね』の読みでは、ごんが兵十の顔の様子を見たときに、どのような心情を持ったであろうかと想像しながら、その時兵十はどこにいて、どのような出来事に直面しているのか、ごんはそのような兵十を見ているのだと想定して、ごんの（兵十の顔の様子を見たときの）心情をを捉えよと、指示する（どのように意識を巡らせるのかを具体的に指示し、意識に方向を与える）という働きをすると言えます。逆に、同化する意識によって想像したごんの心情を基礎として、ごんを異化して見る意識は自分が形象的にも明らかにし、かつ情動的にも捉えた情景とごんの内面の世界を比べてごんの心情を判断するように働くと言えます。同化することと異化することは、二重の意識の働きが相互に関係しあっていると言えます。
　この時、現実の自己から意識だけが飛び出してごんになりきって、ごんの世界を構成したり、文章の意味にそって意識の面で情景と登場人物を構想したりするということは、子どもにとっては非常に困難なことです。
　このようなことが成しえることがどれほど大変なことであるのかは、発達の過程を見ると明らかです。

　ヴィゴツキーは、『児童心理学講義』2章「子どもの精神発達における遊びとその役割」および5章「子どもの想像とその発達」において、簡潔にまとめると、次のようにいっています。

2才の子どもに自分の前に座っている子どもを見ながら『ターニャは行きました』と言いなさいと言っても『ターニャはすわっています』と言い換えるということが実験の結果で示されているということです。幼年の子どもの場合には、言葉と物、意味と目に見える物とが融合して、視覚的場面と意味上の場面を分けることが出来ないということです。さらに、学童期前の遊びで、棒を馬に見立てて、遊ぶことができますが、その場合にも、馬という物が何らかの形で必要で、棒を馬としなければならないのだということです。そのような意味で、このような遊びは物と言葉の意味（思考）の分離の過渡的な形態だと言っています。

 実際、学童期に入って、1年生の子どもの中には、お話しを読んでいて、「ねこはものを言わない」と言ってそれ以上学習しようとしない子供が何人かいるという経験を筆者も持っています。あるいは、『くじらぐも』で、子ども達が空へと飛びあがる場面で、かたくなに、飛び上がれないと言い張る子どもは多く、強い風が吹いたという文章ではじめて、雲に飛び上れるということに納得するということもあります。これも、「風が吹く」ということが手段として過渡的に必要なのだと言えます。この場合、『風が吹く』という表現を実際に風が吹くことと融合させているということでもあるのですが。4年生でも、「栗は何個か」「青い煙は何センチか」と、具体物に置き換えて、抽象的表象を思い浮かべることをまだ残して、想像の世界を構成するという過渡的形態を残しています。実際の物と、言葉の意味上の場面とを分離できにくいということは、このような例から理解できます。

 文学作品の文章を読むとき、文章で語られるお話は、作者の構想に基づく想像の世界です。また、説明文も、現実にある「もの・こと」を取り扱うとはいえ、作者の観点から現実の「もの・こと」を描いてみせる世界に他なりません。そのような書き手の構想を前提に描かれ

る世界を想像して想定することが出来るのは、現実の自分から『仮に』切り離して想像の世界を設定するという思考の働きがあるからであり、しかも、同化したり、異化したりして登場人物を想像することは、現実の世界と言葉の意味から想像する意識の面とを分離するだけではなく、さらに、その意識の面において、登場人物になりきってその意識世界を構成することと、読み手としての意識の面という二重の意識の作用を働かせるという、非常に高度な精神活動に他なりません。

　実際には、しかし、第2章（p 170　1.9.4-2を参照）で紹介した大場学級の子ども達のように、『ごんぎつね』のごんが後悔する場面で、同化したり異化したりして、登場人物について考えることが出来る（考えようとしている）こともまた事実です。しかし、まだ、そのような多くの子ども達は、自分の意識がそのように働いていることを自覚して、意識的に作用させているとは言えないのですが。ここに、主要には、教師のかかわりが必要なのだと言えます。そのような過度的時期にある状態の中で、文章を丁寧に読み、すぐれた文学作品の文章が語りかけてくれる作用を、敏感に直観的に受けとめることによって、自分の意識のうちに湧き上がってくることを捉え、その意味を言葉にのせて明らかにすることを内言的言語活動を含めて、「自分のための言葉の使用」といいます。この内言語的言語活動を意識の内で行うのが、授業では、特に一人読みとその書き留めにおいてなのです。それを外言として外（他者）に対して出して話し合い、子ども同士お互いに受けとめるということが聞き合い・話し合いで行われるのです。こうした授業の積み重ね、意識内での活動を活発にすることによって、意識の二重化の作用も発達すると言えます。その程度は経験に応じるとはいえ、徐々に1年生の終末あたりから、想像した内容を反映させた発話を行い始めていると言えます。

　このような想像する意識の作用を、子ども自身は意識的ではないにせよ、自分が主体となって読むことによって行うのです。このような読み

の過程を子どもに経験させることなく、単に同化・異化を言葉だけの教師による説明で終わらせることは出来ません。言葉を知ることで、同化・異化の意識の作用を実際に働かせることは出来ないからです。子ども自身は意識していなくとも、子どもが読む主体として読む行為を貫徹させることの決定的な意味はここにあります。

　知識は教えることが出来るけれども、意識を働かせる、思考するということは教えられるものではないと、ヴィゴツキーは『思考と言語』で言います。その通りです。思考することは実際に目には見えません。しかも、それは思考活動という精神活動を展開することです。実際にその活動を意識の面において展開させることですから、知識のように伝えることはできません。しかし子どもが読みにおいて実際に思考していることは、発話内容から間接的に教師には分かります。したがって、子どもの発話に対して、たとえば、「ごんの言いたいことをごんに変わって言ってるんですね。」「読み手の私達はごんは兵十をよく見ているって、それを知っているのですねえ。でも兵十は？」等と子どもの発話の視点がどこにあるのかを子どもに示すことが出来ます。そういうことから始まって、「ごんの内側から言うと？」「自分が考えると？」と、話の展開をみる視点を変化させることなども指示できます。そういう交流によって、子どもは、〈ああ、これは、ごんの内側なんだ、そこが気になるからそういう所をもっと考えよう〉というように、自分の意識の向き方を徐々に意識することが出来るようになります。つまり、思考するということは、実際に意識を自分自身が働かせることによって発達するのだと言えます。その過程で教師の示唆によって自分が実際に行っている意識の働きを自覚し、意識的・随意的に働かせていくことが出来るのだと言えます。それによって、文学作品をより豊かに味わい深く読むことが出来ると言えるのではないでしょうか。このように文学作品を読み味わうことによって、子どもの想像力は発達するのだと言えます。

3 「物語の意味」を考えること

3.1 「物語の意味」を考えることは「読む」学習においてなぜ必要か

　「この話は、つまりこういう話だ。」「この話は、どういう話か？」「この話から何が伝わってくるだろうか？」「作者はこの話で何が言いたいのだろうか？」このようなことについては、作品を最初に読んだときに、少なからず、印象的に、読み手に「このような話だ」と残るものです。「物語の意味するもの」を考えるということは、その上で読み終えた時点で、一文、一語・句から、一定の文章のかたまり、いくつかの文章のつながり、場面ごとに、話の展開の構成にかかわって、その都度自分の分かったこと、気づくこと、感じること、想像を深めたことなどを書き留めたものを（全文をもう一度読み返しながら）、一定の視点（複数の場合が多い）を据えてまとめることだと言えます。言い換えると、最初の印象的な捉え方を超えて具体的にかつ、それを抽象的に昇華させていくことが、物語の意味を考えるということだと思います。一言でいえば総合するということだと言えます。したがって、ここでいう「物語の意味」というのは、読み手が自分の読みを完結にまとめたものだと言えます。これは、文章を基礎として全体を考えつつも、断片的であった想像を総合し凝縮して、作品全体をこういうものだと表すものだとも言えます。

　「読む」学習で、このまとめ（総合する）が必要となってくるのは、
○**第一**に、読みが、一文一文の字句解釈に終始しないようにするためだと言えます。これは、文科省の国語は言葉の正しい習得が目的だとすることに、影響された読み方だと言えます。
　文学作品は、一文・二文のもつ意味の深さがあるだけではなく、物語

の中心へとつながる伏線等をも伴ったドラマティックな、あるいは静かな話の展開によって読み手の感性をゆさぶり、深く考えさせるのだと言えます。物語の展開全体を考えつつ（あるいは、話の全体を想定しつつ、話を振り返りつつとも言えるのですが）、それを支えるものとしての一文や詳細な描写を捉えることが、子どもが読み進むときの意識を方向づけていくとも言えます。それがないと、いわば場当たり的で断片的な文章への対応になっていきがちです。

ヴィゴツキーは、『精神発達の理論』（第９章　言葉と．思考の発達）で、次のように、子どもの思考の発達と言葉の発達の違いを述べています。絵を見てお話をする思考実験（ビネーの提案）からの結論は次のようだと紹介し、その結論に疑問を投げかけています。

『就学前の年少の子どもは、個々の対象を名づけながら、絵についてお話をつくる。ここから、就学前児は世界を個々の事物や対象のシステムとして見ていると結論する。学齢児は人物が引き起こす行為を確認する。ここから、小学生（低学年）は、世界をあるはたらきをする対象や人々のシステムとして見ているという結論が得られる。最後に高学年は、特徴の段階に移行し、さらにその後、関係の段階へと移行する。そして、個々の対象の間の複雑な関係を理解する。ここから、高学年生は、人々や事物が取り結ぶ複雑な関係のシステムとして世界を理解しているという結論が得られる。』（p．300）

『たぶん、子どもは、世界をはじめには個別的事物でもって捉え、その後はたらきで、そして特徴や関係によって考えてはいないのではないか？たぶん、子どもは最初は個々の単語によって語り、その後もっとも単純な文で、そして、その後、それらの文を結び付けているのではないか？』

ヴィゴツキーは、３歳の子どもは、関係をではなく、個々の事物または対象を知覚し、それらの間の関係は、もっと後に確立されるということは正しいかどうかを確かめます。エリアスベルグの考案によるテスト

は次のようなものでした。

　実験とその結果の概要：机の上に数枚の色紙が置かれている。それは明るい赤色と青色の二色の色紙で、子どもを机のところに連れてくるが、何の指示も与えず、時々彼の注意を机の上の紙に向けさせる。子どもは紙に手を伸ばし、それをひっくり返す。青色の紙の下には、巻煙草が糊付けされている。子どもはそれに注意を向け、巻煙草を奪い取ろうとする。その後、子どもは、（１歳半〜２歳にはじまり、３歳の子供まで）常に、青色だけを見つけ出し、赤色をわきに置く。２回目の実験では巻煙草を付ける色紙を赤色に変えても、子どもは前と同じように赤色をひっくり返し、その後また赤色をひっくり返し、巻煙草を見つける。子どもは、紙の色と巻煙草の関連を確立するのだ。この確率は、高学年生よりも高く、高学年生は大人よりも確立が高いと結果が得られたという。

　こうして、ヴィゴツキーは結論づけます。

『幼児の言葉を排除したうえでなされる知覚の実験的検討は、子どもは世界を個々の事物の量または総和として知覚するのでは決してないこと、その知覚は混同心性的性格をもっていること、つまり、それは全体的であり、多かれ少なかれグループに結び付いていること、その知覚や世界の表象は状況的であることを示している。』『子どもの言葉の発達という観点からいえば、個々の言葉が発生し、その後に二語文、それから、主語と述語からなる文が出現するということを見いだす。そして、その後に子どもが複文を話す段階が形成され、最後に、主文と従属文の個々の要素の間の結合が確立されるのである。』（同 p.304）

　言葉と思考の発達は同じではないということは、幼児の最初の言葉が、たとえば「マ」「ママ」であったとしても、これは、母親を対象としてその名前を意味しているのではなく、状況的に、「ママ、おなかがすいた」「ママ、ご飯が欲しい」という要求をしているのだとはよく言われてい

ることです。

　「読む」学習について話を戻すと、書き言葉に慣れることを前提とすると（音読の練習で,確かに文章を読むことを前提として）一文の語・句、そして一文の意味を確認するというように一文一文を積み上げて全体を理解するとはならず、むしろ学年に応じての一定の量での全体をぼんやりとではあれ捉えて、そこに一文を位置づけるということは思考の発達としては妥当であるということです。したがって、話の内容面（言葉の意味の面）においては、全体を捉えて、細部を明らかにしながら、全体をより具体的に構成するという様になると言えます。ここに、全体をおさえて部分を読むように意識をめぐらせて、物語を総合する意義があります。

　ところが、「読む」学習で、言葉の力と思考力の発達は同一、あるいは、言葉と思考はそもそも一体と見る伝統的な考え方で指導しようとすると、子どもは一文一文の字面の解釈をすることで、おのずと全体が見えてくるという様に想定してしまうのだと言えます。

○**第二**には、文章で表現されているこの話は、作者の想いによって構想された世界の話であるということ、そのような意識の世界、意味の世界の話であるということを念頭における、つまり意識することが出来るようになるためだとも言えます。

　ともすれば、書かれてあることを、ある出来事の記録であるかのような、（現実に起こった）事実として読む傾向があります。意識の世界、意味の世界と現実との融合からの脱却は意識的にされないと根強く残っているものです。このことは、事の成り行きの事実の積み上げが話の全体だとして読んでいくことにつながります。文学作品（作者）は読み手をそうはさせないように、（自分の構想を文章表現に移すときに）伏線や飛躍、比喩、繰り返し、対比などで、読み手をゆさぶってくれるのですが、そういうことに気づきにくくなっていくわけです。

そのような子どもの話の中の事実確認をする意識において、伏線や比喩、対比などの言葉の意味とその効果を一般的にそれとして教えたとしても、事実を積み上げるという様に読むことを変えることは出来ません。「伏線は話の中心を描くために書かれたものだから、その中心へと読み手の意識を引き付けるものです。そうすることによって、より作者は描こうとしている世界を鮮明にしています。」とか、「この文章（場面）とこれが対比されているのは、それによって、お話の意味をより鮮明にしているのです。」等ということを子どもに教えるためには、少なくとも、子どもが自分の読みにおいて、そのような文章の特徴を見つけるとか、なぜこのように書かれてあるのかとか、このように違いを目立たせて描かれているのにはどういう意味があるのだろうとか、そういうことを考え始めていることが必要です。そうすることによって、伏線の発見や、対比の意味を知ることが、この話には、どういう意味があるのかと考える方向を見いだしていくようになると言えます。言い換えれば、文章の背後にいる作者と作者の描く世界についてこうなのだろうか、ああなんだろうかとの対話をすることだと言えます。意識の世界が開けていくとも言えます。そのために自分の読みを振り返り、想像したことを総合することは必要なのだと言えます。

3.2　作者と作品、そして読み手

　作者の文章に誘われて、文章に即してその都度自分の感じたり思ったりしたことを総合して、作品の世界を意味づけることは、読み手の意識の面での作業です。これを人に伝えるために発話することを意識の外化、内言の外言化ということは周知のとおりです。
　そこで、次のようなことが文学教育の研究者の間で問題となってきました。「作品の意味」と言おうとも、それは、個々の読み手の「作品の意味」ではないかということです。読み手が10人いれば10通りの「作

品の意味」が出来ると。それでいいのだという意見もあれば、それは問題だ、別の「正しい」読みというものがあるという人もいます。現在の学校教育では、『生きる力』学習指導要領以降から、「多様性」があってよいと言われていますが、教育現場では、「『正しい』読み」、「子どもに確認させること」が求められているというのが現状です。

　しかし、読み手が10人いれば10通りの「作品の意味」が出来るというのは、あまりに形式主義的な類推だと言えますし、また、「正しい」読みというものがあるというのであれば、誰の読みが「正しい」モデルなのかという疑問が出てきます。アメリカの社会構成主義のグループは多数意見が（その時の）真理だといっています。この意見に従えば、少数意見は真理ではないということになり、これは歴史の事実を否定しています。ガリレオやコペルニクスの地動説は、真理ではなかったのかということになります。多数意見を真理とするのは、その意見を絶対的なものだとして、少数にもそして全ての人々に押し付ける全体主義に通じる考え方だと言えます。

　「十人十色となる。」あるいは「10色となるが、社会的に考えると、多数派の意見が真実だ」ということも、また「正しい」読みがあるということも、読み手の側が考えたことだけを自立的に問題にしています。作者と作品と読み手のこの実在する（した）三者を置いてその関係を考察するならば（そして、「言葉」を本質的に捉えるならば）、作品の意味を読み手が、作品の文章から受けとめ判断する（読み手が作品の意味を構成するというように言い換えることも出来る）ということについての問題は解決するはずです。

　既に述べたように、作者と読み手の間にある作品は、作者が自分の想いを世に伝えたいために外化（外言化）したものです。したがって、その表現には作者の想いが言葉に刻印されています。作者はそのために言葉を選び、物語の展開・転回の構成や視点表現（どの視点から文章が書かれているのかを表す表現）などを工夫して、読者の感性や読みをゆさ

ぶります。つまり、作品の文章表現はいわゆる「中性」ではなく、明らかな作者の意図・意味が込められて表現されていると言えるのです。それは直接目に見えるものではなく、また直接的に語られているものではありません。それが、文字表現によるまさしく「文学」「文芸」の表現の特徴だと言えます。

　かつてある東北の版画指導の重鎮が版画表現についてこう語ってくれました。「草むらの虫を表現するとき、虫とその周りの草むらを同じように詳しく描くのではない。一番描きたいことを決めたら、それをしっかりと大きく描く。草むらは大きく省略するのです。それを観る人は、ちゃんと草むらの様子は想像出来るのです。」と。文学作品にもこのことは妥当していると思いました。作者は、読み手に想像させるように文章を配置しているのだと言えます。鈴木三重吉が新美南吉の『ごんぎつね』の草稿に手を入れたのは、そのようなことを配慮したのだというように理解できます（結果についての賛否は両論あるようですが）。

　ヴィゴツキーが、『思考と言語』（1936/2001　新読書社）の第7章「思想と言葉」第6節「思想及び動機と言葉」で次のように述べていることは、作者とその表現された作品について私達が考えることへの理論的示唆を与えてくれていると思います。

『思想は、外面的記号によって媒介されるだけでなく、内面的にも意味によって媒介される。問題は、意識の直接的交通は、物理的にだけでなく、心理的にも不可能であるということにある。それは、間接的な、何かを媒介とする道を通ずることによってのみ達せられる。この道は、はじめは意味による、後には言葉による思想の内面的媒介の中にある。それゆえ、思想は、決して言葉の直接的意味に等しくはない。意味は、思想の言語的表現への道において思想を媒介する。すなわち、思想から言葉への道は、真っ直ぐではない。内面的に媒介された道である。』(p.427)

ここでは、まず、問題は、意識の直接的交通は不可能であるということの確認をしています。意識の直接的交通は不可能であるということは周知のことではありますが、しばしば言葉によって交流している現実に慣れているために、このことを忘れ、いかにして可能となっているのかについて、本質的に考えることを閉脚してしまっているのが現状です。そのような状況で、意識の直接的交通は不可能であるということを再確認することは、ある種衝撃的な新鮮さで問題の本質へと私達の意識を導いてくれます。

ではどのように、人は意識の交通を図るとヴィゴツキーは論じるのでしょうか。何かを媒介として（手段として）間接的に意識の交通を図るのだと説きます。

『**この道は、はじめは意味による**』というのは、内言的思考の世界・意識の世界においてはじまるということだと言えます。そして、『**後には言葉による思想の内面的媒介の中にある。**』とは、表現された内容は、言葉によって、内面の想いや意思つまり意味を表すように、媒介されているのだということだと言っていいでしょう。すなわち、思想を表現した内容は、話者の内面に形成されている想いや意志つまり意味を言葉にのせて伝えるのだと言い換えてもいいと思います。人は自分の想いや意思を内言（自分のための言葉）によって内面において明らかにします。この意味を言葉に乗せ外言化して相手に伝わる相手のための言葉にして表します。したがって、この外言化された言葉で表される内容はその内面的な意味が、つまり、話者の想いが込められているのだとヴィゴツキーは言っていると言えます。したがって、表現された内容（思想）というものは、決して言葉の直接的意味、つまり、たとえば辞書等で解説される一般的意味に等しくはない。内なる言葉の意味を表現したものなのだということだと言えます。

このように表現された内容は、話者の内なる想い、つまり意味を言葉に乗せて伝えているのだと論じた上で、さらに、次のように論じています。

『われわれは、最後に、言語的思考の内部的局面の分析における最後の歩みを行わなければならない。思想は、まだこの過程全体の最終段階ではない。思想そのものは、他の思想からではなく、われわれの意欲や欲求、興味や衝動、情動や感情を含む動機に関係した意識領域から生まれる。思想の背後には情動的・意思的傾向がある。これのみが、思考の分析における最後の「何故」に、回答を与えることが出来る。

上でわれわれは、思想を言葉の雨雲にたとえたのだが、この形象的比喩をさらに続けるなら、思想の動機は、雲を動かす風にたとえなければならないだろう。他人の思想の完全な理解は、われわれが、その活動力、情動的—意思的裏面を明らかにしたときにのみ可能となる（以上、同上 p.427 ～ 428）。

他人の話を理解する場合、常に二、三の言葉をのぞいて対話者の思想が理解出来ないということはない。だが、対話者の思想の理解も、その思想を表現させた動機の理解なしには、完全な理解ではない。これと同じように、どんな発話の心理学的分析においても、われわれは、この言語的思考の最後の最も秘められた内部的局面、その動機を明らかにするときにのみ、徹底した分析を行ったことになる（同上 p.429）。

ここで、ヴィゴツキーが、思想とその動機（その活動力、情動的・意志的裏面）という言葉で語っていることは、作品と作者の動機、情動的・意志的傾向と置き換えてもいいと思います。作品の完全な理解は、その作品を書いた作者の動機、情動的・意志的な傾向を理解することなしには出来ないとヴィゴツキーは語っていると言えます。

そこで、作品の意味を考えるということは、他ならぬ、作者がこの作品において何を伝えようとしているのかをつかむことだと言えます。それは一般的な言葉の意味に直接的に等しくはない。言葉によって、作者の内面的な意味の世界が作品には媒介的に表現されているのであるか

ら、読み手は作者の文章の使い方・配置によって感情的な衝撃を受けながら、そのような気持ちにさせる文章表現を注意深く押さえて、そこに込められた意味を想像するのだと言えます。そして、作者の動機・情動や意図などをも文章からさぐりながら、作品に表されている意味を確定することだと言えます。

　これは、既に述べたとおり、作品は何を意味しているのかであって、それ抜きに、自分の価値判断を語るものではありません。作品を捉えた上で初めて、それに対する自分の判断を正当に下すことが出来るのだと言えます。自分の判断を作品の意味とすることは、そもそもの出発点、〈意識の交通は直接的には不可能であるから、言葉による表現によって自分の意識を相手につたえる〉ということを見失うことになります。表現された作品は作者の想いを伝えるために在るのです。それを理解する、これが「読むこと」に他なりません。しかし、言葉を介した表現はそのほかのどのような媒介的手段を使うよりも高度で、より繊細かつ詳細に他者に伝えるものであるとしても、なお完全にということはないという様に思います。今の自分が、可能な限りということだと言えます。作者自身が自分の想いを、完全には意識に、そして言葉に乗せることが出来ないのと同じように。

　しかし、話者の意識を理解するときに、直接相手の表現内容を、自分の価値判断で説明することは、相手を理解することを飛び越えてしまっているということは言えるのではないでしょうか。作品の意味とは、作者の伝えたいことをまず理解することだと確認することは、混乱を避けるためには重要なことだと言えます。

　そこで、「十人十色の作品の意味」があるということに戻ります。作品を読み、そこに作者の想いはどこにあるのかと想像するのは読み手であるとすると10人10色の読みが出てくるという説は、形式的に10人をバラバラに孤立的に見ていると言えるのではないかということです。

この10人は共通の対象と向き合っているのですから、作者の意志が伝わるように配慮された文章表現に相対しているわけです。そこで違いがあるとするならば、自分の言葉で読み手は作品の意味を語るわけですから、言葉上の違いはまず必ずあるでしょう。そのことでいえば、10通りの読みがあると言えます。しかし、つながりあう内容であるということを見落としてはならないでしょう。その中で何が違うのかというと、読み手の注目する視点、これを読み手の視点という様に表現すると、読み手の視点の違いがある場合が多いと言えます。

たとえば、ある授業での『ごんぎつね』を例にとると、「ごんは自分が償いをしたのだということを兵十にわかってもらえてよかった。」という話だという子どもと、「最後に悲しいのは兵十だ。」「いきちがいの悲しみ」という子どもに大きくは分かれます。30～40人の子どもがいても、30～40の違いではありません。多くても、上のような3つの内容の違いです。これは、子どもの読みの視点が、ごんに置かれている、兵十に置かれている、両者に置かれているという視点の違いにあると言えます。では作品の表現はどうなっているのかとそこに立ち戻れます。4年生の子どもの場合、最後まで「ごんは分かってもらえてよかった」という話だと子どもに残る場合は、この話はどう書かれているのかというよりも、そこに直接自分の価値判断を持ち込むというものだと言えるでしょう。これは、『兵十は、火なわじゅうをばたりと、取り落としました。』という文があることはわかっていても、それを受け入れたくないという感情と意識が働いていると言えます。おそらく、子どもは物語を、作者の描く世界という様に想像するのではなく、実在するものとして受けとめる傾向があるということとも重なっていると言えます。そのようなことは現実生活の中に受け入れられない、いやだと思うのだと思います。これは、作品の世界をそれとして捉えることとそれに対する自分の価値判断にかかわることの問題です。

そうして、これはこれで、クラスの中の何人かがそういうように読ん

だとしても、4年生の発達段階にはありうることで、機械的にそうではないというようには納得出来ないわけですから、3通りの意見について聞き合い話し合うことで、子ども達が、それぞれが読み手としてどの様な観点から物語を捉えようとしているのかの違いを考えることに意味があるのではないかと言えます。

3.3 「第三項」の設定について
表現された言葉と読み手の言語的思考活動に関する混乱

『第三項』という造語が出されてきたのは、まさに、前述したような、「作品をどう捉えるのか」という領域において問題になってきたのだと言えます。この『第三項』の設定について考えることは、上で述べた作者と作品、そして読み手の三者の関係を考えることを、より明確にするのではないかと思います。

筆者が『第三項』という「造語」のあることを知ったのは、三輪民子の『小学校の実践から見る「第三項」論』（日本文学　8月号、2015年8月10日）を通してです。『第三項』論を誰が提唱し、それを巡ってどのような論議がこれまでなされてきているのかの事情については、不勉強のため筆者は知らないのですが、三輪の解説でわかる限りでは、田中実が『第三項』について次のように語っています。

『主体・客体の二項の外部、（ママ）第三項を介在させ、これが影として働いてはじめて（本文）＝（わたしのなかの文脈・他者）が（本文）として現象する。（本文）を（本文）たらしめるのは主体によって捉えた客体のみならず、（元の文章）である本来の客体であり、その客体とは了解不能であるが、それは（実体性）を以て読み手に働いている。ここに読むことの根拠がある。そこは文学の（いのち）の働く場である。

つまり、(原文) という第三項として命名したものは了解不能の客体そのものの主体への働きだったのである。』(田中実「断想Ⅲ―パラダイム転換後の文学研究・文学教育の地平を拓く―」『日本文学』VOL55,2006 8月号)

　この田中に対比して、三輪は田近洵一の論点を紹介しています。

　『読者が客体として存在する「語とその連鎖」としての文章に意味を与え、文脈を形成するのが (読み) であって、言語資材である「元の文章」事態には、読む前も、読まれた後も意味はない。読者が意味をあたえることで、読者の内に「本文」として現象するだけだ。だから、「元の文章」には、幾度も返ることができ、そのたびに意味を与えることで、「本文１」「本文２」「本文３」…を生成し、現象させる―と考える。しかし、これも、田近の仮説でしかない』(田近洵一「五　田中実『(読み) の原理』論」田近洵一『想像の (読み) 新論―文学の (読み) の再生を求めて』2013、東洋館出版社)

　田中実は、読み手 (主体) と文章で表現された作品 (客体) との間に在る実体を置くということで、それを第三項と名付けています。

　なぜ、そのような実体＝第三項というものが必要なのか。田中の問題意識は、田近に代表される主張としての、『言語的資材である『元の文章』自体には、読む前も、読まれた後も意味はない。…(したがって)…「本文１」「本文２」「本文３」が現象する』という考え、つまり、読み手が作品の意味を構成するのであるから、作品自体には意味はないという考えをいかに乗り越えるのかというところにあると言えます。もし、田近が言うように、読み手が作品の意味を構成するということだけであれば、読み手の (本文) (＝こう捉えたと文章表現されたもの) には客観的根拠がないではないか、それでは、単なる主観だということになるというのが田中の問題意識だと言えます。

　田中は、読み手の (本文) の客観性を根拠づけるために、読み手と作

品（主体と客体）の外に、『第三項』というものを設定するのです。
　では、何をもって『第三項』と名づけているのでしょうか。それは、『客体そのものの主体への働き』であるということです。つまり、作品の文章が読み手に働きかける働きということです。

　作者の書いた文章が読み手に働きかける、言い換えれば、読み手は作品の文章に向き合い読むことによって、それに導かれるということはその通りだと言えます。
　文章に敏感に反応する読み手はそれに突き動かされて、意識するとしないとにかかわらず、ある感情を湧き起こされ湧きお越し、それによって文章を意識的に意識しつつ、文章が伝えようとすることを受けとめ、それはこういうことなのではないかと情景・登場人物及びその関係・話の展開と転回などの意味を、叙述に即して想像して読み進みます。そのことを基礎にして、この話は何を伝えたいのだろうかと、作品全体の意味を考えるのだと言えます。
　しかし、このような、文章の持つ読み手への働きかけの作用は、読み手が感じとりその意味を考えるという読み手による、文章との精神内的な対話の内にあるものであって、文章による働きかけの作用そのものが、実体として存在するものではないと言えます。読み手に働きかける作品の作用の実体は、あくまで文章（言葉）そのものに他なりません。
　作品の文章（言葉）は、田近洵一の言うような単なる「資材」＝物ではなく、ほかならぬ作者の内言語的活動に媒介された作者の想いを外言化したものです。したがって、作者の書いた文章には、作者の意味が刻印されています。それが作者の叙述表現（文章表現）の特徴として表われているのだと言えます。読み手はそのような叙述表現の特徴を受けとめ、気づき、その意味することを話の内容の意味として読もうとするのだと言えます。一般化して言えば、言葉には、それを発した者の意味があるということです。人間の言葉にはこのような本質的な特性があるか

らこそ、読み手に作用するのだと言えます。（ヴィゴツキー『思考と言語』第7章参照）このように言葉の本質を押さえるならば、作品（文章表現）と読み手の間に『第三項』という実体を置くことは混乱であり誤りだと言わなければなりません。そもそも「言葉」は中性的なものではないということです。

　第二に、『第三項』を『主体と客体の二項の外部に介在させる』という田中の考えは、文章（言葉）自体に威力（働き）があるかのように考えていることを示しています。
　言葉には、それを発した者の意味が刻まれているということは、発せられた（外化された）言葉それ自体が、作者の意味を他者に伝えるのではありません。言葉の働きは、読み手の読むという行為における意識に働きかけるのだと言えます。言い換えれば、読み手がそれに突き動かされつつそれに気づき、その意味を考えようとするその意識の活動において、はじめて捉えるのだということです。作者の内言的思考活動を外化させることによって作品の文章は生み出されることなしには、言葉に作者の意味が刻印されることはありません。同時に読み手が文章を受けとめて、その意味を考えるという作品との読み手の精神内的な対話（それは自問自答の形式になるのですが）によってでしか、作者の置いた言葉（文章）の働きは読み手に作用しません。作者と読み手のそれぞれの書くこと読むことの行為が、言葉の働きを作用させるということです。言葉はあくまで、書くこと・読むことという人間の言語活動の実体なのです。行為の主体である人間抜きには言葉は作用しないと言えます。

　田中が『言葉それ自体』に威力を見ているということは、『おにたのぼうし』の読みについて田中が述べていることに現れています。
『「おにた」の生の領域と女の子のそれとがいかに重ならないか、その他者性の深さ、その悲しみの深さがこの〈作品の意志〉である。』

ここで、田中は自分が捉えた作品『おにたのぼうし』の内容を『他者性の深さ』と意味づけているのですが、それを作品の意思だと断定的に表現しています。しかし、『他者性の深さ』というのは、田中が捉えた作品の意味（田中流に言えば『作品の意志』）ですから、「他者性の深さということがこの作品の意志だとわたしは思うのです。」というように、一人の読み手としてそう思うと表現するべきでしょう。このように断定的に言う根拠は単なる表現上の問題ではなく次のような考えにあると言えるでしょう。この『作品の意志』を『作品の力を極限のところで動かしていると想定される力』（田中実「メタプロットを探る『読み方・読まれ方』田中実、須貝千里『文学の力×教材の力　小学校編3年』教育出版2001）と説明するところにあると言えます。
　「この作品は何を伝えたいのだろうか？」「この話はつまるところ何だと言えばいいのだろうか？」ということを考えた結果として、「他者性の深さだ」と読み手が結論づけたことを、田中は『作品を…動かしていると想定される力』だと、つまり作品の力によるものだと言ってしまっているのです。作品は文章によって表現されているのですから、それは文章の力ということになります。しかし、文章それ自体が何かをするわけではないと言えます。もちろん、一般的には「作品の力」とか「文章の力」と言うことがよくあります。しかし、それは、「作品（文章）がわたしに『他者性の深さだ』と語りかけているように、私にはこの作品（文章）がそう思えるのです。」という意味で使われるべきです。そうでないと、「作品の力」や「文章の力」ということが神秘化されてしまいます。つまり、文章がそれ自身一人で、書き手や読み手なしに、固定的な意味を運ぶかのような理論展開になるということです。そうすることによって、自分が考えた「他者性の深さだ」ということは、作品の力がそうさせたものだとなってしまいます。これは自分の解釈の絶対化になります。
　田近が言うように、作品の文章は単なる物としての『言語的資材』でもなく、『読む前も、読まれた後も意味はない』ということでもありま

せん。作品の文章には、作者の想いつまり意味が表現されています。

　それを読み手は、同化しかつ同時に異化する思考の働きによって、作品の世界そのものを捉えます。この「作品の世界を捉える」「作品の意味を考える」ということは、客体（作品）を捉えるのですが、それは読み手の文章の読みにおける客体であって、客体そのものではありません。つまり、作者の構想した意味そのものに限りなく近いものであるとしても、作者が文章に刻印した意味そのものではありません。丁度、自然科学の理論が自然そのものとは異なるということのように。あるいは、自然科学の一つの理論が「真理」だといわれてきたとしても、それはさらなる更新を常に迫られているということもまた事実であるということのように。では、「わたしはこう思う。」ということの客観性はどこにあるのかという問題が浮かび上がります。それは、どの文章をどのように読むことによって、「…こう思う。」のかの妥当性にあると言えます。その妥当性は読み手の読みの視点の構造的広さ、話の展開（出来事）によって語られる人物・その織りなす人物の関係と、人物の心理的な動きなどを想像する力によって支えられると言えます。この客観性を田中は、読み手（主体）と作品（客体）との間に「第三項」という実体性を持つものとされるものに求めたのです。しかし、読み手が作品を読むという行為における作品と読み手以外の、第三の実体はあり得ないのです。あくまでも、作品の読みの客観性は、読むときに読み手に働く五感に支えられた思考力にかかっていると言えます。

　以上のことからするならば、さらに、
　第三に、田中が混乱している問題が浮かび上がります。それは現実に在るものと精神的活動によるその作用についての混乱です。田中の言う『客体そのものの主体への働き』ということは、作品の文章が読み手に働きかけるということですが、この「働き」ということは、読み手の意識に作用するのだと言えます。確かに、読み手は文章を読んで、「悲しい」

「よかったなあ」等の感情を持ちます。この感情は確かに読み手は実際に感じています。この感情は読み手に生理的にも作用し、涙を流したりすることもあるでしょう。けれども、作品の文章が直接涙を流させるわけではありません。読み手が悲しいと感じるのは、文章の意味を直観的にも捉えることによってそれを悲しいと思うのです。文章は読み手の意識に働きかけるのだと言えます。そして、読み手は自分の五感に支えられた意識において、文章の意味を直観的にも捉え感じるのです。田中は意識の面と実在の面とをあいまいにしたまま、あたかも、文章の読み手への「働き」を実在するものとして取り扱っています。この意味で、『第三項』論は誤りだと言わなければなりません。

　田近の主張と田中の論は対比の関係にあるのですが、いずれかの二者択一の枠内で考えることは出来ないと思います。田近は、作品を、作者がそれに意味を込めて言語的表現したものであることを論じないで、読み手の主観を主観で良いとするものです。他方田中は、作者の文章の働きが読み手の読みを客観的なものとするかのような『第三項』を設定することによって、読み手がどのような精神的活動を意識的に行い、作者の文章の読み手への働きを受けとめるのかについて、論じることを回避してしまっています。これは田近にも共通して欠落しているものです。
　作者の言語的表現である作品に対して読み手である主体は、読みながら登場人物の行為によって引き起こされる出来事の推移に添って、悲しみを感じたり、笑ったり、面白さを感じたりします。あるいは、えっと驚く断絶と落胆も感じさせられたりします。これらの感性的な高揚は、読む行為を基礎として湧き起るのですから、言語的思考活動を通して生じるものだといえます。読み手自身が直接出来事に出くわすのではないのですから、直接的体験による情動の生起とは異なり、言語的思考活動を媒介したものです。そして、言語的思考活動に媒介された感情の高揚ですから、内面的には内言的言語活動が生起しています。

この悲しみ、あるいは面白みは何だろうと、その意味を考えるのは自然です。そのことは、この作品の世界は何だろうと、自問自答するのだと言えます。読み手である主体は客体に迫っていくのだと言えます。文章表現をふりかえってより丁寧に確かめていきます。ここに、客体による主体への働き（文章による読み手への作用）が受けとめられ、主体の内言的思考活動において働いていくのだと言えます。そうして、作品世界の意味を結論づけていきます。その客観性の可能根拠は、どの文章をどのように読んだかの、妥当性にあると言えます。その上で、読み手は自身の想定する作品世界に対して、よりはっきりとした価値判断を持つことになるのです。この価値判断は、いわゆる作品批評となるものだと言えます。

　以上、この項で論じたことは、三輪の「小学校の実践から見る『第三項』論」での問題意識『その読みの行為（そこに存在する書かれている文章を読む行為）には、田中のいう「作品の意志」といえる「いのち」は影として働いているのか、それとも、田近のいう読み手が「文脈化」をはかる「本文」の生成なのかについては、まだまだ議論の余地があるだろう。』への、わたしの応えでもあります。

4．ユーリア・エンゲストロームの「教授理論」の混乱と活動主義的本質について

4.1　Y.エンゲストロームの教授理論をなぜ今検討するのか

　ユーリア・エンゲストローム（Y. Engeström ）は、フィンランドのヘルシンキ大学活動理論・発達的ワークリサーチ所長、1995年にはフィンランド・アカデミーのアカデミー教授となっています。その過程で同

時にアメリカのカルフォルニア大学サンディエゴ校コミュニケーション学科の客員教授も兼ねていました。1989年サンディエゴ校の終身教授となっています。

　ヴィゴツキー理論については、1990年代初めごろから、アメリカのワーチ（J.V.Wertsch）、コール（M.Cole）と共に並ぶ、ヴィゴツキー学派として登場してきました。ワーチは、『ヴィゴツキーは、後年その初期の理論を転換している。』として、ヴィゴツキー著『思考と言語』第5章「概念発達の実践的研究」を、ヴィゴツキーの理論から削除して考えた方が良いとすることを提唱したことで、名前を残したと言える人物です（ワーチ、1991、p.47、麻実ゆう子、2010、p.214）。コールは、『社会の中の精神（Mind In Society）』（1978）という英語版の本の編集者の一人です。この中の「高次精神機能の発達の歴史」の章は、ヴィゴツキーの同名の論稿を英訳したとされるものですが、完訳ではなく、選択し抜粋した箇所をつなぎ合わせて、一つの論稿であるかのように作り上げたものです。しかも、ヴィゴツキーの核心的な論点を誤って訳し、ヴィゴツキーの理論を歪めてしまっています。ヴィゴツキーの同論稿は柴田義松によってロシア語から日本語訳の『文化的―歴史的 精神発達の理論』として完訳されています。詳しくは後の項で述べます。

　エンゲストロームは、アメリカ、サンディエゴでコールと交流しています。エンゲストロームはヴィゴツキー理論を『活動理論』という観点から捉え、ヴィゴツキー等を『活動理論』の第一世代とし、コールらを第二世代、自分をその第三世代として、集団的活動論の研究者として位置づけているのが特徴です。

　エンゲストロームは、ILO（国際労働機関）のプログラムで、発展途上国での成人教育の研修に対する方法論的な理論とそれに基づいた実践の研究を依頼されて活動しています。彼の研究は、PISA型テストの底流にある、〈これまでの教育は危機に陥っている。それはテストのための学習になっているからだ。「生きるための学習」でなければならない〉

とする学習観を実現する教授理論として受け入れられています。

　日本では、エンゲストロームは、2000年前後に入って山住勝弘等によって紹介され、最近では、松下佳代等によって紹介されています。文科省が改訂学習指導要領において「アクティブラーニング」法を指導法として明記するという動向に伴って、いわば、「アクティブラーニング」の旗振り役として研究を重ねてきた松下佳代等によって、彼らの主張である「ディープ・アクティブラーニング」の理論的基礎付けの一つとなるものとして紹介されています。

　文科省は、2017年2月14日に、新学習指導要領改訂案を公表するにあたって、「アクティブラーニング」という表現を全文から削除しました。学習指導法をも国の基準として明記するために、中教審で審議されてきた「アクティブラーニング」（主体的・対話的で深い学び）の文言から、「アクティブラーニング」という表現を削除して、「主体的・対話的で深い学び」という表現だけ残しました。その理由としては、「定義の定まっていない言葉は掲載しにくかった」（合田哲雄教育課程課長、『日本教育新聞』2017.2.20の記事より）と言われています。つまり、『審議のまとめ案』に至るまで「論議」されてきた「理論」が、「定義できなかった。」というほど、文科省の学習法は理論的に破産したということを、自ら明らかにしたわけです。

　しかし、「定義が定まっていない。」としながらも、審議の過程では、「アクティブラーニング」と同義語として使われていた、「主体的・対話的で深い学び」という指導法を、国の基準とするものとして残しているわけですから、公表された教科の指導内容は、その指導法によって実施するものとして編成されています（小学校国語を見れば明らかです）。また、中教審での審議の内容については、未だ何の説明もなく撤回していないのですから、定義の定まっていない指導法といいつつも、その含意は放棄していないということになります。

エンゲストロームの成人教育（企業等の職場での研修）に関する最近の著作、『変革を生む研修のデザイン―仕事を教える人への活動理論』（1993、国際労働機関（ILO）事務局から出版）は、『審議のまとめ案』の資料として、取り入れられている松下佳代等の「アクティブラーニング」論にとって必読の書として松下が推薦しています。エンゲストロームの上記の著作を検討することは、文科省の学習指導法にかかわる理論的な破綻に関係する問題点をも、浮き上がらせることにつながるものです。

4.2　エンゲストロームの教授と学習の理論によってモデルとされている職場研修の事例：フィンランドにおける「郵便配達業務の改善のための職員研修」

まず、具体的な事例から検討します。エンゲストロームは、この事例は子ども等にも適用出来ると述べています。この事例は、『The Cambridge Companion to VYGOTSKY』（「ヴィゴツキーへのケンブリッジによる手引き」という意味の書名）（2007、Cambridge University Press）に掲載されたものです。

4.2.1　事例の概要

これは、ツルク（Truku）というフィンランド第3の都市の、試験的に選ばれた5つの郵便局の郵便配達業務に携わる合同職員研修『デリバリー2000』というプロジェクトです。

フィンランドの郵便局は全て国営です。すでに1990年代、いわゆる新自由主義による経済政策がとられているということが、2000年実施のPISAテストで一躍有名になったフィンランドについては、テストでの「成功」と同時に、今後はどうなるかということが取りざたされていました。実情と研修の結果について、エンゲストロームは次のように述べています。

『民営の企業がこの郵便業界に進出することによって、競争が激しくなり、国営郵便局は生産性を上げることと厳しい労働者の失業（首切り）の生起に直面していた。それをいかに打開するかを意図する研修だ。』。実際にこの研修はフィンランド全土でその後行われて、「業務改善」に役割を果たしたと。研修の参加者は5つの地域の局からの配達業務職員全員（人数は明記なし）、観察者として、管理運営者の代表、組合の代表、研究者＝調停者で構成されています。研修の期間は4か月で、ほぼ毎週1回の研修です。

職員は観察者によって面談され、同時に職員自身が顧客に話を聞くということが行われました。経過は、簡潔にまとめると、以下のように叙述されています。

（1）最初、労働者は彼らの業務活動の歴史と現在の矛盾について分析します。その時、顧客の意見、業務に関する統計、ビデオ撮影された労働状況などを使うとされています。このことをエンゲストロームは「第一刺激」と名付けています。労働者は分析結果を、エンゲストロームの作成した用紙の項目にそって記入します。

第一刺激を使って分析した郵便配達業務の最近の矛盾の記入その要約が以下の通りだと記述されています。

主体：個々の郵便配達労働者
対象：受け取る人、送る人だけか？
道具：カート、車、バッグ
業務上のルール：中央集権的、あるいは地域の決定か？
労働コミュニティー：伝達ルート、あるいは重複の除去？
分業：個々の配達員一人か全員共にか？

（2）その後、話し合いが行われます。その過程で新しいモデル／未来図を考案します。これを第二刺激、概念的なモデルの形成と名付けています。その結果、次のように用紙の記入が変わってきました。

主体：多様なスキルを持ったチームとしてのプレイヤー

対象：顧客の必要性とサービスの変化。その結果—利益、満足、仕事の保障

道具：幅広いスキル（セールスとマーケティングのスキルを含む）、コンピューター、電気自動車、携帯電話

ルール：結果について、（中央ではなく）地域郵便局が独自に責任を負う

労働コミュニティー：配達員とセールスマン、特殊なものの配達サービスとその他の者（伝達ルートでつながって働いている人たち）

分業：チーム。仕事のローテーション

　話し合いの結果として、5つの職場内の3チームを単位主体として働くと共に、新しい製品とサービスを創造し、残りの2つの職場では新しい製品とサービスだけに専念することにしたということです。
　例として、切手を顧客の家の戸口で売り、局まで足を運ばなくてもよいようにした。これを実施するために職員は宣伝のための小冊子と切手の申し込み用紙をデザインしなければならなかった。このために局全体が実質的にデザイン室となった。他の例として、一人暮らしの老人に郵便を配達するだけではなく、ベルを鳴らして老人の安否を確かめることをした。市の社会福祉課も予算を節約出来ることを見込んで、それを支持したということが挙げられています。（以上、同 p.375～379）

4.2.2　上記『配達2000』プロジェクトのエンゲストロームによる分析

　エンゲストロームは、プロジェクト実施後に、その事例の解説を通して研修はいかにあるべきかを理論的に述べています。

（1）労働者による最初の業務を巡る分析について：
　『彼らは、現状の矛盾を単に不確かでためらいがちな言葉で特徴づけている。典型的には、かれらの仕事の各構成部分の間での悪化した緊張状態としてではなく、個々の部分について疑問形で述べている。』

(2) 配達業務の未来図の計画（二度目の用紙記入）について：

『5つの郵便局は 2000 年になされるべき配達業務の理想的な未来図を計画した。』（同、p377）

(3) 何が最初の記入の状態から理想的未来図の作成へと変化をもたらしたか：

『各局の招いた結果はその局自身が責任を負うという核となる考えが、業務改善の考察の原則となった。それによって未来図が設計された。』

(4) 以上のように「研修」についての解説をして、エンゲストロームは、次のように『二重の刺激方法』という方法を展開します。

『改善研究室で、第一の刺激として、混乱とジレンマに陥っていた状況、研修参加者の理性を失った行動を生じさせたことも含めた状況が、再生産され、観察され、再経験された。』

『概念的モデルが第二刺激として、分析・設計そして実施行為を助けるために使われた。』（同、以上 p.382）

4．2．3　『配達 2000』プロジェクトを考察する

4.2.3-1　配達業務の労働者が形式的には「改善」の主体とされているが、実質的には主体となっていない。

まず、郵便配達業務の労働者に対する生産性向上の必要性と、厳しい失業の脅威の生起に対する研修 とは何だったのかを、再構成して見ます。まず、研修する側が、民営業者との競争のために、現状を生産性の向上、労働者の首切りの必要性という様に描いて、研修の課題を設定しているということです。

研修の経過は、最初労働者は、顧客の意見、業務に関する統計、ビデオ撮影された労働状況などを「資料」として、配達業務の現状について分析するという課題が与えられたのですが、はっきりした問題点を浮き彫りにすることは出来なかった。むしろ、研修参加者の一部は理性を失った行動もとったと述べられています。この与えられた課題が第一刺激だ

とされています。しかし、参加者全員での話し合いを経たあと、理想的な改善策を労働者達は未来図として描くことが出来、この未来図作成が、概念的モデルとして労働者に対する第二刺激とされたわけです。この第二刺激によって実際に業務が改善出来たと言われているのです。

　ところで、未来図では、配達業務は郵便の配達だけではなく、切手の注文販売―配達、老人の安否の確認―などが付け加えられています。そして自分たちの仕事の対象は郵便を受け取る人だけではなく、送る人も対象となるとしています。郵便の配達時にそれらを行うとすれば、切手の販売も安否確認も、郵便を受け取る人だけになるわけですが、それでは、その日の配達では限られた人だけになります。地域の全ての人を対象としなければ、切手の販売やこれから郵便を送る人の手紙などの受け取りや、毎日の安否確認はできません。そうなると、毎日、各戸を訪ねることになります。さらに一人暮らしの老人の安否を地域で確認することは大事なことであるとしても、郵便配達人がそれをやるとすると、対象の老人の体の具合が悪い時にはその対処に、医師や介護士などへの連絡だけであったとしても、時間を取られることは明らかです。これでは業務改善は働き方の改善とは一致しないことが多々出てきます。これを研修に参加した労働者が、進んで未来図として描くことにはかなりの無理があるようです。

　しかし、業務改善を実際に行うことが出来るための未来図作成を、どのようにして被研修者たちは描くことが出来たのかは、彼ら自身が労働の結果に対して責任を負うという、自己責任の自覚によるというようにエンゲストロームは指摘しています。国営企業にありがちな、ボスが考えて決めたことを指示待ちで、そのように動くという『ルール』を変えなければならないということの自覚だということです。

　これは実際には、どういう意味を持つのでしょうか。生産性をあげるか、職を失うのかどちらを取るかは、「君たち」労働者次第だと突きつ

けられて、仕事を増やすことをいろいろと考え出したということではないでしょうか。一人一人の働く者を主体とするのであれば、業務改善は同時に、それを遂行する労働者の働き方の改善でなければならないでしょう。そうでないならばきわめて単純に、労働者の過重労働によって生産性を上げる（収益を上げる）ということになります。つまり、労働の質・量の多様化・増加を伴うことであれば、業務＝労働の改善にはならないでしょう。果たして研修で描かれた未来図は、理想的な改善の指針だと言えるでしょうか。

　今日、日本では、郵政民営化で他の同業企業と共に、いわゆる物品配達業は熾烈な競争を続けていることは周知のことです。それは、主要には配達請負を広げるとか、再配達時間を長くするとかのサービス拡大の方向で、各社の競争がはげしくなりました。その結果、配達員が公然と配達物を道路で投げ捨てるとか、労働組合が配達請負を広げないことを会社側に要求するなどという状況が報道され、一つの社会的な問題となっています。収益を上げるための業務改善が、働き方の改善になっていないことがこのような状況を結果していることは明らかです。一時期、ある地域では、日本の郵便配達職員も、切手その他の郵便グッズを配達時に注文販売すると勧誘に来ていたそうですが、それは短期間で終わり持続しなかったようです。問題をこのように捉えるならば、労働者研修の課題が、収益を上げるための業務改善とあらかじめ設定されることそのものが、研修を受ける労働者を主体とはしていないと言えます。

4.2.3-2　エンゲストロームの理論的混乱とヴィゴツキー理論の曲解
　エンゲストロームは、自身の考案したモデルに添って行われた研修を次のように評価しています。
『(与えられた) 第一刺激 (具体的な資料から現状の分析をして矛盾を見いだす課題) が被研修者にとって解決困難なものであったが、第二刺激としての概念的モデルが有効に働き、理想的な未来図を描くことが出来

た。』と（同 p.382）。

　その概念的なモデルとは、活動システムの一般的なモデル、一連の研究者による調停・干渉等と述べています。
　このプロジェクトでは、記入用紙の項目についての理解を、研究者の指導で行ったことが第二刺激ということになります。労働者が考えるための手立てとなること、客観的に自分の仕事を見るために必要なことをまとめて、『概念的モデル』と呼んでいます。記入項目をみると、それは労働の構造図とでも言えるでしょうか、それが一つの概念的モデルだと述べていると言えます。しかし、研修の過程の彼の分析には、エンゲストローム考案の労働の構造図のような「概念的なモデル」について、どのような話し合いがあったのか、誰がどのように、新しい業務拡大の例を未来図として、青写真を描きはじめたのかは記録されていません。つまり、仕事の主体であるとされ、考える主体であるとされている労働者が、どのように変化していったのかということを検証するということではなく、エンゲストロームが確認していることは、「考えるためのモデル」があったから、プロジェクトは成功したということです。

　第二章で事例として検討した三宅なほみ（p 15、p 33 参照）の場合もそうであったように、エンゲストロームもまた、自身の考案した「概念的モデル」が生きて働いたと述べているだけなのです。三宅の場合は子どもの学習内容の理解の過程・変化について、子どもの発話にそって分析されていませんでしたが、エンゲストロームも、労働する主体であり、それ故に研修が企画されている労働者の過程的な変化は、記録すら提示されてなく分析されていないのです。
　このような考察をして、『概念的モデル』が働くということが証明されたとする根拠には、次のような理論的な混乱があると言えます。

（1）このプロジェクトで使用されているエンゲストロームの『概念的モデル』の諸概念は妥当か

『主体』という概念では、最初は個々の郵便配達者となっていますが、二度目には、多様なスキルを持ったチーム・プレーヤーとなっています。後者は、どのような能力を持つ労働者かという規定です。したがって、『主体』という概念は、労働の主体は誰かという概念ではなく、むしろ労働者の能力を規定するものとなっています。

ここに、労働者を主体として現状を考えるというための概念的モデルではないことがいち早く示されています。

労働『主体』に続いていえば、この労働組織の管理制度はどうなっているのかということになります。それは『ルール』という概念が使われています。最初は中央や地域の決定、ボスかわれわれか？と記入されていて、二度目は独立した地域の局の責任と記入されています。責任体制の変化が考えられています。管理制度は約束とか決まりというようなものではなく、制度として作られているものです。教育現場では、それは管理職という管理監督を職務とするという法的規制があり、それを基礎として作られている制度となっていると言えます。『地域の局が独立して結果に責任を負う』というように変えるためには、管理体制の法的な転換が図られなければならないと言えるのですが、『ルール』とすると、単なる「きまり」ですから、簡単に変えられるものとなりますが、現実的にはどうなっているのでしょうか？現実を反映した概念だと言えるでしょうか。むしろ管理制度については手は付けないで、自己責任という成績主義に基づいて労働者の評価をするという、民営企業と同じ手法を取り入れたことになっているのではないかという、懸念・危惧を持ちます。

『労働コミュニティー』という概念が使われていますが、同じ顧客を持つことで結びついている種々の物を配達する人々などが、それに該当するとされています。これが労働組織のことでしょうか？そうすると、

最初の『主体』とは、もし、労働者であると想定されているとすれば、その労働組織を構成する一員ですから、労働組織の外に置かれる概念とするのは、間違っていると言えるでしょう。しかし、最初の『主体』が能力を想定するものであるので、コミュニティーの外に置かれても矛盾しないことになります。ますます、労働する「主体」は、このモデルの中には位置づけられないことになります。

　労働主体に対してその労働『対象』は何でしょうか。一度目は顧客となっています。二度目の記入では変化する顧客のニーズとサービスとなっています。対象という概念からいえば、それは郵便配達サービスを行う対象だと言えます。だから顧客だと言えます。二度目では、ニーズとサービス（変化するサービス）となっていますが、これはサービス労働の内容の変化となります。労働の対象と対象へのサービスとが混同され同じ概念で表現されていますが、この概念の使い方も誤っています。つまり、「主体と対象」が「能力とサービス内容」ということになっているのです。

　以上が示していることは、『現状を分析したり、その改善を考えたりするための指針として概念的モデルを使う』と、エンゲストロームは述べているのですが、導きとなる概念的モデルそのものに、労働主体とその労働対象、労働主体が対象に対して発揮するサービス労働という、この３者の関係という基本となる概念が無いのです。これでは労働について考えるための武器とはならないでしょう。労働者が自分の労働を考えるというものにはならないと言えます。つまり、『概念的モデル』が労働者を突き動かして考えを発展させたのではないといえるのです。むしろ労働者を動かしたのは、どうやったら失業しないで済むかということだったといえるでしょう。その時労働者は、サービス労働の内容を広げるとして考えたことを、概念的モデルの項目に当てはめたのだということは、十分に真実性を持って言えることです。概念的モデルの外で彼らは考えたのだと言えます。つまり、調停者という名の研究者による説得

です。この説得も、エンゲストロームは、「第二刺激」の中に入れていることが、彼の理論のミソです。

（2）エンゲストロームの『二重刺激法』の問題点

そもそもの「二重の刺激法」という方法の問題をここで検討し、この労働者研修の方法の理論的な問題を明らかにしたいと思います。

『二重刺激法』とは、最初の具体的資料に基づく分析という課題は、被験者の現在の能力では出来ないかもしれないが、不可能を可能に変えるのは、『第二刺激』＝『概念的モデル』だという方法です。

最初の刺激とは、エンゲストロームによれば、統計、顧客の意見、働いている状況を映し出すビデオを指していると言えます。これらは感覚的に受けとめやすい刺激だというように考えられています。エンゲストロームは、これらの感覚的刺激だけで解決する道を見つけ出せるのは、難しいという様に思っています。研修を行う側としては、現状の分析によって、収益を上げるにはどうしたらよいのかという課題を、確定して欲しいわけです。しかし、それを初めから提起せずに、『配達2000』つまり、2000年の配達業務をどうするかというように研修課題にして、労働者自身によって、解決の課題を見つけ出して欲しいという設定です。

『第一刺激』に反応して現状の課題を解決するためには、『第二刺激』を見つけ出して、それによって解決するというのが、ヴィゴツキーの方法だ、それを自分は現実の問題に適用するのだというのがエンゲストロームの考えです。これは、刺激に対して反応するというように、人間の行動を考える伝統的なアメリカ行動主義心理学では、ある一つの刺激で反応が出てくるとされているとして、それでは複雑な状況に対する反応を出せるとはいえないと否定して、刺激と反応の間にもう一つの概念的な刺激を入れるのだというものです。そこで、『二重刺激法』というわけです。

この事例でエンゲストロームが言いたいことは何でしょうか。この研

修の過程では『第二刺激』は、最初の現状を分析するときも、その後、配達サービスの種類を増やし、さらに配達サービスを郵便物の配達だけではなく、独居老人への気遣いにまで広げると考案することが出来たときにも、第二刺激は使われています。最初と二度目の違いは、第二刺激である概念的なモデル、いわば労働の構造図を労働者が理解したことにあるということでしょうか。そのことによって、エンゲストロームは困難な状況に直面して、どうしたらよいかということへの対応が出来るのは、『概念的モデル』を助けにして、話し合いをすることによってであるという結論を言いたいようです。

結論を導いたのは、地域の各局が結果に責任を負うという考えで、ですから、エンゲストロームの概念的なモデルを理解したというのではなく、労働者が収益を上げなければならないと考え始めたことです。自分達の郵便物の配達サービスをどう増やすかと考え、それを確定した結果、全ての項目を埋めることが出来て、改善の青写真とすることが出来たわけです。このようになる理論的根拠は、概念的なモデルを与えると、それを指針として現状を改善する青写真を作ることが出来るという考えそのものにあると言えます。

エンゲストロームは、『二重刺激法』はヴィゴツキーの方法だと述べていますが、それは、二重の意味で誤りです。まず、ヴィゴツキーの主張を似て非なる物として捉えていること、第二に、それと関係して適用することも誤っていることです。それを明らかにするためには、エンゲストロームの『二重刺激法』が、ヴィゴツキーの主張であると根拠づけられている箇所を、少し長くなりますが引用し論じたいと思います。

ヴィゴツキーは、発達過程にある子供の行為がどのように原始的な反応から「文化的行為」目的意識的行為へ移行するのかを2歳半から6～9歳ころの子どもを対象とした「選択反応」と呼ばれる心理学実験をしました。この種類の実験はすでに古くから行われていたものです。簡単

に言うと、「馬」の絵が提示されたら左手を挙げる、「パン」の絵が提示されたら「右手」を上げるなどというように反応する時に右手か左手かを選択しなければならない設定の実験です。

　ヴィゴツキーはそれまでの実験に対して疑問を持っていました。特に、子どもの反応が確立される過程が分析されない、また反応の確立への過度的な時期の子どもを対象とした実験が行われていないので、どのようにして子どもは低次の行動（感覚的に受け取る刺激に対して生理的に反応するという刺激と反応が直接的に結合しておきる行動）から、高次の行動（一定の精神的意志や判断などによって感覚的に感じることの出来る刺激に反応するという刺激と反応とが複合的に結合して起きる行動）へと移行するのかが解明されないということです。これは、刺激に対する単純な反応として人間の行動を説明するアメリカ行動主義からの脱却を根本的に図るためには重要な追求でした。

　何歳になると正確に選択出来るようになるというような結果だけを確認する実験では、高次の行動、発達が確立され終わった時の行動が何歳頃出来るようになるのかにのみ研究は向けられている。高次の行動がいかにして発達するのかこそが研究されなければならないという問題意識の下に選択反応実験を行いました。

　ヴィゴツキーは、『精神発達の理論』（2005）「第4章　高次精神機能の構造」において、実験の結果を次のように述べています。

　『子どもの文化的発達の歴史の中で私達は構造の概念に二度ぶつかる。第一に、この概念は、子どもの文化的発達の歴史の最初から、その過程の最初のモメントあるいは出発点を形成しつつ発生する。第二に、文化的発達の過程そのものが、この基本的な最初の構造の変化として、それを基礎とした新しい構造の発生として理解されねばならない。第一の構造を、私達は、原始的構造と名付ける。これは主として精神の生物学的特質によって制約された自然的な心理学全体である。第二の、文化的発

達の過程で発生する構造を、私達は、高次の構造と名づける。なぜなら、それは、発生的に行動のより複雑で高次な形態を示すものだからである。』(p.145)

『私達が低次の構造あるいは原始的構造に対立させる新しい構造は、なによりも刺激と反応の一つの複合への直接的統合が、この場合破壊されていることを特徴とする。』『行動が方向づけられる刺激とそれへの人間の反応との間に新しい中間項が表われ、あらゆる操作が間接的行為の性格を帯びる。…私達は、二種類の刺激を明瞭に区別することが出来る。一つは対象刺激であり、もう一つは手段刺激である。』『この簡単な実験(選択反応の実験)から私達は、一般的規則として、次の命題を提出することが出来ると考える。高次の構造において機能的決定的全体となるもの、あるいは全過程の中心となるものは記号とそれの使用方法である』。(p.146)

このようにヴィゴツキーは、『対象刺激と手段刺激の二種類の刺激がある』としたうえで、その『二種類の刺激は明瞭に区別することが出来る』とし、『高次の構造において‥‥全過程の中心となるものは、記号とそれの使用方法である。』としています。

そして、『子どもにおける選択反応の発達はどこに現れるか？』(p.194)に、彼の注意を集中します。わたしは、この彼の注目点が重要であると思いますし、この彼の注意の向け方を捉えないと、彼の子どもの精神的発達の理論を、古い心理学と同じように、何歳になると子どもには何が出来るという様にしか捉えられなくなると思います。子どもはどのようにこの『手段刺激を』使うようになるのかを、どれを選択して反応すればよいのかが、すぐには分からない問題の選択反応実験によって得られたことをまとめています。

『いくつかの動物において道具を実際的に使用する素朴な経験がある

とすれば、人間にも自分の心理的操作に関してこれに類似した素朴な経験があることを意味する。』(p.198)
と、その意味がわからなくとも、この絵を使えば正答になることを教えられたら、上手に反応する時期があると述べています。
　『自分の適応過程で様々な依頼を記銘（広辞苑：記憶の第一段階）し遂行する。すなわち、たくさんの心理的操作を行う。それらの操作を行いながら、子どもは一定の素朴な心理的経験を獲得し、記銘はどのように行わなければならないかを理解し始める。』(p.198)
　このような記銘操作を素朴に習得した後、あまり困難なく記銘するようになるが、これは実験者の与えた結合を利用しながら、新しい結合の創造（高次の構造）に移行するのだとして、ヴィゴツキーは、この段階を『外的記号を使用する段階』と呼んでいます。同時にこの段階は、『記号を内面的操作において利用しつつ、子どもが新しい結合を自主的に形成し始めることを特徴とする。そして、これが、私達の研究しようとしていることの中で最も重要なことなのである。子どもは、自分の反応を遂行するために刺激を組織する。』(p.200)

　つまり、子どもは、自分の行動のために、自分自身で必要な心理的な手段を考え始めると述べています。その時の、外的に与えられた記号を操作することが、内面的な操作となる過程を、ヴィゴツキーは次のように描いています。長い引用になるので、筆者によって、まとめます。
　第一のタイプは、与えられた絵を使えるようになることで、これは、与えられた刺激と与えられた反応を縫い合わせる縫い糸に喩えられる。
　第二のタイプは、全体的回転と言われています。与えられた絵を使って何度でも、反応するようになるとすれば、子どもはすでに「馬」の絵に対しては「そり」の描かれたキーを押さなければならないことを理解したということになる。ここでは、操作の内面への移行は、外的刺激と内的刺激との相違がなくなることにある。

第三章　授業論の基礎となるヴィゴツキーの理論

　第三の最も重要なタイプは、子どもが過程の構造そのものを習得し、外的記号を利用する上での規則を習得することにある。それは、子どもの内的な刺激（自分で考えること）が大きくなり、外的刺激（与えられた刺激）よりも容易に操作するので、内面的な操作のタイプに従ってそれを利用することへと移行する。その際、子どもは言う「わたしにはもう絵はいらない。自分でします。」このようにして、子どもは言葉の刺激を利用し始める。

　与えられた刺激（絵等）をそのまま使って反応する過程から、いかに、自分が内面的に考えてそれにしたがって反応するよう発達するのか、その過程的な有り様が丁寧に描かれています。

1）さて、以上のことから、エンゲストロームが「ヴィゴツキーの二つの刺激法」と述べていることが、どのように、ヴィゴツキーの高次精神機能の発生に関する研究と異なるのかを検討します。

　まず、ヴィゴツキーは『二重刺激法』という用語は使っていません。しかし、エンゲストロームは、上記の職場研修の方法論として、「ヴィゴツキーの二重刺激法」というタイトルで論文を書いています。そして、研修過程を説明および分析するときにも、「二つの刺激」を使って論じています。その理論的根拠として、エンゲストロームがヴィゴツキーを引用している箇所は、コール等が編集した『Mind in Society』（『社会の中の心という意味の題名』1978）の第5章「方法の問題」からです。編集者の前書きで、その5章は、ヴィゴツキーの1930年頃執筆の「高次精神的機能の発達の歴史」という論稿の3章「高次精神機能の分析」から構成されていると述べられています。実際には、同論稿2章「研究の方法」も併せて、それぞれからそれらの部分を抜粋したものを、驚いたことに、その抜粋したものをパッチワークして、体裁としてはあたかもヴィゴツキーの論稿であるかのように5章「方法の問題」として、出

版されたものです。

　そのヴィゴツキーの論稿であるとされる本『Mind in Society』の74ページでは、『それらの過程（筆者注：高次の行動への移行の過程）の研究の向けて「二重刺激の機能的方法」(the functional method of double stimulation) とわれわれが呼んでいるものを使用した。』と書かれています。何か所も、この「二重刺激法」と言う用語はこの本には出てきます。エンゲストロームはそこを引用しているのです。

　ところが、柴田義松訳の日本語版ヴィゴツキー著『高次精神機能の発達』と『文化的歴史的精神発達の理論』にも『二重刺激法』という言葉はありません。また、アメリカで1997年出版されたヴィゴツキー選集第4巻『高次精神機能の発達の歴史』にもありません。アメリカ版のヴィゴツキー選集全6巻は、1960年出版の『思考と言語』(Thought and Language) も抜粋であることなどが問題とされ、完訳ものとして出版されたのでした。エンゲストロームは、上記の郵便配達業務の改善のための職場研修に関する論文を、2007年に発表しているにもかかわらず、引用はコール等編集の原文を抜粋し構成したパッチワーク版から行っています。これこそが、「情報の編集・操作」なのです。

　抜粋され編集構成されたものを使いながら、「ヴィゴツキー活動論の第3世代」というように、ヴィゴツキー理論の継承者として自らを押し出すということそのものが、研究者としてあるまじきことです。このことは、今日、『情報を利用目的に応じて処理する能力』などを21世紀の能力とする、PISAやアメリカ研究者の傾向を示すものとして捉えられると言えます。

2）次に『二つの刺激法』として、エンゲストロームが考えていることそのものを検討します。

そもそも、ヴィゴツキーは二つの刺激を与える方法によって、課題を解決すると主張しているのではないということです。高次の行動（文化的行動）を行うためには、対象に対して心理的な機能（つまり、高次の精神的機能）が手段となるということを前提として、その発達の過程を研究しているわけです。

　そこで、問題となるのは、対象による刺激に対して、手段となる刺激を心理的に創造するというときの最初の刺激は対象であり、後者の刺激は手段であるから、区別しなければならいと、わざわざヴィゴツキーは述べているのですが、それをエンゲストロームは、はっきりさせないで二つの刺激法としています。「統計、ビデオ、顧客の意見等」と「概念的モデル」との、二つの手段としての刺激を設定しています。

　そのようにすることによって、改善を必要とする対象そのものは何かの設定が、あいまいになっています。反応すべき対象は現状そのものか、それから受け取る改善すべき課題なのか。それがあいまいなのです。課題は何かと設定することは、すでに改善のための手段の一部に位置づくものです。なぜなら、課題は現状を分析しなければ明らかとならないからです。配達職員にとって現状が刺激となって（対象刺激）、そこから課題を設定すること、及びその解決の方法を明らかにすることが実際の解決の手段（指針）となります（手段刺激）。それを導きの糸として、実際の改善を実現するわけです。にもかかわらず、対象刺激が何かの規定が全くあいまいで、いずれも、現状改善の手段としての刺激として二つの刺激が設定されているのです。エンゲストロームの「二つの刺激法」では、二つの刺激が同じように扱われています。

3）『二つの刺激法』は、職場研修に適用出来るか？
　エンゲストロームは『二つの刺激法』を、行動の指針を作成することに使っています。ところで、曲解しているのですが、彼がその「方法」論の理論的根拠として使っているヴィゴツキーの理論は、その論稿のタ

イトルが示すように高次精神機能の発達の問題を研究しているものです。「方法」論を適用する理論領域が違っています。

　上記のヴィゴツキーの研究は、高次の精神的機能はいかに発達したのかということです。その発達過程において、子どもは、与えられた心理的な刺激を外的に利用する過程を経て、最終的には、学童期以後、外的に与えられたものを外面的に使用するのではなく、自ら考えて心理的な手段を創造するようになることを明らかにしたものです。

　学童期以降の学習において、自らの内で発達を始めた高次精神機能を、自ら考える経験を通して発達させていくことが重要です。ましてや成人においては、社会的な活動において自分の行動の課題は自ら設定し、その解決のための指針を構想することが前提だと言えます。あらかじめ課題を受け入れさせ、与えられたモデルを導きの糸として受け入れさせ、それを外的に利用させるという方法を、あたかも、歴史的に培われた心理学研究で明らかにされた法則であるかのように、提唱することは出来ないと言えます。

4.3　エンゲストロームの学習・教授論の検討

　エンゲストロームは、その著『変革を生む研修のデザイン』(2010、鳳書房) で、学習と教授について論じています。この本の邦訳出版は 2010 年ですが、日本語版への序によると、書かれたのは 1994 年です。したがって、上記の郵便配達業務改善のための研修の基礎理論としてある、『二つの刺激法』論より以前に、すでに書かれたものです。それと同様に、学習・教授についても、学習者・教授者ともに成人ですが、子どもの学習についても適用出来るとしています。

　本稿では、エンゲストローム「学習の 6 つのステップ」について検討します。エンゲストロームは、職場研修の理論的基礎づけを『変革を生

む研修のデザイン』で、やや詳しく論じています。そこで、学習の6つのプロセスを次のように論じています。

1．動機づけ：主題に対する意識的・実質的な興味を喚起すること。実践的な問題状況において、学習者はコンフリクト（対立、矛盾、葛藤など）を経験し認識していることを前提とする。コンフリクトは、……生徒のそれまでの概念では十分解決出来ないので、解決を探求する中で、認識される (p.43)。

つまり、学習者は課題に興味を持つとは言われていますが、課題が提起される現実的基礎となる状況については、十分に認識出来ないだろうから、それは探究中に分かるようになると、先送りされています。『配達2000』プロジェクトでは、課題設定についての対立（コンフリクト）が生じたのでした。それはそのままで、最初の分析がなされましたが、課題を解決するものとはなりませんでした。これを、探究中に研修の指導者が説得して、被研修者は改善するようになったという様に言っているものと言えます。

2．方向づけ：問題を解決するのに必要な知識の原理と構造を説明する予備的な仮説、すなわち、方向づけのベースを形成すること。……このモデルは、図表などとして外的な形式をとる (p.43)。

おかしなことで、動機づけでは学習者は現状を認識出来ないとされているのに、その解決のための方向づけベースというモデルを、自分で作るとされています。ところが、教授の過程では、この方向づけのベースは、まず、教授する側が作成するとなっています。

3．内化：新しい知識の助けを借りて、予備的なモデルを豊かにしていくこと。……実際には、方向づけのベースを用いることによって、内化が生じる。外的モデルは徐々に、学習者の内的モデルに変容していく

(p.43)。

　ここで言われている内化とは、自分で作ったものではない理論やモデルでも、教授する者と協働してやっていくうちに内化すると、教授の過程では言われています。

4．**外化：具体的な問題を解決し、周りの現実の変化に影響を及ぼし、革新を生じさせる際に、モデルをツールとして応用すること**（p.44）。
　「モデル」をツールとして応用し、現実を革新することは、行動に使うということになります。しかし、同時に、次のようにも述べています。
　実際には、学習者が、自分が考えた方向ベースを発話、図表、計画、具体的行為などの助けを借りて、自分の説明モデル（方向付けベースとも言われている）を再構成するときに外化が生じる。
　ここでは、考えたことを外へ出すこと、通常それは外言化（言葉、図表等で）と言われます。しかし、その考えに基づいて行動することは理論の外化とは言いません。
　ヘーゲルは、精神の外化という用語を使っていますが、その外化は、精神の外化されたものとしての現実を指して言っています。そのように規定することで、ヘーゲルは、世界を「精神の自己運動である」と見なしているのです。ところで、エンゲストロームは、自身をヴィゴツキー学派と名乗っているのですから、ご都合的に、ヘーゲルの概念を何の説明もなく借りてくることは、学問的追求としては逸脱しています。

　エンゲストロームの問題の核心の一つは、子どもでもエンゲストロームの学習の6つのプロセスは使えるというために、考えたことの外言化（発話・図などで発表）を外化といい、さらに、大人の研修に対して同様に外化の必要性を実践として説いていると言えます。そのように、外化をあいまいに二重の意味（発表することと改革的な実践）で使っていることです。このことは、新学習指導要領での、学習における子どもの

活動の効果や社会へのかかわり、地域の人々との協働などを奨励するための根底になる「理論的なもの」として、教育理論家等を納得させるために使われていると言えます。

　第二の問題は、与えられた課題や理論はそれを使ってやっているうちに内化する、つまり、自分のものとなると言っていることです。これは、行動することが理論をマスターできるとうことです。活動主義の主張です。条件反射的に何度も使うと、常に条件づけられたように反応すると言うようなものです。学習主体は、学習対象を自らの脳裏に反映し、それを捉えようとするときに思考活動を開始する。それを内言的思考とヴィゴツキーは名づけたのでした。その思考の働きによって、対象である文章を読むということについて、第１章、２章、特に第２章で、「読むこと」の学習について、論じてきました。使っているうちに自分のものになるというのはドリル的なものにすぎません。暗記を必要とするものはドリルでやる必要がありますが、それが子どもの学習の主要な核心的な方法ではありません。
　しかし、このようなエンゲストロームの考えは、アメリカ構成主義と共に、子どもの主体的な学習という主張のその底流にある考えであり、新学習指導要領には明らかに現れています。

　エンゲストロームの学習の６つのプロセスには、あと、５．批評　６．統制　ということが設定されていますが、ここでは省略します。

資料と授業実践報告集

　研究に協力していただいた現職・元教諭の方々の授業実践報告を記載します。主要には、現場の先生方がどのような自分自身の問題意識をもって授業を行っているか、また自身の授業をどのように振り返っているのか、その点に、授業展開の鍵があるように思います。先生方自身の言葉で書かれた実践報告は極めて貴重なものです。

教材文『じどう車くらべ』（光村　1年下）の変遷

「じどう車くらべ」教材文の変遷（S 55～H 27）※教科書の教材は分かち書き。

	単元名・教材名・導入部分	自動車の種類・説明・読後の活動など			
S55年版	のりものあそび （一）じどう車くらべ 　まちのとおりには、いろいろなじどう車がはしっています。それぞれのじどう車が、どんなしごとをしているか、どんなつくりになっているか、くらべてみましょう。	バスやじょうよう車は、人をのせてはこぶじどう車です。そのため、ざせきのところが、ひろくつくってあります。そとのけしきがよく見えるように、ガラスまどがたくさんあります。	トラックは、たくさんにもつをのせてはこぶじどう車です。そのため、うんてんせきのほかは、ひろいにだいになっています。おもいにもつをのせるので、タイヤがたくさんついています。	ダンプトラックは、土やすなや石をはこぶじどう車です。きかいの力で、にだいがかたむくようになっています。それで、つんだものをいちどにおろすことができます。	ミキサー車は、コンクリートをはこぶじどう車です。うしろに、ぐるぐるまわる大きなきかいがついています。それで、はしりながらコンクリートをかきまぜることができます。
		れいとう車は、さかなやにくなどをとおくへはこぶときにつかうじどう車です。れいとうこがついているので、さかなやにくなどをくさらせないではこぶことができます。	きゅうきゅう車は、けがをした人やきゅうびょう人をびょういんへはこぶじどう車です。うんてんせきのうしろには、しんだいがよういしてあります。	しょうぼうじどう車は、火じのときにはたらくじどう車です。しょうぼうじどう車には、ポンプ車やはしご車などがあります。ポンプ車には、水をかけるホースがたくさんのせてあります。はしご車には、ながくのびるはしごがついています。	
	（二）でん車ごっこをしましょう				

-292-

S58年版	S55年版と同じ					
S61年版	よみましょう じどう車くらべ 　まちのとおりには、いろいろなじどう車がはしっています。それぞれのじどう車は、どんなしごとをしていますか。どんなつくりになっていますか。くらべてみましょう。	バスやじょうよう車は、人をのせてはこぶじどう車です。そのため、ざせきのところが、ひろくつくってあります。そとのけしきがよくみえるように、大きなまどがたくさんあります。	トラックは、たくさんのにもつをはこぶじどう車です。そのため、うんてんせきのほかは、ひろいにだいになっています。おもいにもつをのせるので、タイヤがたくさんついています。	きゅうきゅう車は、けが人やきゅうびょう人をびょういんへはこぶじどう車です。うんてんせきのうしろが、しんだいになっています。それで、びょう人をねかせてはこぶことができます。	れいとう車は、さかなやにくなどをとおくへはこぶじどう車です。にだいは大きなれいとうこになっています。それで、さかなやにくなどをくさらせないではこぶことができます。
		しょうぼうじどう車は、どんなしごとをするじどう車ですか。ホースやはしごのついたじどう車は、どんなやくめをもっていますか。				
S64年版	教材文はS61年版と同じ					
		しょうぼうじどう車は、火のときにはたらくじどう車です。ホースのついたじどう車やはしごのついたじどう車は、どんなしごとをしますか。				
H4年版	くらべてよみましょう じどう車くらべ 　どうろには、いろいろなじどう車がはしっています。それぞれのじどう車は、どんなしごとをしていますか。どんなつくりになっていますか。くらべてみましょう。	バスやじょうよう車は、人をのせてはこぶじどう車です。そのため、ざせきのところが、ひろくつくってあります。そとのけしきがよくみえるように、大きなまどがたくさんあります。（挿絵にバスと乗用車の内部の絵が提示された）※この年度のみ	トラックは、にもつをはこぶじどう車です。そのため、うんてんせきのほかは、ひろいにだいになっています。おもいにもつをのせるトラックには、タイヤがたくさんついています。（トラック後方からの挿絵も提示された）	クレーン車は、おもいものをつりあげるじどう車です。うでをのばしたりうごかしたりして、しごとをします。車たいがかたむかないように、しっかりしたあしがついています。	しょうぼうじどう車は、火のときにはたらくじどう車です。ホースのついたじどう車やはしごのついたじどう車は、どんなしごとをしますか。

版		バス・乗用車	トラック	クレーン車	ポンプ車・はしご車
H8年版	じどう車くらべ いろいろなじどう車が、どうろをはしっています。それぞれのじどう車は、どんなしごとをしていますか。そのために、どんなつくりになっていますか。	バスやじょうよう車は、人をのせてはこぶしごとをしています。そのために、ざせきのところが、ひろくつくってあります。そとのけしきがよくみえるように、大きなまどがたくさんあります。	トラックは、にもつをはこぶしごとをしています。そのために、うんてんせきのほかは、ひろいにだいになっています。おもいにもつをのせるトラックには、タイヤがたくさんついています。	クレーン車は、おもいものをつりあげるしごとをしています。そのために、じょうぶなうでが、のびたりうごいたりするように、つくってあります。車たいがかたむかないように、しっかりしたあしがついています。	ポンプ車やはしご車は、火じのときにはたらくじどう車です。どんなしごとをしていますか。そのために、どんなつくりになっていますか。
H12年版	H8年版と同じ	「みえる」が「見える」と漢字表記			
H14年版	教材文はH12年版と同じ				はしご車は、かじのときにはたらくじどう車です。どんなしごとをしていますか。そのために、どんなつくりになっているでしょうか。
		ほかに、どんなじどう車がありますか。一つえらんで、かきましょう。 救急車を例にして絵と文章を提示。みんながかいたものを集めて図鑑にする活動につなげている。			
H17年版	くらべてよもう じどう車くらべ いろいろなじどう車が、どうろをはしっています。それぞれのじどう車は、どんなしごとをしていますか。そのために、どんなつくりになっていますか。	H8年版と同じ			はしご車は、かじのときにはたらくじどう車です。どんなしごとをしていますか。そのために、どんなつくりになっているでしょうか。
		活動はH14年版と同じ			

H23年版	くらべてよもうじどう車くらべ 　いろいろなじどう車が、どうろをはしっています。それぞれのじどう車は、どんなしごとをしていますか。そのために、どんなつくりになっていますか。	H 12年版と同じ	〃	「つりあげる」が「つり上げる」と漢字表記	バスやじょうよう車を例にとり、しごととつくりを表にまとめさせる活動が入った。しごととつくりの間に「そのために」を四角で囲みキーワードにさせている。
		はしご車は、かじのときにはたらくじどう車です。どんなしごとをしていますか。そのために、どんなつくりになっているでしょうか。	ほかに、どんなじどう車がありますか。しごととつくりをぶんしょうにかいてせつめいしましょう。えもかきましょう。 （救急車を例にして絵と文章を提示。自動車の絵本を二冊提示。）		
H27年版	H 23年版と同じ				

教材文は光村図書より贈呈されました。感謝申し上げます。

教材文『じどう車くらべ』（光村　1年下）の変遷について

野口静子

　『じどう車くらべ』が教科書に教材として掲載されたのは、昭和55年版からである。その後、自動車の種類や学習方法に変化はあるものの、長い間教材として掲載され続けている。ここでは、その変遷に目を向け、学習指導要領の変遷と照らして考察し、現在の教科書教材の問題点や課題を提示していきたい。

【昭和55年、58年版】

　単元名は「のりものあそび」となっている。「じどう車くらべ」を学

習した後に「でん車ごっこをしよう」という活動をするものである。

　取り上げられている自動車はバスや乗用車、トラック、ダンプトラック、ミキサー車、冷凍車、救急車、消防自動車の七種類と現在の倍以上ある。説明の仕方が「バスやじょうよう車は、人をのせてはこぶじどう車です。」「れいとう車は、さかなやにくなどをとおくへはこぶときにつかうじどう車です。」というように、一年生の読み手にも理解しやすいように記述されている。また、「そのため」「～ので」「それで」の接続詞や助詞が文中で効果的に使われている。説明文を楽しんで読ませようとする意図が感じられる。教材の導入部分に、「それぞれのじどう車が、どんなしごとをしているか、どんなつくりになっているか、くらべてみましょう。」とあるが、技能的な比較に終わることなく、内容の面白さを味わいながらそれぞれの自動車の仕事や造りの違いに気づくように説明されている。

　同年に施行された（文部省告示は52年）学習指導要領では、国語科の目標は「国語を正確に理解し表現する能力を養うとともに、国語に対する関心を深め、言語感覚を養い、国語を尊重する態度を育てる。」とある。それまでは「生活に必要な国語」という表現が用いられており、領域は「聞くこと・話すこと」「読むこと」「書くこと」と生活とは切り離せないものとなっていた。55年に「生活に必要な」という言葉が削除されたことは大きな転換で、言語の教育としての立場が一層明確にされたのである。そのため、領域は「表現」と「理解」の二領域になった。

　当時の教科書会社の編集意図が手元にないので、私見に留まるが、言語の教育としての立場が打ち出されたとはいえ、決して言語活動主義や単元を貫く言語活動の学習ではなく、読むことが大切にされていたことは、この初めて掲載された「じどう車くらべ」の教材から見て取れる。

【昭和61年、平成元年版】
　それまでいろいろな種類の働く自動車が取り上げられていたが、この

年度には自動車の種類が一気に減った。バスや乗用車、トラック、救急車、冷凍車の四種類である。また、単元名は「よみましょう」となり、後半の「でん車ごっこをしよう」はなくなった。

　四つの自動車を読んだ後に、「しょうぼうじどう車は、どんなしごとをするじどう車ですか。ホースやはしごのついたじどう車は、どんなやくめをもっていますか。」と消防自動車が発展的に置かれ、仕事や役目を考えさせている。

　国語科において、言語の教育としての立場を打ち出すだけでなく言語活動が具体的に浸透しつつあることがわかる。それでも、それぞれの自動車の説明のしかたはひな型にはめた繰り返しの文にはなっていないので、読み手は楽しく読むだろう。また、指導書がないので予想ではあるが、消防自動車の問題提示についてはひな型通りに書く活動ではなく、話して発表する表現活動だと思われる。

　平成元年版の教科書では、消防自動車の問題提示の記述がやや変わっている。

【平成4年版】

　平成元年の小学校学習指導要領で国語科はさらに大きく転換した。目標は「国語を正確に理解し適切に表現する能力を育てるとともに、思考力や想像力及び言語感覚を養い、国語に対する関心を深め国語を尊重する態度を育てる。」とあるように、思考力や想像力を養うことが掲げられた。これからの社会の変化に主体的に対応するためには、論理的思考力、判断力、適切な表現力などの育成が大切だとされた。

　それを受けてか、「じどう車くらべ」の単元名は初めて「くらべてよみましょう」という表現になり、比較読みを提示した。それぞれの自動車の仕事と造りを比較させながら読ませ、思考力や判断力を養おうとしているのだろうか。しかしながら、自動車の種類は三種類と少なく、面白みがなくなった。救急車と冷凍車はなくなり、人や物を運ぶ自動車（バ

スや乗用車、トラック）とそれ以外の働く自動車の代表としてクレーン車が初めて掲載された。何をどのように比べて読むのか、三つの自動車を比べる意味を、教師も児童もわからないまま学習していたのではないかと想像できる。案の定、その後、平成8年版から12年版の教科書まで「くらべてよもう」という単元名は削除されていた。

「じどう車くらべ」という教材には筆者名がないので、教科書会社の書き下ろしだと思われる。それだけに、学習指導要領が変わる度に編集の意図が変わり、それに併せて教材文の内容や叙述が自由に書き換えられている傾向がある。読み手である子どもの存在を忘れているのではと言うのは言い過ぎだろうか。例えば一年生の児童には馴染みのないクレーン車を採り上げたことも疑問である。しかも「クレーン車は、おもいものをつりあげるじどう車です。じょうぶなうでをのばしたりうごかしたりして、しごとをします。それで、車たいがかたむかないように、しっかりしたあしがついています。」と仕事のしかたや造りがわかりにくい記述になっている。その補充としてか、この年度の教科書の挿絵は大変わかりやすい。バスや乗用車の内部の座席部分を付け足したり、クレーン車が鉄骨を吊り上げている絵を示したりして理解を助けている。

【平成8年、12年版】

この年度の教材文は、それまでのものとは明らかに様変わりした。現在の教材文に近いものとなり、説明文を型どおりに読ませようというねらいのもと、ひな型にはめられた文章になった。「バスやじょうよう車は、人をのせてはこぶしごとをしています。」と仕事を規定し、次に改行して「そのために、」を独立させて一行で記述し、「ざせきのところがひろくつくってあります。」「そとのけしきがよくみえるように、大きなまどがたくさんあります。」と造りを二つ規定した。仕事と造りを「そのために」という接続詞でつないだ説明文の書き方を学ばせる学習となった。トラックとクレーン車も全く同じ形で書かれている。文型通りに書かれている

ので読み深めるというよりキーワードを見つけて解く活動になった。

　平成10年版の小学校学習指導要領の大きな特徴は、「伝え合う力を高める」と謳われたことである。そして自分の考えを自分の言葉で積極的に表現する能力や態度を重視して「理解」と「表現」の領域の順序を入れ換え、「話すこと・聞くこと」「書くこと」「読むこと」とした。また、「文学的な文章の詳細な読解に偏りがちであった指導のあり方を改め、自分の考えをもち、論理的に意見を述べる能力、目的や場面などに応じて適切に表現する能力、目的に応じて的確に読み取る能力や読書に親しむ態度を育てることを重視する」こととなった。

　そのため、コミュニケーション能力の育成を掲げ「話す・聞く」の研究発表が盛んに行われたり話し合い活動に重きをおいた授業が行われたりした。しかし、自分の言葉で話し合うこととは程遠く、話し方のひな型や聞き方の態度のひな型まで登場するという現状は実際にあった。読みの学習においても詳細な読みとりをしないまま、劇をやったり続き話を書いたり、発展的な（不必要な）活動や製作をしたりする現状もあった。いわゆる言語活動主義に陥り本質を見失っていた。そんな状況で、「じどう車くらべ」の教材が形式的になったことは頷けるのではないだろうか。

【平成14年、17年版】

　教材文の内容は平成8年版、12年版の教科書と大体同じで、最後に提示されている消防自動車の文章は変わっている。ここで大きく転換した部分は、発展的な扱いとして、「ほかに、どんなじどう車がありますか。一つえらんで、かきましょう。」と救急車を例にして、絵と文章で表されたカードが提示された。そして「みんながかいたものをあつめると、ずかんができるね。」と、自動車図鑑を作る活動が入ってきたことである。救急車の文章は、授業で読んだバスや乗用車、トラック、クレーン車と同じ文型であることは言うまでもない。しかし、書き方は一例であり、自分の選んだ自動車について自分の書き方で書ける余地は残って

いたように思われる。それでも、自動車の仕事と造りをまとめて表現することは一年生の段階ではほとんどできない。自分の言葉で書かせることの指導の難しさを痛感した教師は多いだろう。

　子どもの読みの過程は、たくさんの種類の自動車を読み、知ったことや驚きを出し合い、疑問を話し合ったり調べたりしながら、いろいろな働きや役目があることに気づいていく。そして、働きやすいように自動車が作られていることを学んだときに、もっと知りたいと思う意欲が自分の言葉で表現する活動になっていく。大事なのは読むことであり図鑑作りが目的ではないのだ。

【平成23年、27年版】
　平成20年版小学校学習指導要領の実施（実施は21年度）にあたり、文科省は「言語活動を充実させる指導と事例」において、「単元を貫く言語活動」を位置づけることの必要性を説いている。単元を貫く言語活動は国語科を研究するありとあらゆる学校を席巻していった。
　「じどう車くらべ」の学習でも「自動車図鑑を書く」という単元を貫く言語活動が設定された。そのためにそれぞれの自動車については詳しく読むことより、説明のしかた（文型のひな型）を学ぶことが重視された。そして「そのために」は外せない接続詞として置かれた。
　冒頭部分の仕事と造りの問いかけに対して答えを見つけていく活動で、内容を読み取ることは軽んじられているように感じる。一番の転換は書くための手立てとして「しごと」「つくり」「そのために」を入れた枠組みを示したことである。自分の体験や知っていることを手がかりに文章や挿絵から懸命に読み取っていくことで読解力はついてくる。枠の中に当てはめただけでは読みの力も書く力も養われないことは明らかである。実際に学校現場では、「じどう車くらべ」の学習で、音読した後仕事と造りを確認して、すぐにこの枠に文章を整理していた場面もある。三種類の自動車ですべて同じである。一見簡単に思える活動でも詳しく

読んでいないのだから、仕事も造りも理解できず、枠に書けない子も少なくはなかった。
　バスや乗用車の学習では「ざせきのところが、ひろくつくってあります。」という文に対して、一つの椅子の部分が広いと読む子もいる。バスは広いけど乗用車は狭いと読む子もいる。車体に対してバスや乗用車は座る部分の占める割合が多いと理解するには考えたり話し合ったりすることが不可欠である。トラックの学習に進んだときに、トラックは座席部分が少なくて荷台が広いんだと自分たちで気づくことができる。丁寧に読み取ることにより、子ども自らが比べて読めるのである。クレーン車の学習では内容が難しいだけに特に話し合いが必要である。教材文にはないが、具体的にどういう場面でクレーン車を使うのかイメージできないと、「おもいもの」「じょうぶなうでがのびたりうごいたり」「しっかりしたあし」など理解できない。つまり枠組みが印刷されたワークシートに書くだけでは何も解決されない。見落としてならないことは、読み手である一年生は文章を読んで様々な感想や疑問を持ち、もっと詳しく知りたい読みたいという思いを強く持っているということである。それに応えるような学習活動や教材文を位置づけていくことが自分の言葉で考え表現する子どもを育てることになる。

　平成26年全国指導主事会議で文科省は「単元を貫く言語活動」という用語は使用しないこととすると明言した。これは、新学習指導要領（2016.3公示）では、教科・教科外での教育内容を、「何が出来るようになるか」という指標に基づいて編成するために、これまでの「思考力を育てる言語活動」が軸になるものではないことを示すものであると言える。これにとって代わって、「使える知識・技能の育成」「対話によって他者の意見を尊重する態度・人間性」「社会に貢献する態度」等が教科・教科外学習の直接的な目的とされ実現されるべきものとして設定されることを意味していると言える。

教科書教材は以上のように、学習指導要領の変遷に従って変化し、ますます、子どもの生活実態や思考発達にそぐわないものになっているということが明白である。文化的教養としての基準を保つある種の国民的な遺産や文化の具体ではないことに注意し、意識的に批判検討する必要のあることを痛感する。

授業実践報告集

説明文・光村図書出版1年　『じどう車くらべ』の授業を振り返って
埼玉県公立小学校教諭　宇都美津子

　本授業は、昨年度1年生を担任したときに行ったものです。その当時の子ども達の様子や教材分析、授業記録などを振り返った考察を以下にまとめました。振り返ってみると今後の課題が見えてきます。これを基礎に授業研究をさらに深め、実践につなげていきたいと思います。

1　学級の様子
　児童数は、男子13人、女子17人。
　どの子の顔にも小学校に入学した喜びと希望が満ちあふれています。早く勉強をしたい、新しいことを学びたいという気持ちがひしひしと感じられました。子ども達は素直で、どの教科の学習にも一生懸命に取り組んでいます。この気持ちを大事にして子ども達を伸ばしていきたいと思いました。
　入学時点ですでに個人差が大きく、ひらがなはもう全部書けるよ、

と自慢げに言う子がいるかと思えば、自分の名前も読めないし、もちろん書けないという子もいました。授業中や休み時間に、自分の考えや思いをたくさん話す子もいれば、おとなしくて教室のなかでは必要なこと以外ほとんど話さない子もいました。また、話さないけど書くことは好きな子、話すけど書けない子、話すことも書くことも好きな子と様々でした。

　そこで、生活や授業において、自分の思っていることを言葉にする（書く・話す）ことを大事にして、自分の考えや思いを表現できる児童を育てたいと考えました。

2　『じどう車くらべ』までの実践

　初めての物語教材『はなのみち』では、まだひらがなの学習が終わっていませんでした。まず、題名についてどんなことが書いてあるか、想像させました。安心して発言できる雰囲気をつくりたいと思い、自分が思ったことをなんでも発言していいんだということ、友達の発言はしっかり聞くことが大事だということ、間違っても大丈夫だし、間違ったことに気づくことが大事なんだということを伝えました。1時間につき一場面ずつ提示して、文や絵からわかったこと、思ったことをつぶやかせ、発表させました。ここでは、文よりも絵についての発言の方が多かったです。児童の発表は全部名前を入れて板書しました。

　次に学習した『くちばし』は、初めての説明文です。まず、くちばしってなにかな、から話し合いました。児童は「くちばし」という言葉から思いついたことを発表しました。「鳥のくちばし」という発言から、いろいろな鳥の名前に広がっていきました。すずめや鳩などの身近な鳥から、はやぶさやペリカンまで出てきました。「これは、なんのくちばしでしょう。」という問いの文を読み、児童はすぐに手を挙げて自分の予想を発表しました。文と絵と写真から気がついたこと、わかったことをその場で自由に発表させ、板書していきました。この教材に、

書かれている言葉にこだわらせるようにしました。児童は、文に書かれている言葉と絵をつなげて考えることで理解を深めていきました。

『おむすびころりん』では、吹き出しにおじいさんの気持ちを書く活動をしました。吹き出しに書く活動は初めてでしたが、習ったひらがなを使って一生懸命おじいさんの気持ちを書くことができました。

『おおきなかぶ』では、音読と動作化を中心に取り組みました。また、「けれども」「それでも」「やっぱり」などのつなぎ言葉を取りあげて違いを考えました。

2学期になって『ゆうやけ』では、初めてひとり読みをしました。「文を読んで自分が思ったことを何でも書いていいんだよ。」と話して、プリントに自由に書くように促しましたが、なかなか書けない子もいました。その一方では私が考えていた以上に深く考えている子もいて心から感心させられることもありました。

『うみのかくれんぼ』では、ノートに書き出す方法でのひとり読みをして、話し合いをしました。「なにが」「どのように」隠れているのか説明してある文章です。「はまぐり」と「たこ」は、知っていた子どもが多く、説明もわかりやすかったようです。かにのなかまの「もくずしょい」は、知らない子がほとんどでしたが、海草を切って回りにつけるおもしろさに惹かれました。海の生き物という題材に惹かれて、また、写真の助けを借りて、自分なりの考えを書くことができました。

3　『じどう車くらべ』について

　本教材は、教科書会社による書き下ろしです。
光村図書出版では、昭和55年度版から『じどう車くらべ』が採用されています。教科書会社による書き下ろしのためか、改訂のたびに、少しずつ変わってきました。その内容についてはここでは省略します。詳しくは、野口静子先生の資料をご覧ください。

4 教師の読み

(1) 題材について

　乗り物は、児童が興味・関心を示すものの一つです。なかでも自動車は子ども達にとって身近な題材で、生活の中で目にする機会が多くあるので、興味深く読んでいけると思います。

　本教材では、自動車の中でも「バスや乗用車」「トラック」「クレーン車」の３種類を取り上げて、仕事とつくりについて述べています。たくさんある自動車の中からこの３種類を取り上げた理由を考えてみましたが、「バスや乗用車」「トラック」は大きな括りでとらえていて、「人を運ぶ仕事」「物を運ぶ仕事」の代表として、そして「クレーン車」は、その他の自動車の代表として取り上げたのでしょうか。指導書の説明によると、特に身近な自動車を取りあげたようです。

　発展としてはしご車が出てきます。これは、つくりが複雑で、仕事をする時に固定して置かれるという点でクレーン車と共通しています。

(2) 文章の構成

　本教材は、「話題提示・二つの問い」―「答え」―「答え」―「答え」（列挙型）という四つの大段落で構成されています。「それぞれのじどう車は、どんなしごとをしていますか。そのためにどんなつくりになっていますか。」という二つの問いかけがあり、そのあと、３種類の自動車について答えています。答えの大段落は、それぞれ二つの段落に分けて書かれていて、まず仕事について説明する段落があり、その後の段落でつくりを説明しています。仕事について述べている段落とつくりについて述べている段落の間には、「そのために」という接続詞を使っていて、仕事とつくりの因果関係を表しています。

　それぞれの自動車の説明では、「しごと」が先にあってそのあと「つくり」についての文章が出てきます。「しごと」よりも「つくり」の方が考えやすい子もいるかもしれないので、柔軟に対応できるようにしたいです。それぞれの自動車の仕事について述べている文はたった一文で

す。子ども達から疑問や知っていることをたくさん出させたいです。つくりについては、二文で述べていますが、ここでもたくさんの疑問や知っていることを出させて広げていきたいと思います。

(3) 文章分析
○「話題提示・問いかけ」の文
　「いろいろなじどう車が、どうろをはしっています。」という文と挿絵から、子ども達はどんな自動車が走っているのか、考えることができます。郵便収集車、トラック、パトカー、ゴミ収集車、タクシー……遠くの方にはコンクリートミキサー車も走っています。乗用車も走っていますが、乗用車という言葉は出てくるかどうか……挿絵に描いてなくても、いろいろな自動車の名前を挙げる児童がいると思われます。知っている自動車をいろいろ挙げさせて、自動車への興味関心を引き出したいです。
　「それぞれのじどう車は、どんなしごとをしていますか。」という問いかけは、読み手としての子どもに対しての問いかけだと思われます。「くちばし」での、「これはなんのくちばしでしょう。」という問いと比べて、子ども達にとってわかりにくく、答えにくい問いかけです。「くちばし」は具体的なものを指しているので答えやすいのですが、「しごと」は「くちばし」と比べて抽象的です。「しごと」と似ている言葉で「はたらき」と考える児童もいるかと思います。また、「自動車が仕事をする」というのは、自動車を擬人化していて、おもしろい表現のしかたです。
　次に「そのために、それぞれのじどう車は、どんなつくりになっていますか。」の問いかけがあります。『そのために』のあと、わざわざ行をかえて「どんなつくりになっていますか。」とつながっています。『そのために』を強調しています。この書き方は、このあとの段落でも使われています。まず「しごと」があり、『そのために』という表現の仕方になっています。子どもによっては、また題材によっては、「つくり」があり、『だから』「しごと」がある、という表現の方がとらえやすい場合もあります。だから、それも認めたうえで、文章に立ち返って、「しごと」と「つ

くり」の因果関係を『そのために』の言葉をつかって押さえるようにしたいです。
○「バスやじょうよう車」
　授業を行う11月の時点では、バスに乗って遠足に行っているので、全員が自分の体験を想起して、バスの仕事とつくりを考えることができます。「バス」にもいろいろな種類があります。路線バス、観光バス、幼稚園バス、スイミングのバス等、これらを全部まとめてバスということも押さえる必要があるかと思います。
　「じょうよう車」という語句は生活の中で使うことが少ないので、1年生にとって難しいと思われます。自動車と乗用車の違いもわかりにくいでしょう。子どもは、乗用車のことを自動車という言い方をします。そのときには、前時に戻って、「いろいろなじどう車」のなかに乗用車も含まれるということを押さえたいです。
　「バスやじょうよう車」と並べて書いてあり、バスと乗用車を一括りにして説明しています。1年生にとってバスと乗用車を一緒に考えることは難しいことと思われます。バスと乗用車の仕事やつくりを話し合うことを通して、人を乗せて運ぶ車として一括りにして考えることができるようにしたいです。「人を乗せて運ぶ仕事」という文からはタクシーも考えられます。「(けがをした) 人を乗せて運ぶ」救急車をあげる児童もいるかもしれません。「人をのせて運ぶ仕事」に注目するならば、バスや乗用車だけではなくいろいろな自動車があります。「バスやじょうよう車」はそのなかの代表という押さえ方をすればよいかと思います。
　「そのために、ざせきのところがひろくつくってあります。」の文からは、一つの座席が広いという意味なのか、座席がたくさんあるから座席のスペースが広いという意味なのか、とらえにくい子どもがいると思われます。「座席のところ」なので、座席がある場所、座席のまわり、ととらえさせたいと思います。
　「そとのけしきがよく見えるように、おおきなまどがたくさんありま

す。」という文は抽象的すぎるので、いろいろな意見が出ることでしょう。「おおきな」ってどれくらい？「たくさん」ってどれくらい？いろいろな疑問が出てきそうです。その場合には、バスの挿絵を見たり、前時のいろいろな自動車が描いてある挿絵を見たりして理解させたいです。

　つくりについて、本文では二つしかあげていませんが、子ども達からはもっといろいろな意見が出てくると思われます。荷物を入れる場所があるとか、バスはドアが大きい、手すりがある等挿絵を見てわかることや、児童の経験、知っていることなども発表させたいと思います。

○　トラック

　「トラックは、にもつをはこぶしごとをしています。」の文で、トラックの仕事が述べられています。ここで初めて、前の段落の「バスやじょうよう車」とくらべて考えることができます。「バスやじょうよう車」は「ひとをはこぶ」で、「トラック」は「にもつをはこぶ」という違いに気づくと思います。

　トラックにもいろいろな種類のトラックがあります。子ども達は自分の経験からたくさんの種類をあげることでしょう。それらをまとめて「トラック」ということも押さえたいと思います。

　「そのために、うんてんせきのほかは、ひろいにだいになっています。」の文で、荷台について説明しています。運ぶものによって、トラックの形状も違っています。どのトラックも「ひろいにだい」は共通しているので、具体的にいろいろなトラックのつくりをあげることによって、「ひろいにだい」がより理解しやすくなると思います。

　「おもいにもつをのせるトラックには、タイヤがたくさんついています。」の文からはタイヤは何個ついているのか、具体的には書かれていません。挿絵を見ると、３個しか見えませんが、それ以上ついていることに気づく子どもがいます。「おもいにもつ」ってどのくらい重い荷物なのか、疑問に思う子どもがいると思われます。どんな荷物が乗っているのか考えさせる活動をすることによって、日常的に目に触れている物

を出させて、重い荷物が乗っていることを想像させたいと思います。
○　クレーン車
　「クレーン車はおもいものをつり上げるしごとをしています。」の文で、クレーン車の仕事について述べています。これまで出てきた自動車は「運ぶ仕事」をしていましたが、クレーン車は「おもいものをつり上げるしごと」と、仕事の種類がかわります。クレーン車は、前に出てきたトラックとは違って、その場にいたままで物を動かす（運ぶ）仕事をします。だから、「高いところに運ぶ仕事」ではなくて「つり上げる仕事」という表現になっていると思います。

　重い物って、いったいどのくらいの重さなのか、疑問が出ると思います。挿絵を見ても、抽象的すぎて何をつり上げているのかよくわかりませんが、描かれているラフターラインクレーンでは、8トンから70トンくらいまでのものをつり上げることができるようです。トンという単位は聞いたことがある子もいると思いますが、単位を出しても1年生にはよくわかりません。実際にクレーン車がどんな物をつり上げているのか知っていることを出させて、重さを実感できるようにしたいと思います。

　また、「つり上げる」という言葉には、吊って上へ上げるという意味があります。「吊る」は、ものにかけて下げることですから、クレーン車の腕の先には物をひっかけてとめるための立派な鉤がついています。鉤はワイヤーで動かすようになっています。しかし、文章ではワイヤーや鉤のことには触れていません。挿絵から気づくことができます。

　重い物をつり上げるために、クレーン車のつくりは今まで出てきた自動車とは違う特徴がたくさんあげてあります。まず、丈夫な腕がついていること、さらにその腕が伸びたり動いたりすること、重い物をつり上げる時に車体が傾かないように、しっかりした脚がついていることです。この腕と脚は、クレーン車が走行する際にはしまって（たたんで）あります。仕事をする時だけ出して使います。走行しているときの説明や挿絵はないので、話し合いのなかで補足する必要があります。

（4）表現の特徴
ア　話題と問題提示
　・「それぞれのじどう車は、どんなしごとをしていますか。そのために、どんなつくりになっていますか。」と始めに問いかけることによって、読み手に考えさせ、次につなげていきます。
イ　規則的な文の叙述
　・「バスやじょうよう車」「トラック」「クレーン車」について、「しごと」「つくり」の順で述べています。
ウ　接続詞
　・「しごと」と「つくり」を、「そのために」という接続詞でつなげています。
エ　指示語
　・「そのために」の「その」は、指示語になっています。
オ　複合動詞
　・つり上げる
　　「つる」＋「上げる」のように足し算言葉として理解させます。吊って、さらに高く上げることに気づかせます。
カ　擬人化
　・じょうぶなうで
　・しっかりしたあし

5　教材化の視点
（1）新しいことを知る喜びを味わいながら読ませる。
　これまでの生活経験で、いろいろな自動車を知っている児童ですが、仕事とつくりを改めて知って、なるほどと感心することでしょう。説明文を読む楽しさは、今まで知らなかったことを知る喜び、知っていたことを新たな視点で説明してある文にふれる感動にあると思います。
　言葉や文に反応しながら、自分の知識・体験を活かしながら、疑問を持ったり自分の考えを持ったりして、興味深く読ませたいと思います。

(2) 絵と文章をつなげながら内容を読ませる。

　文だけでは理解しにくい児童も、絵を見ることによって理解が助けられたり、深まったりします。

　つい絵の方に目が行きがちですが、まずは書かれている文章に注目させ、その内容を具体化して読み取り、絵を見て絵の中の注目すべきところを押さえていきます。そしてまた文章に立ち返り豊かに理解させます。

(3) 前の文との違いを考えながら読ませる。

　「バスやじょうよう車」「トラック」「クレーン車」は、それぞれの「しごと」によって、それに合った「つくり」になっています。一つ一つの仕事とつくりを考えながら、その前の段落で出てきた自動車と比べて読むことができるようにしていきたいと思います。

(4) 話し合いながら読みを深める学習集団を育てる。

　本学級には、発問に対してどのように答えたらよいのかわからない児童とか、友達の発言を聞かずにまた同じことを答える児童が多いです。また、自分が発表したら満足してそれで終わり、という児童もいます。

　このような子ども達に、友達の発表を聞く楽しさや自分の考えと友達の考えには共通点や相違点があることに気づかせていきたいです。子ども達の話し合いで授業が進み、読みが深まっていくような教師の関わり方を工夫して、学習集団を高めていきたいです。

6　本時の指導計画（9時間扱いの4時間目）

(1) 教師の読み

　3つめはクレーン車です。クレーン車は、工事現場で活躍することの多い自動車です。身近とは言わないまでも、工事現場で実際に見たことがある児童もいると思われます。また、テレビなどの映像で見ている児童は多いでしょう。「クレーン車は、おもいものをつり上げるしごとをしています。」の文をしっかり押さえることが大事です。なぜなら、重い物をつり上げるために、「じょうぶなうで」があり、「しっかりしたあ

し」がついているからです。

　「そのために、じょうぶなうでが、のびたりうごいたりするようにつくってあります。」と書かれています。「のびたり」とあるので、一般的に対になる言葉は「ちぢんだり」ですが、ものをつり上げるだけでなく、つり上げてから別の場所に移動させるために「のびたりうごいたりする」という表現になっています。簡潔な文にするため、細かなことが書かれていません。話し合う中で気づかせたいところです。

　また、うでの先には鉤がついています。その鉤もワイヤーで動きます。文章中には書かれていませんが、挿絵から見つけることができるでしょう。「車たいがかたむかないように、しっかりしたあしが、ついています。」の文と挿絵から、4本の脚で車体を支えていることがわかります。この脚は、走行中にはしまってあります。なぜ、車体が傾かないようにするのか、なぜ車体が傾くのかということがわからない児童もいるかと思われます。重い物を持つことで車体が傾くから、傾いて倒れてしまわないように、しっかりした脚で支えるということを、児童の発言から引き出していきたいところです。また、動作化などを取り入れて、重い物を持つと自分の体が傾くということを体験させる活動も考えています。

　クレーン車のつくりについても、文と挿絵だけではわからないことが出てきそうです。腕がどのくらい伸びるのか、どのくらい重い荷物をつり上げることができるのか……どんな物をどんなところにつり上げるのかということを考えさせながら、とても高いところに、とても重い物をつり上げるということを想像させていきたいと思います。写真を用意したり、調べておいたりすることも必要ですが、わからないことや疑問に思ったことは『？の部屋』に書いておき、子ども達が自主的に調べる活動も大事にしていきたいと思います。

7　本時の授業記録

　T1　　では、⑩番「クレーン車は、おもいものをつり上げるしごと

をしています。」ここから考えていきましょう。はい、お待たせしましたね、よくがんばりました。Hちゃん。

C1　(M・H)　クレーン車は重いものをつり上げますのところで、重いから機械で運ぶ。

T2　うーんうんうんうん、今手を上げている人、今のHちゃんの発言に対してですか？どうですか。Hちゃんの発言に対して。聞こえたよね。じゃ、今の3倍ぐらいの大きさでもう一回。

C2　(M・H)　クレーン車は重いものをつり上げるのところで、重いから機械で運ぶのかな。

T3　ここのところだね。(板書)クレーン車ということは機械っていうこと。つながったんだね。昨日もトラックで重いものって考えたよね。みんな出してくれたんだけど、この重いもので何をって考えた人いませんでしたか？Kちゃん。

C3　(M・K)　どんな物をつり上げるんだろう。

T4　それで終わっちゃった？じゃあどんなものって考えた人。Sくん。

C4　(I・S)　鉄骨。

T5　うーん難しい言葉知っているね。(板書)　鉄骨って知らない人？鉄骨って言ったんだよね。説明できる？

C5　(I・S)　……

T6　言葉は知ってるけどわからない？鉄骨……鉄の太い、ながい棒とか。

C6　(棒みたいな…)

T7　それから鉄の大きい板とか鉄でできているもの。

C7　(木みたい…)

T8　それをまとめて鉄骨って考えてください。では、Aちゃん。

C8　(T・A)　重い物をつり上げる仕事をしていますのところで、

	中身はなんだろう。
T9	そうなんだよね。だからなんなんだろう。考えた人いるよね。Kちゃん思いついた？
C9	（M・K）レンガ。
T10	なるほど。レンガ知ってる人、持ったことある人。
C10	知ってる、知ってる。
T11	このクレーン車で運ぶレンガは、みんなの力では持てない？
C11	持てない。
T12	重い物なんだね。じゃ、どんなレンガかなって考えたかな。Sちゃん。
C12	（I・S）古いレンガ。
T13	どうしてそう思ったの？
C13	（I・S）絵で。
T14	この絵からね。これ、古いレンガかなって思ったんだ。うーん。
C14	茶色、茶色。
T15	先生わからなくてこの絵、Nちゃん。
C15	（T・N）おうちに使うレンガかな。
T16	あ、なるほどね。うーん。Kくん。
C16	（I・K）なんか、中身にさあ。つぼ？つぼ？
T17	うん？壺？なかに壺が入っているのかなと思ったのかな。なるほどねー。Kちゃん。
C17	（M・K）重いレンガかなあ。
T18	そうだよね、ただのレンガでも、重いレンガなんだよね。他にいませんか？こうゆうの。重いものってどうゆうものかなあって思った人。Sくん。
C18	（I・S）はしら。
T19	おお、はい、Kくん。
C19	（I・K）なんか、おうちとかに、おうちを……

T20	ちょっと待って、しーっ。
C20	（I・K）おうちを建てるためのなんか……木？
T21	うーん。いいほうにいってきたね……はい、Aちゃん。
C21	（T・A）煙突のレンガ。
T22	煙突ね、なるほどね、つまり、おうちを建てるとか建物を建てるのに関わってくるのをみんな思いついたんだね。じゃあ、どうして、つり上げるってなるの？
C22	重たいから？
T23	Yくん。
C23	（H・Y）人間だと重たいからクレーン車で持ち上げる。
T24	つり上げるっていうのを持ち上げるって言葉にかえてくれたんだけど、どこに上げるの？
C24	さあー。
T25	どこに上げるの、Yくん。じゃあ、Kちゃん
C25	（M・K）わすれました……
T26	はい、Nちゃん。
C26	（T・N）うえ？
T27	上にあげる。つり上げるっていう意味は、一つは上に上げるっていう、そういうこと考えたかな、じゃ、つり上げるのところでもっと考えた人いる？このことばに注目した人いる？
C27	（T・A）先生、なんで、つりの下が上なんですか。
T28	つりの下が上なんですかって書いてあるの？言ったの？…ああなるほど、そうでした。 これ、上っていう字でこの間習ったけど、上げるとも読むんですよ。つり上げるなんだね、だから意味は？上に
C28	上げる。
T29	上げるっていうこと、そういう意味なんだね。
C29	上に上げれば、上に。

T30	つり上げるのところで考えた人いないかなあ。Kくん。
C30	(I・K) つり上げるって、床にあるものを、クレーンでこうやって（動作）上に上げる。
T31	うんうんうんうん、床にあるものクレーンでこうやって上にあげる、そういうことなんだね。
T32	この柱を立てる木を上に上げる、っていうことなんだね。
C31	(I・K) 魚釣りのときも。
T33	魚釣りの時もつり上げるんだ。
C32	魚釣りだったらつり上げられるよ。
T34	魚釣りだ。イメージは、
C33	あげないとさあ、つれないから。
T35	つり上げる……だけ？上に上げるだけ？
C34	下におろす。
T36	Aちゃん。
C35	(T・A) 下におろす。
T37	つり上げたら下におろす。そういうことも？必要？
C36	おうち？
T38	おうちの時は？
C37	おうちの時も。
T39	つり上げてそして下におろす……（板書）……Hちゃん、さっき手を上げていたよね。
C38	(M・H) えーと……持ったまま、他のところに下ろす。
C39	(T・A) そして下におろす。
T40	うーん（板書）どうですか皆さん。見て！Hちゃんが言ってくれたこと書いたんだけど、他のところに移動するっていうのが出てきました。下におろすっていうのはAちゃんが言ってくれました。つり上げるしごとってことからこういうことも考えられますって二人が言ってくれましたけど皆さん

	どうですか？はい A ちゃんどうぞ。
C40	(T・A) 走るときに、下にあるなんか棒みたいのどうするのかな。
T41	これのことかな。これが出てると、走れないよね。
C41	(T・A) うん（小さな声）
T42	うーん、今ちょっと話、とんじゃったんだけど、下にある棒みたいなものってね、これは、なんのために。
C42	たおれないように。
T43	あるかっていうのが今から出てくる……はい S くん。
C43	(H・S) 落ちないように（小さい）。
T44	下にばんて落ちないように、これがね。
C44	はい、はい。
T45	K くん。忘れちゃった？はいオッケー。また思いついたら。
C45	(H・K) 傾かないように。
T46	じゃあ、ちょっと違うところのほうがいいですか？⑩番じゃなくて何番がいい？
C46	⑫番。
T47	⑫番がいいね。なんで傾かないようになの？傾かないようにこれがあるって言ったんだけどなんで傾くの？
C47	(H・K) 荷物が重たいから（荷物が…）。
T48	なるほど、ここつながってくるね。 （荷物が…）（板書）
T49	みんなが言ってくれた荷物が重たいから、車体が傾かないようにしっかりした足がついています。えーと S ちゃん、S ちゃんじゃない、ごめん、Y ちゃん、傾かないようにってところで書いていたよね。発表して。
C48	(M・Y) たおれないようにしているのかな。
T50	たおれないようにってつながってくるよね。K ちゃん。

C49	（M・K）はい、傾かないようにのところで重い物を上げるからかな。
T51	荷物が重たいからだけじゃなくて重いものを上げるからなのね。（板書）
T52	傾かないように、じゃ、さっきの、Aちゃんのちょっと、とっといたんだけど、足じゃまにならないのかなあ、走るときって、知ってる人いる？
C50	じゃあ、さあ、のびたりちぢめたりする…
T53	Sくん。
C51	（H・S）たためるのかな（小さな声）。
T54	Aちゃん。
C52	（T・A）でも途中で、足はなして、重い荷物が傾かないのかな
T55	もう1回言ってくれる？
C53	（T・A）足外したら重いからこっちに傾かないのかな。
T56	はい、Kちゃん。
C54	（M・K）わすれちゃった。
T57	ちょっと今の整理するから‥あっNちゃん整理できる？
C55	先生、Kちゃんが思い出したって。
T58	思い出した？どうぞ。
C56	（M・K）動くから平気じゃないのかな。
T59	いま、AちゃんがいったのとKちゃんが言ったのとSくんが言ったのちょっと複雑なんだけど何が動くから平気なの？
C57	（H・Y）タイヤ。（つぶやき）
T60	これが動くの？
C58	（H・Y）ううん、タイヤ？
T61	タイヤが動くの？
C59	（M・K）じょうぶなうで。
T62	こっち？こっちねー。ちょっとそれ待っててー。先にねー。

こっちにいっちゃったんだよね。今日はねー。これっ、たためるんじゃないかってSくん言ったんだよね。いつたたむの？どんな時たたむの？

C60 　走るときー（はっきりした声）走るとき…走るとき（小さな声）
T63 　そうだよね。（板書）
T64 　Aちゃんそういうことでオッケー？
C61 　（T・A）走ってて、荷物をおとさないのかなあ。
T65 　あっそうか。じゃあ、ちょっと、こっちの動いたりにつながってくると思うんだけど、この荷物をあげたまんま走るの？
C62 　（H・Y）さあ、ギギギーイってなるよ。
T66 　荷物を上げたままタイヤで走っちゃうの？
C63 　そうだよ、かたむいた……
C64 　ええっ走れないよー。
T67 　Aちゃん。
C65 　（N・A）クレーンの上の部分を下げるのかな。
T68 　このクレーンの上の部分、この部分を下げる、そして……
C66 　（N・H）黄色のとこ…（はっきりした声）
T69 　動かすってこと。じゃタイヤは動かない。うーん、このうでが動くのかな？
C67 　分かった、このうでが……（はっきりした声）
T70 　Kくんある？
C68 　（I・K）えーとしごとがおわってー……えっと、黒い部分を下げてー、ここなんか（絵を指さす）倒して。
T71 　たおしてー、うん、なるほど、じゃあ走るのは、Kくんの意見によると仕事が終わって、これ黒い部分、うでって書いてあるね。うでを倒して、そして走るのね。
　　　（C　おろして、どうするの……C　だから……）
T72 　ってことは、タイヤは仕事しているときは、使わない。いい

のかなそれで。さっきAちゃんが言ったよね。（先生…）この腕が動くのかな。そこみんなで読んでください。さんはい！一斉に全員音読「そのために、丈夫な腕が、のびたり、動いたりするように作ってあります。」

T73 　そのためって何のため？
C69 　（I・K）さっきの1時間目に…
T74 　うん、何のため？そのためって何のためにこうなってるの？
C70 　動くために？
C71 　重い荷物を運ぶため？
C72 　せんせいー。
T75 　Hくん。
C73 　（N・H）他の車にぶつかんないように。
T76 　他の車にぶつかんないように、じょうぶなうでがのびたり動いたり？
T77 　なるほど、今のね、先生はわかったよ。それ。ここにほかの車があって、この荷物を動かすのにほかの車にぶつかんないように、この腕が伸びるんでしょ。そういうことだよね。うーん。そういうことを言ってくれたんだと思います。
C74 　（T・A）えーーー
C75 　（I・K）だけどさあ、それさ、ぐんぐん縮めたらさ、短くなるから、えーと、置けると思う。
C76 　（H・S）置かないと動けないのかな。
T78 　これを短くして、置くの？
C77 　（I・K）ここに置く。
T79 　この荷物を上げたり下げたりするのって何を使っているのか、考えてみて。ちょっと。この絵に注目、Yくん。
C78 　（H・Y）てっぺんのやつ。
T80 　てっぺんのやつ。これ？ここのところを注目してください。

	これね。ここに書いてないんだけど。うでのことしか書いてないんだけどひもが出てるでしょ。ここにかぎがついているよね。つり上げるって、さっき、魚釣りって言ってくれたけど何でつるの？魚釣りって。
C79	糸！
T81	つりざおのいと、だから、これも、糸じゃないけど。
C80	かたい糸（はっきりした声）
T82	かたい糸、そしてこれがはりみたいな、そんな感じだよね。ここでつりあげるよね。さっきHくんが、言ってくれたんだけどほかの車にぶつかんないように高いのね。ずっと伸ばす。ちょっとねー、難しいので、先生、写真、調べてみました。
C81	わあすごい…、わーすごーい、 さっきあったよ、写真。
T83	こうやって、ぐーんてのばして
C82	わ―――すごい、すごい。あっ、工事中……
T84	のばして、これは鉄骨みたいな機械なんですけど、それを、つり上げています。どこに運ぶのかわかる？これ。
C83	うん……わかる。……えっその上？
C84	マンションのてっぺん
T85	うんマンションとかつくるからその上に、運ぶ。
C85	（I・K）じゃ、クレーンの後ろはなんなの？
T86	何々？クレーンの後ろはなんなの？
C86	この学校？
T87	そう、学校。
C87	え―――。
T88	学校。そう学校なのよ。
C88	えっ。え――。なに学校？ええ――
T89	作ってるんだって。
C89	なに学校？

C90	中学校？
T90	高校。
C91	学校つくってんの――
T91	それからさっき、柱とかおうちを建てるって、これです。見てください。
T92	Mちゃんのうちを建てていたよね。その屋根に乗っける。こんなクレーンが来ています。
C92	いつも帰るときに伸びている……（はっきりした声）
C93	（H・Y）ゆうもだよ、7号棟のうしろにあるよ。
T93	これもありました。これは上が切れているんだけど、何を乗っけているかわかるよね。
C94	木、木、木（口々に）
T94	これだよね。
C95	（かんたあん）
T95	木です。
C96	きいい！
C97	それ、しゃしん？
T96	じゃあ、こういうためにここのところにつながってくるかなあと思うんだけど、もうちょっと、ここ、あ、そうだ⑪はまだ聞いてないんだよね。⑪発表してない人発表してください。Nちゃん。
C98	（T・N）首みたいなところがのびるのかな。
T97	もう一回言って。
C99	（T・N）首みたいなところがのびるのかな。
T98	首ねー。首みたいなところ、ここなんて書いてあるかなあ。
C100	（T・N）うで？
T99	そうだね。うでって書いてあるね。
C101	首みたい…

T100	どこが伸びるかわかりますか。いま、Nちゃん、のびるかなって言ってくれたんだけど。
C102	どこが伸びるかわかんない。
T101	Kちゃん。 なんか黒いところが伸びる。
T102	そうだよね。○ちゃんもおなじ？ こういうのみたことない？ ぐーんてのびるの。
C	あるー。あるーうー見たことあるよ。後ろでさ、工事中してるから。（はっきりした声）
T103	よく先生がこれ、使うけど、最初は、たたんであるけど、つうーーてのびるの。これと？
	子どもの声聞き取れず
T104	同じ分かる？ ここでたたまれているの。気がついた人いる？
C103	気が付かなかった。
C104	気が付いた。
T105	気がついた？ ということは、ここまだのびるかな。
C105	のびる。
T106	まだ伸びるかな。ね、まだのびるかな、もっと上に。
C106	のびる、のびる。
T107	ここが伸びるってことです。
T108	じゃあ動いたりっていうのは？
C107	うでが動く。
T109	はいNちゃん。
C108	（T・N）まがったりする。
T110	どこが？ ここが？
C109	（T・N）うで。
T111	これが？ これがこうやってまがるの？ どうでしょうみなさん。動くってそういうこと。はいAちゃん。

C110	（T・A）なんかあのキリンの首みたいのが動くのかな。
T112	もう一回言って。
C111	（T・A）なんかあの、キリンの首みたいのがうごくのかな。
T113	ここが動くのかなってね。キリンの首ね、いい表現したね。丈夫な腕のことキリンの首。Kちゃん。
C112	（T・A）ここがね、顔みたいなんだもの。
C113	（K・A）なんか、ひものところが動くのかなあ。
T114	ここね。ひものところがうごくのかなあ。
T115	どういうふうに動くの、これが……
C114	（M・K）下がったり、上に上がったり……
T116	下がったり、上に上がったり、いいこと考えてくれたねー、Kちゃんね。ここが動くのかって、今意見が出ました。皆さんどう思いますか？ Rくんどう思いますか？ Hくんどう思いますか？ Nちゃんは、ここが曲がるのかなって言いました。で、ここで折れるのかなって言いましたよ。で、Kちゃんはここが伸びたり、動くのかなって言いました。Aちゃんはここがこうやって動くのかなって言いました。どれだと思いますか。ここは難しいから先生もね考えて、T先生といっしょに、作ってみました。みんなに分かるかな。
C115	ええっ、なにこれクレーン車の代わり？（かわりなのねー）
T117	まず、走るときってここが、こう、たたんであるでしょ。
C116	え、すごーい。
T118	で、こうやって走るでしょ。ぶ———、止まりました。さあ、そこで、仕事するぞっていうときあしがでます。
T119	足まで作れませんでした。足が出ます。そして、これが、さっきこうた君が言ったよね。 しごとするときにこうやって、おこして、グーンってのびて
C117	おお——○○みたい！

T120	のびたでしょう？そしてKちゃんが言ってくれたこのひもが動くのかなって言ったよね。何引っかけよう。それも考えたのよ。
C118	カスタネット！
T121	これを、つるしてここにかけるのは人間の手、つるして、そして、うえに、あげてー
C119	うおー
C120	面白い。
T122	そのまんま下におろすって言ってもそのまんま下のおろしたらまたおんなじところに。
C121	なっちゃう。
T123	意味ないよね。
C122	意味ない。だから高いところに、
T124	上げたら、高いところの、におろす。それから、じゃ、ほかの場所にいったら、ここが、ほら、動く。ここを動かしてほかの場所に……
C123	あーおちるー。
T125	落ちる。おろす。ここちょっと狭いからね。これでいいよね。この場所で持ったら、かけてこのまんま……
C124	落ちる（小さな声）
T126	よいしょ、よいしょ、あ、ちょっとひもたらなかった。上げすぎちゃった。おろす。どうですか。
C125	うわーすげー。
T127	あとねー動くということを考えてみたんですけど、皆さん、どうでしょう。 これ、重くないんですけど本当は？重い。にもつだね（カスタネットの音……）
T128	じゃあ、さっき言ってくれた、うでがのびる。みんなの言っ

た首のほうがいいのかな、ここではうでってあるんだけど、なんかちょっと、首って言ったのはどうしてなの？ 首に似てたから？

C126　きりんの首みたい。だって上のほうが黄色なんだもの。顔みたいなんだもの。

C127　ロボットの……

T129　キリンも、首動かして食べるよね。実は、クレーンっていう意味キリンていう意味じゃないんです。この間みてきた鶴っていう意味なんです。鶴の首なんです。知らなかったでしょう。

C128　知ってたあー

T130　あ、知ってたのすごーい。では、まだ言いたりないことある人！ いたいた、はいＳくん。

C129　（H・S）あしのところで……

T131　ちょっと待って注目！ 足のところで。

C130　（H・S）足のところで、足がついている車、クレーン。

T132　足がついている車、クレーンは足がついているんだよね。Ａちゃんどうぞ。

C131　（T・A）なんで車に足があるのかな。

T133　あれっ、それ、誰かわかる人いる？ なんで車に足があるのかなあっていうこと。

C132　はい！ はい、はい。

T134　Ａちゃん。

C133　（N・A）はい。

C134　計算カード持ち上げられる。（カスタネットの音）

T135　大きな声でお願いします。

C135　（N・A）傾かないように。

T136　何が？

C136	(N・A) クレーン車が。
T137	うん、そうだよね。今ねクレーン車が傾かないように足がついている。
T138	皆さん、今、カメラで撮ってくれてるんだけどそのカメラの三脚見てください。何本ついてる？あし。3本ついているでしょ。一本の棒じゃないんだよね。一本だったら立たないよねカメラは頭がおもいから、こうた君が今言ってくれたけど一本だとぐらぐらしちゃうけど、ちゃんと足があると倒れないんだよね。みんなも今日やったじゃない。バランス。
C137	ああ、体育？
T139	そうそうそうそう。ね、てゆうことはAちゃんわかりましたか。なぜ足がついてるでしょう。
C138	(T・N) はい。
T140	はいNちゃん。
C139	(T・N) あしは、磁石がついているのかな。
T141	なんでそう思ったの？
C140	(T・N) しっかりした足がついています、って書いてあるから
T142	ごめん、もうちょっと詳しくいってくれない？
C141	わかったあー、下がぺちゃんこだから……
T143	ああ、磁石だったら下にぺったんてつくのかなーと思ったんだ。磁石ってどういうところにつくの？
C142	平らなところ。
T144	ちょっと、ここでは返事できないので、書いておきます。
C143	磁石って、なんかれーぞーこみたいなとこ？
C144	おちないの？
C145	じーしゃーく、じーしゃーくがついているのかな。
T145	わからないので、みなさんそのうちに調べて教えてください。
C146	はーい。

T146 ちょっとわかりません。ほかにありますか。大丈夫ですか、せっかく書いたのに発言してない人もいましたけど。
C147 （I・K）えーっ、おれまだ言ってない。
C148 （M・K）Nちゃんのところで重いから足がつくのかなと思いました。
T147 Nちゃんのところで、重いから？
C149 （M・K）重いからなんかー、支えるやつになるのかな。
T148 なにが？
C150 （M・K）足が？
（以下略）

8 授業を振り返って

1 　多くの子ども達にひとり読みで書きとめたことを発言させたかったのだが、複数発言した子どもは限られていた。3分の2の子ども達は1時間の授業のなかで1回は発言したが、3分の1の子ども達は発言ができなかった。書きこみをしていたのに発言していないので、1時間の中で、あるいは単元の中でたくさん発言できるように工夫したい。
　読む学習の中で、自分の考えを友達にむかって話すということはとても大事なことである。なぜなら、言葉に出すことによって他の子との関わりが生まれ、そのことで自分自身の理解が深まるからである。

2 　子ども達は、文の中の言葉から場面を思い浮かべていたように思う。たとえば、C31（I・K）の「魚釣りの時も」の発言では、クレーン車の動きを魚釣りという言葉を使って仕事の場面を思い描くことができていた。また、C126の（うでではなく）「きりんの首みたい。」という発言では、自分なりに主体的なとらえ方をしていることがわかる。

3 　子ども達自身が知っていること、経験していることはたくさんあるはずなので、それらをもっと話させたかった。知っていることをお互いに交流することによって、経験したことのないことを知ることがで

きる。さらに、文章を補うと言うだけでなく、文章に書かれていることを実感を持って、イメージとしてとらえることができる。

4　教師の役割として、子ども達同士の発言で理解できてきたことをきちんと評価し、伝えてあげることが必要であるが、それがなかなかできていなかった。子どもがとても良い発言をしたときに、適宜評価することによって、また次の発言につながっていくと思う。そのためにも、教師が余裕を持って子どもの発言をきくことが大切だと思う。

5　クレーン車の説明は、3つの文から成り立っている。この3つの文をまとまりとしてみることで、クレーン車の「しごと」と「つくり」の関係をとらえることができる。今回は、1つ1つの文については詳しく考えたのだが、3つのまとまりとしてみる指導ができなかったように思う。
　子どもが「から」をつかって、「しごと」と「つくり」の因果関係を説明していたことの意義をとりあげ、それが、「しごと」と「つくり」をつなげている「そのために」にと同じ意味になることをもっと注目させて、まとまりとして考えさせることができると良かった。

1学年、初めての書き言葉を子どもたちはどう読むか（H27年度）『くちばし』（光村図書出版）

埼玉県公立小学校教諭　浦川真枝

1．思い

児童言語研究会に入って、児童の思考を探る楽しみを学んだ。児童の考えを議論し合うのも楽しいものだ。自分の授業に対して思い込みで児童を理解したつもりでいることをひっくり返される驚きもまた、おもしろいものである。しかし、なんといっても、教師主導型の授業から児童

の発話による児童同士の話し合いで進む授業に変わったことは、私にとっても、子どもにとっても大変価値のあることであった。授業の前は、とにかく柔軟に耳を傾け子どもの思いを受け止められるように準備体操。大人の思い込みからの脱却。それでも、大人心が出てしまうのだが。

今年１年生担任が決まり、真っ先に考えたことは、まっさらな１年生がどう書き言葉を獲得していくか、自分なりに分析していこうということである。拙い１年生に授業を任せることに、初めて児童主導型の授業をしたときのように不安があった。けど、やってみたかった。

２．クラスの児童

今年の１年生は、立ち歩く児童もなく例年になくごく標準的な児童という印象がある。スタートの時点でこの状態だったのでとにかく１年生扱いせずできることはどんどんやらせよう、児童の中から出てきた思い・希望は児童の手でどんどん実現させよう、という思いを持った。集団行動が苦手なＭくんＳさん、言葉が出にくいＹくんＮくん、何事もめんどくさい、なげやりなＳくん、を個別に対応しながら国語の授業の話し合い活動を要にどんどん言わせた、どんどんやらせた。給食の配膳も方法を児童とやりとりしながら熱いものもできるようになった。難しいご飯をよそるのもオノマトペをつかいながら上手にできるようになっていった。話し合いの論議が進むようになると自分の思いを口にするようになったので学活、学級会を活用することも進めていった。児童集会を終えた後つぶやきを拾って生活科「秋で遊ぼう」のゲーム作製をお店屋さん形式で行った。運動会優勝おめでとう会をやりたい、クリスマス会でサンタを折り紙で折りたいなど……。

３．児童の論点

A．答えを文から見つける。
B．魚をとらず蜜を吸う。

- はちどりはなぜ蜜が好き（30）
- 蜂みたいなことをするからはちどり（36）
- 蜂と同じで蜜を吸うから名前がついた（39）
- 蜂は花粉を集める。（48）
- めしべの花粉の場所確認（58）

C．くちばしを花にいれると、破れる。

D．はちどりはなぜくちばしが長いの？（12）
- 児童は疑問形をよく使うが質問でなく読み取ったときにもよく使う傾向もある。
- 花の蜜を吸うため。
- 花が細いから。
- 花が細いと破れる。　　　→Cの論点へ

E．花の蜜の色（18）
- 赤の蜜を吸えば赤になる。（44）
- くちばしの色に赤い部分がある。辛いから（72）
- 花も赤いから。
- 血かも（75）

F．きつつきもくちばしが長い（59）
- きつつきは細長いと書いていないでとがっていると書いている。
- 細くない。
- きつつきは、虫を食べる（111）
- はちどりは、虫を食べない。

G．くちばしの範囲
- くちばしは棒みたいな所（78）
- 人間の口のお外のところをくちばし。じっさいたべてるのはくちびるで食べているんじゃないんだよね。
- （くちばしがないと）えさを食べられない。

F．はちどりは小さい（模型から）

・近くで撮っているから。(93)
G．はちどりはホバリングして蜜を吸う。
　　・羽がブレて写っている

4．授業を終えて
　話は際限もなく行ったり来たりだが、一生懸命に言葉に即して自分の思いを持ち伝えてくれた。伝わらなければ修正してあきらめず伝えてくれた。それでも伝わらないと友達が解釈して説明してくれる。みんながその子が何を考えているのかわかろうとしていた。そこにまた新たな発見があり解決があった。また、クラスの輪もそのやりとりの中で強くなった。話し合い活動を通して、考えること伝えること思いやることを学んでいるようである。

5．授業を振り返って
　児童の思い、読み取ったことを受けとめて解決することしか意識がいってなかったように思う。
　その以前に教材研究をすること、自分の視点を持つこと、の大切さは、指摘されてもすぐには理解できなかった。一般的な指導書を読んで語句の意味指導事項を確認することはしていた。けれども、児童がどう思うか、どう読むか、教師がこの文章をどう読むか、先輩たちの教材分析をみていてもわかっていなかったと、今思う。私は、単なるこの文章の言葉のみを読ませようとしていただけのようである。児童が自分の生活体験と絡めて言葉を理解していくことは知っていた。だから、なるべく実生活にかかわる発言は大切にしようと考えていた。
　だが、この説明文分析の視点に「くちばしと食べ物との関係から、くちばしの機能、進化について述べている」という点はおさえられていなかった。つまり、「特定の食べ物を取り入れるための特定のくちばしのかたち」ということ。子どもの疑問は、くちばしの形は、それを使うこ

と（行為）によって好きな食べ物を取り入れやすいようになっているというようにまとめられた。
そのために、第3文では蜜をすうということで、これは第2文のはちどりのくちばしを花に入れるという行為の目的として、軽く扱っている。第2文の「いれる」そのためにホバリングするという行為に支えられているのだと理解することができなかった。

わからないことは、絵や実物模型で、教師が説明するという様になっていた。文章を読んで、その文章・語では、説明されていることの何がわからないのかが子どもの中である程度はっきりしていないと、絵や実物模型の何を見るのかが焦点化されない。そうすると、絵や模型の他のことが気になってくる。そういう発話が多くなる。また、絵や模型でわかったなら、文章を読み返して、前よりも文章がわかりやすかったか、さらに分かったり、変だと思ったりすることはないかという様に、文章に立ち返らなければ、読む力にはならなかった。他方、はちどりのことは『世界で一番小さい』というようなことはわかったとしても、「くちばしのかたちとたべもののとりいれかた」についてわかったという子どもは少なかったようだ。はちどりがくちばしを花の中に入れるという行為を実物模型で確認したら、文章にかえらなければならなかった。

子どもたちは、**文章の言葉だけでなっとくするのではなく、そこで説明されていないことを補う様に自分で考えようとしている。どうやって、飛んでいて、蜜を吸うのかと考えているようである。**

ホバリングの点でも教師がとらえた高速で羽を動かすことと児童の「スローモーション」は今振り返ると同じことを意味していたとも考えられる。高速連写を考えると、短い時間を駒割りにするという視点からは「スローモーション」ともとれる。児童の目線で考えられていない。

はちどりは、「蜂」に似ているからはちどりという発言も、事前に予想して「はちどり」を調べておけばはちの鳴き声とにているところから**はちどりと命名された**（広辞苑）、と伝えることができた。さらに、花

に潜り込む点で話し合いを深めることができた。
　児童の思考を授業時間瞬間に読み取るためには、その教材文に対して教師が視点をしっかり持っていること、児童の思考を予想して分析をしっかりしておくことが必要である。課題である。

6　授業記録
　p.188に紹介していますので参照してください。

5年『大造じいさんとガン』（光村図書出版）実践報告
　　　　　　　埼玉県公立小学校教諭　棗原めぐみ

1．教材の分析
(1) 内容
　「山家のろばたを想像しながら、この物語をお読みください。」という前書きに勧められて読み始める。猟師である大造じいさんとガンの群れの頭領である残雪との知恵比べともいうべき戦いが目の前で繰り広げられていく。大造じいさんの作戦は、野鳥として生き抜く残雪の知恵に通用せず、ついに、おとりを使う。しかし、思いがけずハヤブサの襲来によりおとりのガンを助けようとした残雪とハヤブサとの戦いとなった。「残雪の目には、人間もハヤブサもありませんでした。ただ、救わねばならぬ仲間のすがたがあるだけでした。」と見えるように、たった一つのことだけに自分の命をも懸けていく、残雪の真っ直ぐさを目の当たりにしたとき、大造じいさんは構えた銃を下ろしてしまう。
　地上に落ちた残雪は、かけつけた大造じいさんに対して正面からにらみつけ堂々とした態度を見せる。そんな残雪の姿に強く心を打たれる大

造じいさん。ハラハラドキドキしながら、語り手と共に残雪を応援していた読み手としての自分もその傍らにいて、残雪の姿に感動している。大造じいさんは、猟師として多くの獲物を捕ってきたはずである。36～37歳の猟師ならば、それなりの経験もし、野生動物の生態や狩猟の技も積み重ねてきたはずであろう。脂ののってきた頃ではないだろうか。自分の身に付けてきた技を試し、たくさんの獲物を捕ることで、猟師仲間からも一目置かれつつあるところではないか。そんな時に出会った残雪により、大造じいさんは今の自分を見つめることにつながっていったのではないかと考える。

　そもそも、ハヤブサの襲撃は、野生の本能を奪った"おとり"を使おうとした大造じいさんの罪を表面化した。猟師ならば、おとりを使うことは日常的に行われていることなのかもしれない。しかし、残雪の、一心に仲間を助けるために自分の命すら犠牲にすることも厭わない姿勢に対峙した時、戦法すら選ばずに獲物を捕ることをのみ考えていた自分の在り方に気づいた大造じいさん。「じいさんを正面からにらみつけ……いかにも頭領らしい、堂々たる態度のようで……ただの鳥に対しているような気がしませんでした。」と語られる大造じいさんからしてみると、傷ついた残雪と向き合った時、生活の糧としていただく命への複雑な思いを呼び覚ましたに違いない。それが、最後に「堂々と戦おう」という言葉に集約されている。

　筆者椋鳩十氏は、戦時中にあって、声高に戦争反対を叫べない無力な自分自身に対してのジレンマ、潔い真っ直ぐさへの希望も含め、命を懸けるところが戦地ではないところであるように、命の大切さを感じさせる物語を書いたのではないかと思う。

(2) 場面の構成
・**前書き**：わたし（語り手）が72歳の大造じいさんから聞いた話（36～37歳ころのじいさんのガン狩りの話）を土台として書いた物語（フィクション）。

「山家の炉端を想像しながらお読みください。」⇒72歳の大造じいさんが話しているように聞いてください。
・**本文**：残雪⇒ガンの頭領らしいなかなか利口なやつ
　　　　　大造じいさん⇒一羽のガンも手に入れることができなくなっていまいましく思って
　1年目‥つり針の計略⇒1羽だけ手に入った。(3のおとりに)昨日の失敗にこりて……たいした知恵を持っていると、残雪を見る。
　2年目‥夏のうちからタニシをまき餌場に誘い込み小屋から撃つ作戦。様子の変わったところには近づかぬという残雪の本能にうなってしまう。
　3年目‥おとり作戦⇒ハヤブサの出現で急展開。おとりのガンを守ろうとハヤブサと戦い傷つく残雪。じいさんは、銃を下ろして。残雪の堂々たる態度に、ただの鳥に対しているような気がしない。
　一冬越して春‥残雪はじいさんのおりで傷を癒す⇒おりのふたをいっぱいに開けて、ガンの英雄よおれたちはまた堂々と戦おうじゃあないか。晴れ晴れと。
＊語り手　大造じいさんの行動や心情を語る。残雪の行動を語る。話を組み立てる。山家の炉端に引き戻す役

（3）**文章分析**
①大造じいさんの残雪に対する思いが表れている文章
　6段落：この残雪が来るようになってから、一羽のガンも手に入れることができなくなったので、いまいましく思っていました。
　11段落：たかが鳥のことだ、一晩たてば、また忘れてやって来るにちがいないと考えて
　17段落：「ううむ。」大造じいさんは、思わず感嘆の声をもらしてしまいました。
　32段落：広いぬま地を見つめたまま、「ううん。」とうなってしまい

ました。
44段落:「さあ、今日こそ、あの残雪めにひとあわふかせてやるぞ。」
＊大造じいさんの視点で書かれている。残雪にやられっぱなしで、もう絶対に見逃さないぞという思い。残雪をたかが鳥だとまだ甘く見ている。

58段落:「残雪の目には人間もハヤブサもありませんでした。ただ、救わねばならぬ仲間のすがたがあるだけでした。」
66段落:「じいさんを正面からにらみつけました。」
67段落:「それは、鳥とはいえ、いかにも頭領らしい、堂々たる態度のようでありました。」
68段落:「最期の時を感じて、せめて頭領としてのいげんをきずつけまいと努力しているようでもありました。」
69段落:「大造じいさんは、強く心を打たれて、ただの鳥に対しているような気がしませんでした。」
＊語り手によって間接的に語られているが、大造じいさんが残雪に対して畏敬の念を持ったことが推測できる。残雪への見方が変化した。

76段落:「おうい、ガンの英雄よ。おまえみたいなえらぶつを、おれは、ひきょうなやり方でやっつけたかあないぞ。なあ、おい。今年の冬も、仲間を連れてぬま地にやって来いよ。そうして、おれたちは、また堂々と戦おうじゃあないか。」
＊残雪への畏敬の念を象徴的に表現している。

②情景描写により大造じいさんの心情と重ねて表現している部分
　13段落:秋の日が、美しくかがやいていました。
　＊じいさんの期待の表れ
　25段落:あかつきの光が、小屋の中にすがすがしく流れこんできました。

＊静かに待つじいさんの、いよいよその時が始まるわくわく感を、抑えた表現により際だたせている
41段落：東の空が真っ赤に燃えて、朝が来ました。
＊戦闘開始、今日こそは決着をつけてやるぞ。
76段落：らんまんとさいたすももの花が、その羽にふれて、雪のように清らかに、はらはらと散りました。
＊心が晴れ晴れとして、すがすがしい、清らかな心を感じさせる。
③語りの存在を読み手に意識させる働きのある文章
57段落：大造じいさんは、ぐっとじゅうをかたに当て、残雪をねらいました。が、なんと思ったか、再びじゅうを下ろしてしまいました。
＊残雪を狙って銃を構えた大造じいさんが、銃を下ろしたのは、どうしたことかと思って。読み手に注目させる。
64段落：大造じいさんはかけつけました。
＊胸元に飛び込んでもつれあったまま落ちていった残雪を心配していることを暗示している。
67段落：それは、鳥とはいえ、いかにも頭領らしい、堂々たる態度のようでありました。
68段落：最期の時を感じて、せめて頭領としてのいげんをきずつけまいと努力しているようでもありました。
69段落：大造じいさんは、強く心を打たれて、ただの鳥に対しているような気がしませんでした。
＊あえて「ようで」「ような」と書くことで、大造じいさんには、そのように見えたのだと暗示している。

2．教材化に当たって
①言葉にこだわりながら自分なりに読み、みんなで一緒に考えていくおもしろさを味わわせたい。多くの子が、発表し聞きあって、考えを深めさせたい。

②大造じいさんと残雪との戦いにはまって、残雪に寄り添ったり大造じいさんに寄り添ったりしながら読み進めさせたい（同化の視点）。
③情景描写が大造じいさんの心情を映していることに気づかせたい。
④語りの存在を意識させたい。
⑤読み深めるために、なぜ、大造じいさんが残雪を撃たなかったのかを考えさせたい。
⑥この物語から何が伝わってくるかまとめる。（異化）

3．実際の授業
p.159に部分的に掲載しています。

4．授業を終えて
①児童の感想より
　○ぼくは、大造じいさんが、残雪が遠くに行くところを見守ったところに感動しました。なぜかというと、大造じいさんが�57のときにしとめなかったから、残雪は群れのところにもどれたから、ここがいいなと思いました。
　○ぼくが一番好きなところは、残雪が勇気を出してハヤブサに立ち向かっていき、その行動が大造じいさんの心を変えたところ。残雪はものすごい勇気で戦っていてかっこいいし、大造じいさんの思いが変わるほどの行動をしてすごいし、自分もそうなりたい。
　○私が気に入った場面は、「ある晴れた春の朝でした。」平和な感じがするからです。残雪はとても仲間思いで、死をかくごしている残雪に、大造じいさんは強く心を打たれたと思います。
　○作者・この物語は、大造じいさんから椋鳩十さんが聞いた話だからノンフィクションであり、この物語では、大造じいさんや残雪の勇気や気持ちが出ている。
　○大造じいさんは、ガンをとれるのなら何をしてもよいと思っていた

が、最後残雪を助けてにがしてあげた。

　○残雪とじいさんはもともとライバルでいたが、ハヤブサが出てきたときに、残雪は命をおしまずに、じいさんが使ったおとりのガンを助けた。その堂々とした心に大造じいさんは心を打たれ、じゅうを打てなかった。

　○自分：自分は、残雪が堂々とした態度がリーダーでかっこよかった。

②おとりの意味

　猟師が飼いならすことによって、野生としての本能をなくさせる行為で本来ならば日常的によく行われていることかもしれない。大造じいさんは、最終手段としていかにも安易に使っているが、作者は、そこにハヤブサを登場させることによって、大造じいさんの罪を暴くことになった。児童は、素直に残雪の勇気に感動し、大造じいさんの変化を読み取っているが、その罪に気づかせることができていなかった。

③物語全体から部分を読むこと

　一文一文にこだわって読むことに気を付けていたが、全体から部分をつかんでいくことの大切さに気付かせていない。物語のラストに向けて、初めからじいさんの行為や心情を丁寧に読むために、常に音読の際には目的を持ち、自分が何を考えたかを自問自答させるようにしていくことで、全体をまとめて物語の本質をとらえていくことに繋げられたのではないかと思う。

④物語（フィクション）としての読み

　実際には、残雪のような弱いものを助ける鳥はいない。野生の世界では、弱いものは生き抜いていけない。そこに、このような物語として表現した作者の考え、とらえどころがあるといえる。語りでは解決できない、作者の思いがあることを、教師は、漠然とではなく意識的に教材研究していくことが大切であった。そして、児童の話し合いの中で出所を探りながら、児童の言葉に耳を傾ける努力をしていきたい。

2年国語『スイミー』（光村図書出版）授業実践報告

埼玉県公立小学校教諭　宮沢千絵

1．作品について
（1）作家及び作品紹介
　レオ＝レオニは1910年オランダのアムステルダムで生まれ、1939年に渡米、1945年にアメリカに帰化し、グラフィックデザイナーとして活躍していた。

　1959年に最初の絵本『あおくんときいろちゃん』（藤田圭雄訳　1967年　至光社）を出版した。1963年『スイミー』は、「ニューヨークタイムズ」によって、ベストテンの一つに選ばれ、1965年にドイツで絵本部門一位に選ばれた。絵本のストーリーは、教訓臭も見られるが、自作のちぎり絵、貼り絵風の画面構成は、新鮮で色彩も美しく、日本でも数多くの読者を獲得している。日本で紹介されている絵本作品は、『フレデリック』『せかいいちおおきなうち』『ひとあしひとあし』『アレクサンダとぜんまいねずみ』『さかなはさかな』など28点ほどある。

　訳者の谷川俊太郎は1931年東京に生まれた。鋭い語感にめぐまれた詩人として多くの作品がある。『マザーグースのうた』の訳でも有名である。レオ＝レオニの作品は、ほとんどを訳している。

（2）原典（絵本）と教科書との比較・相違点
【題名について】
・原著では、『swimmy』～『スイミー　ちいさなかしこい　さかなのはなし』となっているが、教科書では、副題は省略されている。

【表記上の相違】
・絵本では、主人公のスイミーと外来語は、カタカナ表記であるが、ほとんどがひらがな表記である。「一ぴき」のみが漢字表記だった。教

科書では、学年配当漢字が当てられてひらがな表記から漢字表記への書き換えが行われている。

(絵本→教科書)

(例、ひろいうみ→広い海　ちいさなさかな→小さな魚　あかい→赤い　からすがい→からす貝　なまえ→名前　みる→見る　げんき→元気　にじいろ→にじ色　など)

・そのほかにも表記の書き換えや助詞の加除、接続詞・リーダーや！のカットが行われている。

(例、たのしくくらしてた→たのしくくらしていた　ひっぱられてる→ひっぱられている　はえてる→生えている　わすれてるほど→わすれているほど　など)

(例、さかなのきょうだいたち→魚のきょうだいたちを。おもしろいものがいっぱいだよ！→おもしろいものがいっぱいだよ。「そうだ！」「みんないっしょにおよぐんだ。うみでいちばんおおきなさかなのふりして！」→「そうだ。みんないっしょにおよぐんだ。海でいちばん大きな魚のふりをして。)

(例、ゼリーのようなくらげ・・・→ゼリーのようなくらげ。　すいちゅうブルトーザーのようないせえび・・・→水中ブルトーザーのようないせえび。など全部カットされている。)

【挿絵に関して】

・グラフィックデザイナーでもあるレオ＝レオニの絵本は、水をたっぷり含ませて滲んだような絵の具で描かれた海の世界に消しゴムハンコのような小さな魚たち、レースのような模様を写しとった海草などが表現されていて見ているだけでも楽しく美しい絵である。

・教科書は、絵本と比べて絵が大幅にカットされている。絵から様々な情報を読み取れるはずなのにできないことになる。また、カットされた４ページ分のスイミーの冒険の時間的・空間的広がりというものがつかめない感じになっている。絵本はかなり広い空間で大きく描かれ

ているが、教科書では、文と絵が上と下（一枚めのみ右と左）に分かれているため、縮小されて迫力に欠ける感じがある。また、絵本は横書きの文であるため、左から右へと進んでいく。主人公スイミーも右向きに描かれ、どんどん右方向へと冒険を進めていくのに自然な感じである。教科書は、縦書きであるため、右から左へと文を読み進めるときに、絵の向きに違和感がある。

2．教師の読み

p.126に紹介しています。

3．教材化の視点

本学級の児童は、当初、国語学習で「思ったこと」「疑問」など発表していた。スイミーの学習では、書き込みのやり方を、具体的に示しながらみんなで一緒に学んでいきたい。書き込みの記号は、使わずに思ったこと・感じたこと・疑問・考えたこと等、何でも自由に書いていいこととした。その中で少しずつ書き込みのやり方に慣れ二年生なりに言葉や文に向かっていき登場人物の気持ちや様子などを読みとってほしい。

教科書では、挿絵の大幅なカットがあり、読みのイメージをふくらませられないので絵本を活用していきたい。

協力の大切さなど教訓めいたまとめ方でなく、海の世界を楽しんだり、困難にも負けずたくましく生きていくスイミーのがんばりに気づかせたりするようにしていきたい。

4．授業の実際

（1）題名読み『スイミー』について

『スイミー』という題名を教師の後に真似して数回発音させてみて音の持つ雰囲気を楽しんでから、「どんな感じがしますか」と尋ねてみた。
・かわいい感じ。おもしろい感じ。すてきな感じ。

・うれしい感じ。元気な感じ。強い感じ。不思議な感じ。
・やさしい感じ。あたたかい感じ。落ち着く感じ。
・ふわっとした感じ。やわらかい感じ。
・さわやかな感じ。すっきりする感じ。涼しい感じ。
・気持ちよさそうな感じ。すーっとする感じ。
・うきうきした感じ。わくわく踊る感じ。
・遊んでいる感じ。遊びたくなる感じ。
・すいすい進む感じ。すいすい泳いでる感じ。
・速く泳いでる感じ。泳げる感じ。
・一緒に泳ぎたくなる感じ。

　一人でいくつも考えて書いたり、友達の発言をまねて書いたりなど個人差があったが、自由に想像することを楽しんでいた。

（2）スイミーの紹介の場面について（1の場面　形式段落①〜③）

　初めて書き込みをするので、学級みんなで書き込みを一緒に進めていった。最初の一文を読んで「この中でよくわからない言葉があったら言ってみてね」と投げかけると、「広い海がわからない」という児童がいた。

　「広い海を説明できる人、いませんか」と言うと数人が手を挙げた。

・大きい海。底が深い海。海の中が深い。
・どこまでも続いている。
・魚がいっぱいいる。

　「すごい！どれもいいね。自分でもいいなと思うものを広い海に線を引いた右側に書き込んでごらん。」とやり方を黒板で示していった。「小さな魚のきょうだいたち」は、たくさんいると挿絵ですぐ理解できたが、実際に挿絵の赤い魚にしるしをつけて数えていくと百匹以上もいることにとても驚いていた。さらに最後に絵本の挿絵を見せると海がさらに広がっていて赤い魚たちもたくさんいることに気づいていた。「からす貝よりもまっくろ。」では、黒と真っ黒では、真っ黒の方が黒いということは全員が理解していた。からす貝については、見たことのある児童は

いなかった。からすと同じくらい（あるいはからすより）真っ黒の貝という考えが出された。一匹だけ真っ黒のスイミーに対して、一人ぼっちでさびしい、色が違うから仲間に見捨てられる（かも）という児童もいた。書き込み後に、書く（書き込み）・聞く・話す（発表）について自己評価をして、この場面でスイミーに言ってあげたいことを書かせた。
・泳ぐのが速くてすごいね。すいすい泳げるからいいね。
・スイミーって名前がいいね。かわいい名前だね。
・なんでスイミーくんだけ名前があるの？
・真っ黒でかわいいね。スイミーだけ黒でかっこいい。
・真っ黒でばかにされたこと、ない？大丈夫？
・スイミーだけ黒いけど気にしなくていいよ。大丈夫だよ。速さではスイミーの方が速いよ。
・色が違ってもみんなと兄弟なんだからがんばれ。
初めてだったが、児童が主人公スイミーに寄り添い、すごいねとか、いいねと認めたり、心配したり、励ましたり等いろいろな考えを書くことができた。この場面の小さな題名は、【まっくろいスイミー】になった。
（3）スイミーがひとりぼっちになる場面について（2の場面　段落④〜⑦）
　前回書き込みしたことを思い出して各自で書き込みをしていった。あまり書けない児童もいたが、ほとんどの児童が前より書くことができた。ここでは、まぐろについて話が出た。大きさがでかくて猛スピード、目に見えない速さでいきなりぶつかってきたすごくこわい存在だということ、ミサイルは戦争のときに使うもので最後には爆発するものだということから、襲われたスイミーたち小さな魚の気持ちを考えていった。
スイミーだけが助かったことについてある児童が「なかま（きょうだいたち）を見捨てて逃げた」という捉え方を発言した。「そうなの？」と切り返していくと、「みんな右の方へ逃げたから食べられたけど、スイミーは下の方へ逃げたから助かった。」と挿絵を指しながらせつめいしたり、「スイミーは一生懸命逃げた」「真剣に逃げた」と言ったりして、

反対するような発言をしていた。話し合いとまではいかないものの意見を言い合えることができた。

⑦段落は、あまり時間が取れなかった。話し合いの中で絵本の挿絵を見せた。見開き2ページに書かれた海の世界は、灰色でスイミーは一人ぼっち。「スイミーはおよいだ、くらい海のそこを。こわかった。さびしかった。とても悲しかった。」の文章をより感覚的にも、イメージ的にもとらえれることができたようだった。ここでのスイミーの恐怖、一人ぼっちの寂しさ、仲間が死んでしまったことへの悲しみのなどの思いを丁寧に読み取ることが次の場面の立ち直りや仲間への呼びかけ、追い出す知恵につながっている。

（4）スイミーがすばらしい海の世界を知る場面（3の場面　⑧～⑭段落）

「学習を振り返って」のノートから：この場面から「スイミーに言ってあげたいこと」に限らず自由に記入させてみた。海の世界に入り込む楽しさを感じて自分も泳ぎたい、見たいなど自身のことも表現する子がいた。一人ぼっちの寂しさ、仲間への思いを抱えつつの新しい体験とこれまでの場面とつなげて読んでいる児童が少なからずいた。（下線文）

・僕も泳いでウナギを見てみたいな。・本物のウナギを見たい。・スイミー君うらやましいな。・虹色のクラゲ僕もみたいな。・私もスイミーみたいに泳ぎたい。・ゼリーのようなクラゲおもしろいね。・水中ブルドーザーみたいないせえび、見たいな。・スイミーみたいにおよいでぼうけんしたい。・スイミーみたいにおよげたらいいな。・さびしいな。・がんばってね。・元気を取り戻してよかったね。さびしいけどがんばってね。<u>ひとりぼっちでもいろんなものが見れてよかったね。</u>・スイミーだけ見たこともない魚見ていいな。・<u>スイミーはいろいろな生き物を見て元気、出してね</u>・<u>スイミーひとりぼっちだけど大丈夫だね。</u>・いっぱいわかめとったことある。・私もいろいろ見てみたいな。・<u>スイミーの魚たちがいなくなっちゃったけど楽しく遊んでいる感じがした。</u>・海っておもしろそう。

<小さな題名>［元気をとりもどしたスイミー］
　この場面は、比喩表現がたくさん使われているが、絵本の挿絵も手掛かりにしながら、海の世界の豊かさを楽しく学習できた。クラゲ以外の教科書に出ていない挿絵があることに（イセエビ、見たこともない魚、昆布やわかめ、ウナギ、いそぎんちゃくの挿絵）を見せるとわーと声をあげながら喜んで見ていた。特にうなぎとスイミーの大きさの対比が挿絵は際立っており、うなぎの体が長いことが心に残った様子であった。かおを見るころには、しっぽを忘れているほど長いという面白さを味わえたようだ。
　話し合いの中でひとりぼっちになったスイミーが海にいる楽しい生き物を見れば見るほど、どんどん元気や勇気を取り返した。元のスイミーみたいに戻ってきたことが読み取れたと思う。

（5）スイミーが新しい魚の兄弟たちに出会い考える場面（4の場面⑮〜⑳段落）
　「学習を振り返って」のノートから：スイミーに対しての言葉が多いが、小さな赤い魚たちに向けての言葉もみられた。
「スイミーへ」
　友だちいっぱいできてよかったね。これでまぐろをおいだせるね。岩かげに兄弟がいてよかったね。あえてよかったね。兄弟が見つけられて、できて楽しそうだね。もう一人ぼっちじゃない。にている魚がいっぱいいてよかったね。頭がいいねすごいね私も頭がよくなりたい。およげてすごい。きょうりょくしてがんばったね。赤い魚とはなれないように。出てこいよってどんな感じで言ったの？がんばって大きな魚を追い出せば。またがんばって。
「小さな赤い魚たちへ」
　あそばないほうがまぐろに食べられない。あそばないで、あそんだら、またまぐろが来ちゃうよ。小さな魚たちこわくないよ。小さな赤い魚たちこわくないよがんばって。おおきなさかなにおそわれたこと

あるの？ないの？

＜小さな題名＞［考えたスイミー］
　この場面では、スイミーが新しく見つけた小さな魚の兄弟たちを誘っているがこわがって岩陰にじっとしているのでアイデアを考える場面である。谷川俊太郎のリズミカルな訳の「スイミーは考えた。いろいろ考えた。うんと考えた」この部分をクラスで話し合った。
①考えた→なやんだ。ちょっと考えた。
②いろいろ考えた→いろんなことをいっぱい。たくさん。
③うんと考えた。→じーっと、すごく、すごい、しんけんに、いっぱい、おもいつくまで、あたまをつかって、あたまのおくまで
　クラスの子どもたちもこのように、いろいろ書き込みをして、よく深く考えられるようになってきたのかなと感じた。
　離れ離れにならないことは、離れない、ばらばらにならない、迷子にならないなどと理解するのは簡単のようだった。持ち場というのがむずかしい感じだった。いる場所、住んでいるところと考えていた。

（6）5スイミーたちが大きな魚を追い出した場面（5の場面㉑〜㉒段落）
＜学習をふりかえって＞から：
　小さな魚の兄弟たちとスイミーで大きな魚をおい出したんだね。またがんばってね。いいアイデアを思いついてよかったね。スイミーはまぐろいがいのどんな魚をおい出したの？スイミー大きな魚を追い出してよかったね。これからなかよく過ごせるね。スイミーたちはまぐろをおい出せてよかったね。みんな・大きな魚をおい出してすごい。がんばったんだね。スイミーがんばったね。
　スイミー、小さな赤い魚たち、大きな魚を追い出したところかっこよかったよ。すごく大きな魚をおいだせるようになってよかった。目になる魚になれてよかったね。スイミーがんばって小さな赤い魚といっしょに泳げてよかったね。スイミー君いつまでも泳げてよかったね。まぐろ

＝大きな魚？スイミー君大きな魚を追い出したってすごいね。次もまぐろが来たらがんばってね。
＜小さな題名＞［力を合わせて大きな魚を追い出したスイミー］

5．子どもの変化
　まだ「書き込み→話し合い→今日の学習を振り返る」の学習に慣れない中、児童が一生懸命言葉や文に立ち向かう姿が見られた。発言には抵抗があるが、書き込みで深い読みをしている児童がいて紹介することもできた。同じような発言でも少しずつニュアンスが違うことがあり、児童一人一人が自分の言葉でつぶやき、発言していた。大切に受け止めていきたい。そして児童同士の話し合いができるような集団を目指していきたい。

6．授業を今どう観るか（授業をやって学んだことや問題点）
（1）子どもの学習のためにいかに教材を扱うか
　教材分析をしっかりしておくことが大切だと感じている。教師の読みを持っておくこと・児童の反応を予想しておくことをやっておきたい。『スイミー』を児童と読み進めていくときに何に気付いてほしいのかという願いを持って取り組んでいきたい。
（2）想像力を養うために絵本を活用する重要性
　特に原典が絵本である場合は、絵本を活用することがいいと思う。文章を読むために絵本を見るというのではなく、文章から想像するために絵本をみるというように配慮することは、想像力の乏しい今日の子どもにとっては重要だという意味である。
◎絵本を見せた時、スイミーが住む海の世界の広さや小さな魚の兄弟たちがたくさんいることがよく理解できた。
◎ひとりぼっちのスイミーの場面が絵本では、灰色の海で表されていて「こわかった、さびしかった、とてもかなしかった。」の気持ちがすうっと入ってきてスイミーに共感できたと思う。ただ、場面わけでは、

まぐろにのみ込まれる場面と一緒なのでの孤独や悲しさがわかりにくい。やはり挿絵は教科書にもほしい。

◎スイミーがすばらしい海の世界を知る場面ではくらげのみの教科書との違いにびっくりしていた。文だけでは理解しづらくても絵なら一目見て色や形から雰囲気がつかめた。あたかもスイミーがそれぞれの生き物に会った時感じたかのように、「わー」と歓声をあげながら喜んで見ていた。文を読んで想像していたのとは違っていたのかもしれないし、おぼろげなイメージしかもてなかったのかもしれない。特にうなぎ。まずスイミーとうなぎがどんなに大きさに違いがあるのかが一目で捉えられた。そしてしっぽの方から「なんだろう？」と近寄って、長ーい体をくるー、くるーとたどってやっと顔にたどりついたスイミーと同じ目線で見ることができたと思う。その時の驚きやおもしろさをあじわえたようだ。「かおをみるころには、しっぽをわすれてるほどながい。」という文を実感（理解）できたのだと思う。また、教科書のくらげのいる見開き1ページと違い、見開き5ページを見ていくことでスイミーの旅の時間的・空間的流れを感じることができてスイミーが決してすぐに元気を取り戻したのではないことも理解できるかと思う。

◎スイミーが新しい仲間と出会って考える場面も削られてしまった挿絵を見ることが理解を助けていた。特に大きな魚のふりが簡単にすぐできたわけではなく練習をしたり力や気持ちを合わせたりしてだんだんできるようになったことを感じられたようだ。

（3）授業の進め方

◎『スイミー』から書き込みをしたのだが、書き込みの内容が語句の言いかえ（語句の説明）の要素が多くなってしまった。「他のことばでは、どういう意味？みんながわかることばにして説明してみて……」というような言葉かけをしてしまった。上手に説明できた時、なるほどと認めてしまったことにより説明的な方向になってしまったと思う。もっとそのことばや文章から感じとれる雰囲気（楽しそう、さびしそ

う、わくわくする、がっかりする、明るい、暗いなど）や想像したことや考えたことなど多様なものを書きこませられるような言葉かけをしたい。
◎一つの場面（立ちどまり）の感想を書く時、スイミーに言ってあげたいことを書くように限定してしまったのは、よくなかった。
子どもたちが一番書きやすいかと思って言ったのだが、もっと自由に書けるような言葉かけをするべきだった。場面全体から感じたことや自分が考えたことなどいろいろな方向から書けるようにすれば、それぞれの子どものおもしろい考えを引き出せると思う。途中から（三つめの場面）自由に書くようにしたが、やはり初めから発問もきちんと考えておくことが必要であった。
◎自分が教材分析をしていると、自分の考えたり思っていたりすることにとらわれてしまう。子どもが思わぬ意見（たとえばスイミーだけ逃げてしまってずるいなど）を出した時、大きく受け止めてクラス全体に呼びかけて考えさせるゆとりを持ちたい。今回は挿絵を使って子どもたち同士で話し合いに近い形で考えることができたのでよかった。
◎時間的な余裕がなくなってしまい、最後に感想を書かせられなかったのが悔やまれる。学習した後どんな思いを一人一人がもったのかを知ることで授業を振り返り、今後に活かせることがたくさんあったと思う。絵本を活用してみんなで学習したことが楽しかったと子どもたちが感じてくれたことがうれしかった。

7　おわりに

子どもたちがどのように「スイミー」を読んだか記録をまとめることで自分の実践を振り返ることはできた。しかし、「書き込みや発話をどうとらえ、どのようにかかわればよいのか」については、十分できたとはいえない。これからも、この視点を持ち続けて授業に臨みたいと思う。

初めての説明文をどう読んだか
『いろいろなくちばし』(光村一年上)の実践から (H23)

埼玉県公立小学校教諭　野口　静子

1　私の国語教室作り

　男子16人、女子10人と男女差の大きい学級。男子は元気で外遊びが大好き、給食は残したことがない。しかし話が通じない子や、入学時は自分の名前を書けない子が2人いた。女子は落ち着いているがおとなしく、学校生活に馴染めない子が2人いた。

　そこで一学期は、ひらがな五十音の読み書きができるようにすること、音読がすらすらとできるようにすること、発表するのは楽しいと実感させることをめざして国語の授業を組み立ててきた。一学期の主な学習内容は次の通りである。

〈国語の授業で〉

① 「はる」(絵だけの教材)→　絵を見て見つけたこと、思ったことを言った。何でも自由に言ってよいことがわかったものの女子の発表は少なかった。

② 「うたにあわせてあいうえお」→声の出し方(声のダイヤルを活用して)、いろいろな読み方(表情、感情豊かに。速度を変えてなど)を学んだ。これからの音読に活かせる。

③ 「たんけんしたよ、みつけたよ」→生活科と合科させて扱い学校探検をした後、見つけたことをみんなの前で発表した。女子の中にまだ小さい声の子が多かった。

④ 「はなのみち」(絵と短い文)→音読の仕方を学習した。また一文にそって思ったことを発表した。一読総合法ではつぶやきを発表する段

階。文やことばを大事にして読ませたかったが同じような発表が続き内容は深まらなかった。
⑤「ことばをいれて、ぶんをつくろう」→初めての文作りを学習した。各学級に掲示している文ちゃん人形(赤ちゃん文ちゃん)を使って「あたま(主語)、からだ(述語)」の文を作った。主語をピンク、述語を水色の色画用紙の短冊に書かせ掲示した。
⑥「あいうえおであそぼう」→五十音の読み書きの完成をめざした。ひらがなカードを作りことば集めやしりとりなどをして遊んだ。ノートにもしりとり、ことば集め、階段ことばなどを書かせた。また、「○のつくことばカード」を書かせて積み重ねて掲示した。学級の「あいうえおのうた」をみんなで作ったら個人で作ってくる子も現れた。
⑦「いろいろなくちばし」→初めての説明文を丁寧に読み進めた。
⑧「は、を、へをつかってかこう」→子どもの文ちゃんを使って、「○○は△△を〜。」「○○は◇◇へ〜。」の文を作った。
⑨「おむすびころりん」→音読を楽しむ。
⑩「すきなもの、おしえて」→対話をして好きなものを聞き合い、聞いたことを文にまとめて発表した。大きな声で発表する学習。2人を除いてほとんどの児童が大きな声で発表することができた。

〈日常の生活で〉
　○音読練習　○日記　○スピーチ　○お話会　○読書　○国語タイム

2　作品について

　筆者の村田浩一氏は、日本大学生物資源科学部野生動物学研究室教授。専門は野生動物学、野生動物医学で、野生動物保全を目的とした広範な研究を行っている。筆者の言葉によると、以前神戸市立王子動物園に勤めていたときに、資料館に展示するための予算がつきてしまい安価な展示を考えるためにひらめいたのが鳥のくちばしの展示だったそうである。鳥のくちばしのイラストと共に、似通った道具や器具を直接パネ

ルにはめ込む展示で、高価な展示にひけをとらないぐらい、来館者の人気を集めたそうである。

　教科書ににはキツツキ、オウム、ハチドリのくちばしが掲載されている。もっともっと面白い形のくちばしがあるが、小学校低学年には説明が難しくてこの三つになったという。本教材は、小学校に入学して初めて学習する説明文である。まだ五十音も定着していない子どもたちもいる中で、また目的語のある文作りも学習していない時期に読む教材である。内容的には、最初に五種類の鳥のくちばしの写真を提示し、興味を持たせるように構成を工夫している。カワセミ、クマタカ、ダイシャクシギ、ベニイロヘラサギ、すずめの五つである。題名にあるように「いろいろなくちばし」を目にして児童は強い興味を持つと思われる。そして場面の構成としては、はじめのページにくちばしの写真がアップで示され「これは、なんのくちばしでしょう。」と読み手に問いかける。一体何の鳥のくちばしなのかと想像し、次のページをめくると答えの文がある。三種類のくちばしを同じ構成で説明しているので、子どもたちは考えたり想像したりしながら楽しく読み進められる教材である。

　はじめに取り上げられているキツツキは、マダガスカル、ニューギニア、オーストラリア及び太平洋の島々を除く全世界に広く分布している。日本には十種が生息している。樹幹で生活するのに適応し、まっすぐで先のとがったくちばしを、持っている。この鋭いくちばしで樹皮や枯れた幹に穴を空け、細くて長い舌を差し込み、甲虫類の幼虫を引き出して食べる。教科書には記されていないが、キツツキが木に穴を空けるのは、巣作りを目的としている場合もある。

　二番目に取り上げられているオウムは、アジア、アフリカ、オーストラリア、中南米に分布している。半乾燥地帯、草原、森林などにすみ、大部分の種は群れを作って樹上で生活する。頭が大きく首と脚の短いずんぐりとした体つきをしていて、くちばしは短く太く、上くちばしが強く下へ曲がっている。草の種子、堅果、木の芽、花のみつなどを主食と

し、堅果は強いくちばしにはさんで割るか、脚で押さえて割って食べる。またくちばしが曲がっているのは木登りにも役立っている。

　そして最後のハチドリは、北米から南米にかけて広く分布し、その大部分は亜熱帯地域の山岳地帯に生息している。ハチドリの体は非常に小さく、これは花から効率的にみつを吸うのに適応したものである。花の前でホバリング（空中での停止飛行）や前進・後退飛行を繰り返しながら花のみつを吸う。花のみつ以外にも、微小な昆虫やクモ類、熟した果物や樹液もえさとする。しかしハチドリのくちばしは、すべて細く長いのではなく、全体がカーブしている種類もある。

3　教材化にあたって
（1）教材化の視点
①読むことの楽しさに気づかせる。

　入門期の一年生は語彙数も少なく、相手が何を話しているのか理解できない子もいる。ひらがな五十音が完全とはいえない子もいる。しかし学習に対する意欲はどの子も持っている。冒頭の写真に引き込まれ、鳥のくちばしがいろいろあることを知って驚き、興味深く説明文を読んでいくと思われる。新しく知ったことが増えていく楽しみを味わわせるようにし、初めての説明文との出会いを意義あるものにしたい。

②基本文型を理解させる。

　本教材は、絵と問いかけの文章によって疑問や問題意識を持たせ、想像や推測を誘い出しながら自然に読み進められる流れを持っている。問いと答えの部分を比べたり、説明の内容の順序を考えさせたり、キーワードやセンテンスを視写させたりして、説明文の構成や言葉の使い方を理解させたい。そして繰り返し音読をさせ説明文の基本文型を理解させたい。

③挿絵や写真を活用して考える力を育てる。

　導入部分の写真を含めると八種類の鳥のくちばしと全体の写真が大きく提示されている。くちばしの写真を手がかりに考えさせることで、今

まで気づかなかったことを知ったり、知ってはいたがあらためて考え直したりなど、それぞれの児童の知的好奇心を刺激し、文章を読む意欲を高めるようにしたい。

（2）指導目標

A目標（教材固有の目標）

○文や写真を手がかりにして、きつつき・おうむ・はちどりのくちばしの特徴を正しく読むことができる。

○鳥によってちがうくちばしの様子をイメージ豊かに読み、説明文を楽しく読むことができる。

B目標（指導事項・学習活動に関する目標）

○問いかけ・答えという説明文の基本文型を理解することができる。

○語や文のまとまりを考えながら、すらすらと音読をすることができる。

C目標（学級・学習集団作りの目標）

○自分の考えを発表したり、友達の発表を聞いたりすることができる。

（3）指導計画（10時間扱い　本時　7／10）（略）

4　本時の計画

（1）**本時の目標**

○はちどりは細長いくちばしを花の中に入れてみつを吸うことを読み取ることができる。

○問いかけに対する答えの文型を理解することができる。

○自分の考えを発表したり友達の発表を聞いたりすることができる。

（2）**本時の展開**

学習活動	教師の働きかけ・指示	指導事項	
		読み取らせたい内容	押さえたい表現
1 前時の想起	○前の時間はどんなお話でしたか。		・これは、なんのくちばしでしょう。

2 各自音読 　指名音読	○今日のところを読みましょう。起立して自分の速さで音読しましょう。読み終わったら座って小さい声で読んで音読のところにしるしをつけましょう。 ○次は指された人が読みます。今日は3号車の女の子の列が読みます。	・ほそながいくちばし	・これは、なんのくちばしでしょう。
3 難解語句	○分からないことばはありますか。		・はちどり ・ほそながい ・はなのなか ・みつ
4 集団読み	○一つの文ずつ詳しく読んでいきましょう。「これは、はちどりのくちばしです。」の文でわかったことや思ったことを言いましょう。 ○「はちどりは、ほそながいくちばしを、はなのなかにいれます。」の文でわかったことや思ったことを言いましょう。 ○「そして、はなのみつをすいます。」の文でわかったことや思ったことを言いましょう。	・問いに対する答えの文 ・指しことば・はちどりはほそながいくちばしを花の中に入れること。 ・つなぎことば ・花のみつを吸うこと	・これは、はちどりのくちばしです。 ・ほそながいくちばしをはなのなかにいれます。 ・そして ・はなのみつをすいます。
5 視写	○文を確かめながら□の中にことばを入れましょう。	・正しい内容の読み取り	
6 一人読み	○写真を見て発見した○書いたことを発表しましょう。 ○わかったことを書きましょう。ことを書きましょう。	・はちどりの様子の観察 ・はちどりのくちばしについてのまとめ	
7 話し合い	○書いたことを発表しましょう。 ○鳥のくちばしがみんなちがうわけを考えてみましょう。	・はちどりのくちばしがながいわけ ・鳥によってくちばしがちがうわけ	
8 一斉音読	○まとめの音読をしましょう。		

5　授業記録
①各自音読
②指名読み（1列5人）
③難解語句の理解
・ほそながい―ほそくてながい・なかに―おくに・いれる―さす・みつ―しる・すう―のむ
④一文ずつ叙述に沿ってわかったことや思ったことを発表する。（つぶやきの発表→書きこみにつながる学習活動）
（p.223～229）ページに紹介されています。
⑤話し合い
⑥まとめの音読（一斉読み）
⑦授業の振り返り（自己評価）

6　授業を終えて
　子どもたちは、この「くちばし」の学習の前に「はなのみち」を読んだ。一文立ちどまりで、思ったことを発表させた。登場人物になって話したり、様子を発表したりしたが、特定児童の発表にとどまり内容的にもそれほど深まらなかった。
　そこで、この初めての説明文「くちばし」の学習ではたくさんの児童に自分の言葉で発表させたいと考えた。学習のしかたは一文立ちどまりにして、文の順番に丁寧に授業を進めた。今後書きこみや書きだしをもとに項目にそって話し合いができるようにするための基となる学習になる。
　初めて説明文を学習するにあたって教科書会社から出ているワークシート集を見た。それぞれの鳥のくちばしについて視写させるのが主な活動になっていて、最後に違いをまとめさせるワークシートだった。これでは読みの力は育たないと考え、今回ワークシートを手作りし学年全体で活用した。キーワードを視写させることは内容理解のために必要だ

と考え取り入れた。しかし、それで終わるのではなく「絵や写真を見て発見したこと」「思ったこと」「言ってあげたいこと」「わかったこと」などいろいろな指示を出して活動させた。子どもたちがどんなふうに教材に寄り添い想像を膨らませ、友達から影響を受けて読んでいくのか、ほんの一端であるが分析したことをここにまとめてみたい。

（１）一年生の入門期でも学び合って読みが深化する。

　きつつきの問いの場面では発見したことは「かたそう、つよそう、とがってる」などいくつかしか書けなかった。特に思ったことはほとんどの子が書けなかった。それでもきつつきの答えの場面になると「きつつきさんのくちばし、なんでつつけるの。くちばしがかたいからだね。」「きつつきのくちばしは、きにあなをあけるからすごい」とか「きつつきさん、きにあなをあけるためだったんだね」「すごい、きのむしをたべるのしらなかった」「きのなかにいるむしをたべるとおもわなかった」というように自分の言葉で読んだことを書けるようになってきた。これは一人一人の読む力がついたとも言えるが、やはり授業中の友達の発言を聞いて学んでいる方が強い。そして場面が進むにつれて、どの子も見つけたことや思ったことをありのままに書くようになってきた。

　特定児童を見ていくことも子どもの読みの深化をとらえるのに役に立つ。例えばひらがなの習得にかなりの時間がかかり音読がスムーズにできないＴ君。きつつきの問いの場面では「さきがまがったくちばしです。」とまちがった読みをしていた。さらにきつつきの答えの場面では「きつつきのくちばしはなんできにあなをあけんの。」と疑問で終わっている。授業をしたにもかかわらず内容の読み取りはできていないことになる。そしておうむの問いの場面では「なんでまがってんだろう」と書いた。曲がっていることは認識できたようであるが疑問形である。しかし、おうむの答えの場面で「このくちばしまがってる」と自分で気づいて驚いたように表現した。そしてはちどりの問いの場面では「いとみたいだね」と書いた。これははちどりのくちばしが細長いという事実を理解した上

-359-

で書いたものである。絵と文を結びつけて自分で読めた分岐点だと言える。そしてはちどりの答えの場面では「くちばしってこんなにながいんだ」「ぜんぶくちばしってちがうんだね」とはちどりだけでなくきつつきのくちばしにまで遡って納得している。みんなで読んで発表していく学習がＴ君の読みを高めたことになる。

（２）ことばを理解し、感覚を働かせてイメージして読んでいる。

　授業の初めに難解語句を理解する活動がある。一年生のことばの力は私たちの想像以上に劣っていると思われる。例えばおうむの学習ではわからないことばを聞くと「まがった」「かたい」「たね」「から」「み」などほとんどのことばを出す。それらの一つ一つのことばを丁寧に扱いことばとことば、絵とことばを結びつけていくことは大切な学習である。説明文に書かれている内容を正しく理解するためにはことばの理解は必然である。

　そしてことばを理解し内容を理解してから、子どもたちは感覚を働かせてイメージを膨らませて読んでいる。「きつつきのくちばしはするどくとがっている。→強そう。つっつかれたら痛そう。あながあきそう。かっこいい。」「木にあなをあける。→がんじょうなんだ。」などのように、きつつきのくちばしが鋭いことをことばだけでなく感覚でも理解しイメージ豊かに読んでいることがわかる。

　またはちどりの学習では、「花のみつを吸う。→花にくちばしを入れる。→細長い。」というように、順序立てて理由付けし読んでいる。書かれていることを自分の中でつなげ整理し納得して理解しているのである。そしてその想像力はたくさんの比喩表現を引き出した。はちどりのくちばしを「はちみたい。いとみたい。ストローみたい。おはしみたい。鉛筆みたい。ドリルみたい。ぼうみたい。ほそい木みたい。鉛筆の芯みたい。」などたくさんの言い表し方をしている。これははちどりがみつを吸う様子を豊かに想像し別なものをイメージして楽しく読んでいることになる。筆者村田浩一氏が鳥のくちばしを展示をしたときにくちばしのイラストと共に似通った道具や器具を展示したことを前述した。子ど

もの比喩表現はまさにこの展示と重なることになった。
　さらに、自分のことばに置き換えて納得する児童もいる。「ごはん、とんでするんだ。」というのは、写真を見てはちどりがホバリングをしてみつを吸っていることに気づいて書いたものである。この気づきがみんなのものになっていったらさらに深く見つめ考える子が育つに違いない。また「はながごはんなんだ。」というのは、はちどりがみつを吸うことに対する驚きが素直に表現され、「えさ＝みつ（花）＝ごはん」とことばを置き換えて、はちどりの生態に迫って読んでいるのである。
（3）前の場面を思い起こし比べたりまとめたりして読んでいる。
　一読総合法では常に前の場面にもどりつなげたりまとめたりして読むことをめざしている。今回の学習では、導入で五種類の鳥のくちばしを見せた効果もあり、くちばしが鳥によって大きな違いがありその特徴があまりにも印象的であるので、子どもたちは自ずと比べて読んでいた。導入では「とりはいろいろなくちばしだね。だけどほそかったりふとかったりするね。」「くちばしがひらべったい。くちばしがみじかい。くちばしがながい。くちばしがまがってる。くちばしがほそい。」など全体的に違いをとらえられた児童もいた。おうむの場面では人数は多くないが「きつつきのくちばしはとがったくちばしだけど、おうむはまるまってる。」と前時のきつつきと比べて読んだ子がいた。はちどりの場面になるともっとたくさんの児童が比べて読んでいる。「おうむのくちばしはまがっていて、はちどりのくちばしはまがっていない。」「おうむのくちばしとはちどりのくちばしとはちがう。」などである。中には　人間と比べている子もいて笑えた。さらに全体を振り返りまとめている（総合している）子もいた。「くちばしはいろいろちがうんだ」「ぜんぶのとりのくちばしは、ぜんぶちがう。」そして事実を認識するだけでなくイメージを膨らませ驚いたり喜んだりして読む子もいた。「くちばしがおもしろい。」「びっくりした。すごい、ぜんぶすごい。こんなことしらなかった。」「はちどりのくちばし、すとろーみたいになっていて、きつつきよりもすごい。お

うむよりもすごい。」(「すごい」はそのうち使わせないつもりであるが。)
短い表現の中に生き生きとした読みの姿があることがわかった。

2年『スーホの白い馬』(光村図書出版)の授業実践の報告
(私の授業についての考えの歴史的な捉え返しを含めて)
埼玉県公立小学校教諭(当時)　湯口節子

1　授業についての自分の考えを振り返って

　私は、児童が教師の言ったことをうのみにして教師の言った方向に考えたり、態度や行動を示したりしてはならないと若い時代から考えていた。戦前の教育は、狭い情報による一方的な価値観(国家権力の支配と戦争遂行を目的とした皇国軍国主義的な価値観)を暗唱させ、おぼえこませるものだった。そのような教育はしたくないとの思いがあった。
　あらゆる学習において、私の基本として願ったものは、次のようなものだった。
・自分で考え、自分で答えを出してほしい。
・自分の意欲を持って自主的に学習してほしい。
・国語科の作品については、一文一語(文字)を読んで自分自身の感性と思いと思考力で読み解き、それを表現してほしい。

　しかし、実際、やっていたことは次のようなものであったと言える。
①**叱責とオーバーなほめ言葉**
　いかに子どもを集中させるかを気にして、児童に対して常に注意していた。子どもは興味のないものは聞いていないと思いつつ、集中力も学力の重要要素、それを身に着けさせる必要があると思っていた。

②演劇的な場面設定

　字面だけの解釈ではなく、感情をこめて（気持ちを入れて、特に文学作品）、作品を読んで欲しいと思い、ありありと子どもがイメージできるにはどうしたらよいかと考えていた。その言葉の持つ感情の高ぶりなどを声色を使って、役者になって、表現したり、具体物を示して子どもがイメージできるように工夫したりした。

　以上、①、②は、1980年代末頃までのかなりの教師の傾向であったようにも思える。そして、いわゆる教師の技術、技能ともいわれる工夫であったと思う。

③子どもの疑問を解決する学習

　子どもが意欲を持つということは、疑問を持つこと。その疑問を解決するために根拠となる言葉や場面を見つけ出す。それが子ども自身の学習といえると考えていった。しかも、疑問の解決だけではなく、まず、叙述に即して表現されていることを理解し、そこからさらに疑問を解決してほしいという考えが同時にあった。疑問は自身の内側から湧き出たものがふさわしいが、教師の読み取ってほしい希望と全員が理解してほしいこととの兼ね合いを考えた。そこで、教師が「なぜ、…したのだろう」と一緒に考える問題を設定していた。しかもその答えをじかに聞き合わないで答えが出るまで誘導質問を一問一答でつなげていき、最後は全員がその答えを出せるように言わせるというものだった。言わせたいことをなるべく自然に必然性を持って流れるようにするためにあれこれ発問を考えることが教材研究だった。

　これは、いわゆる「問題解決学習」そのものではない。
　子どもの疑問を解決することが、子どもを主体とする授業だという考えと、教材文を「正しく」理解させるということを合体したようなもの

だと思う。教材文を「正しく」理解させるということでは、教師の発問で子どもを誘導するということになっている。

　その後、子どもの聞き合い・話し合いで授業を進める教師と転任した学校で出会った。今でも、出会いは偶然だったかもしれないが、求め続けていた私にとっては、運命的な出会いのように思える。わたしはある種の衝撃を受けた。あるとき、子どものノートを見せてくれた。「私が〇〇のように問うたとしたらあなたはどう答えますか。」とノートに教師の問いが控えめに書いてあり、続けて子どもの考えが書いてあった。私は子どもの思いや文学作品の内容をつなげながら問いを発している教師の姿とそれに（即時的に答えるのではなく）作品すべてを受けとめつつ、自分の考えを書いている子どもの存在を感じた。そこには、教師と子どもの魂の対話があった。

　今までも子どもとノートで話していたし、本音が書いてあるノートに喜びを感じて夢中になって返事を書いたりしていたが、この教師と子どもの学習は、一文一語・作品全体から感じたこと・思い浮かんだこと、考えたことなどをがっちり全身で受け止め、自己を見つめ、世の中を問い、真剣に世界に対している学習だと思った。

④ひとりで読む→みんなで読む→自分で振り返る。
　その後も、学級での話し合いについては、試行錯誤が続いた。全員が理解するためには、易→難　簡単→難しい　基本→応用　感じたこと→論理的　部分→総合　と人間は理解すると考えていた。だからその順に発言を聞けば、児童の理解は深まると考え、児童全員のノートからよく読みとったなあと思う文をできればその順に発言してくれないかなあと期待して授業に臨んだこともあった。しかし、見事に失敗した。児童は教師の思う通りには発表しないし、想定した順序で考えていくとは限らなかった。

これは、私自身の考えではあるが、わたしがこのような想定をする理論的な根拠はどこにあるのか。今の教育界でのいわば、常識的な見解であるのか。私がどこから、このような持論を持つようになっているのか、そこは振り返らなければならないだろう。私の頭の中に突然現れた考えというものはないからである。私自身、社会的な存在であるから、教育実践に関する社会的な種々の考え方とは無縁ではないからである。はっきりした理論と言うものを前提とはしていないが、いつの間にか自分の中で常識的になっている考え方。その根っこを振り返る必要があるのか。

　しかし、長い間、上記の問題を抱えたままだった。ただ、何を発話するかは、児童の判断で、教師が決めるものではない。ただし、児童自身が問題意識を持ったり、自分の発言と学級の児童の発言との関連に興味を持っていたりしなければ学習は深まらないから、お互いの発話を集中して聴くことを意識するよう促してきた。
　今回、「スーホの白い馬」を学習する機会に恵まれた。子どもは、教材文について、実際に何をどのように考えているのかを、分かりたいという気持ちが今の私の問題意識を占めている。

2　教材分析と教材化のために思うこと
　2年『スーホの白い馬』の授業にあたって
1）テーマ　「ともに読み深めていく授業の実現を目指して」
　そのためには、
①子ども自身が（内面での対話を通して）自分でことばや文を取り出し、自分の「解・気・感・想」をノートに書けることが必要（子どもは書けないのではない）
②自分で書いたことをみんなの前に臆せず出せることが必要（子どもは出したがっている）
③発話したことを友達の発話とつなげて学習内容をふかめたり意味づけ

たりできる話し合い（聞きあい）が必要
④①②③のためには、教師が授業での子どもたちの読みとりを的確に捉えることが必要。
⑤子ども自身は、自分の発話内容の意味を自覚していないケースが多い。教師の適時の意味付けが必要。
⑥教師の話し合いへの指導（できるだけ子ども同士の力を見守りつつ）が必要。何を、いつ、どのようにするのか
　①〜⑥を意識的に追及する
　方法　授業記録を分析する。

2）教師自身の読み（教材分析）
（1）・どんな感じがしたか・どんな話か（2）文章構成（3）気づくこと（4）文章表現（語り手　視点の移動など）

(1) どんな感じがしたか
・素朴、雄大
・スーホと白馬の熱い心が伝わってくる感じがする。
・ずっと、馬頭琴の曲が全編に流れている感じがする。
・羊飼いたちの「負けているだけではないぞ」という思いが伝わってくる
・作者の羊飼いに対する思い入れと権力者に対する抵抗の意思を感じる

(2) どんな話か
・「との様の権力にも、結びついた２人の心は負けない」羊飼いたちに今も伝えられている馬頭琴の話
・瀕死の子馬を助け兄弟のように育てたスーホ、そのスーホを助け、一緒に生活することで結ばれたスーホと白馬の話。
・横暴なとの様によって引き離され、逃げる途中で矢を打たれながらもスーホのもとへかえってくる。しかし白馬は、死んでしまう。今に伝え守っている馬頭琴は、との様の権力を振り払い、白馬を思うスーホの心とスーホを思う白馬の気高さ、切なさ、許さないぞとの思いを語り伝えたいモンゴルの羊飼いたちの心意気を象徴している。

（3）気なることば・表現
①題名「スーホの白い馬」について
　　題名は、「スーホの白い馬」となっている。私は、スーホと白馬の絆の話と捉えていた。「スーホ」は「白い馬」の修飾語で、白馬が主語、白馬の話となりそうである。しかし、スーホにとっての白い馬と言う意味になるのだろう。スーホの中でいつまでも生き続ける白い馬、白い馬を心に抱き続けるスーホの心そのもの
③「おそろしいいきおいで」＝「神がかった」「必死の決意」この言葉がいつまでも残る。
　　あの美しい風のように走る白馬、スーホのために必死で狼から羊を守る白馬、スーホに会いたいと思っている白馬、この様な場合、会いたい一心でと表現される。これほどスーホに会いたかったんだとの強い思いを表していると解説などにも書いてある。私は、死を覚悟しての決心をこの言葉から感じる。いつ逃げ出そうか……と、いつもいつも機会をねらっていた。ここを逃したら、もうスーホに会えない絶対に成功させなくてはならないとの並々ならぬ覚悟があったと思う。
④前後に画面が動くように思わせる表現が多い。「お手紙」は左右の動きが多いと思う。
　　前後に画面が動く・草原の広大さと動きを読み手に伝えている。たとえば、
5段落　広い広い草原に出て行きます。
6段落　スーホの美しい歌声は、草原をこえ、遠くまで響いていくのでした。
7段落　日は遠い山のむこうにしずみ、
9段落　スーホが何か白いものをだきかかえてかえってきました。
19段落　スーホは、白馬にまたがり広々とした草原をこえて、けい馬のひらかれる町へむかいました。等々。
⑤語り手の役割と語り手の視点

1～3段落　「いったいどうして、こういうがっきができたのでしょう。それにはこんな話があるのです。」
39段落　「がっきはできあがりました。これが馬頭琴です。
　はじめと終わりの語り手の文は、物語の構成、話の転換をはっきりさせるため、語り手を登場させている。物語の大きな枠組み（現在→過去の物語→現在にまで続いている）が読み手によくわかり、そのほかの場面でも語り手の存在を示唆する役割をしている。
14段落　「きっと、ずいぶん長い間、おおかみとたたかっていたのでしょう。」
　語り手による白馬の描写。読者に白馬が長い間たたかっていたことを補足説明し強調して伝えるため語り手が呼びかけている。読者は自然に……そうだ、……なんて大変だったのだろう……スーホの心と同化しつつ……と思っていく。
20段落　「でも、先頭を走っていくのは、白馬です。スーホののった白馬です。」
語り手による競馬の描写。競馬に参加している全員に響き渡る声が聞こえる。（時には、無声映画の弁士が登場して興奮して叫んでいる像が浮ぶ。）一斉に走り出した。馬は飛ぶようにかけていきます。→先頭の一団に目を凝らす……そこにいるすべての人たち、とのさま、羊飼いたち、私たち読者……が凝視する………でも、先頭を走っていくのは、白馬です。スーホののった白馬です。………何と鮮烈な声だろう。人々も読者もこの声で……すごい！いいぞ！やったー！とスーホへ共感していく。
＊しかしこの言葉をとの様の立場で聞くととの様の驚き・欲望・…不吉な予感ととることはあるかもしれない。またスーホと白馬に同化している子どもにとっては、「なんで、でも、先頭を……となるの？」スーホは、当然一等になると思っているとの発話もあった。
21段落　「ところが、つれてこられた少年を見るとまずしいみなりの

ひつじかいではありませんか。」
　語り手によるとの様の側の観方からのスーホの外観の説明。これでは殿様はどう思うでしょうと、その後の殿様の言動へと読み手の視点を変える働きをしている。これは、⑭段落とと同様の役割をしていると思う。
25段落　「白馬は、どうなったのでしょう。」
　心配する読者の気持ちを呼び起こし、白馬のおかれている場面へと話を移す役割をしている。映画などでさっと画面が換わるように。
⑥とのさまの心理が詳しく描かれている。そのことばの真の意味を見抜く読み取りが必要。また、との様やスーホの価値観が表現されている。それへの読み手の価値観は何によってなされるのか。……（略）……

参考　児童の読み

　5年前に記録した児童のノートから特徴的なことをまとめてみた。
　どんな感じがしたか、どんな話かを子どもなりにまとめたものです。
①白馬が（弓で・との様に）ころされる悲しい話10人・かわいそうな話6人・くやしいどうして殺したんだ4人となっている。悲劇的な結末に対してスーホと白馬の立場に立って悲しみが伝わってくる読み、との様に対して怒る読みをしているといえる。
②との様の横暴さについて子どもの価値観から次のような表現をしている。
・奪って……スーホは、白馬のことを心配しているのにいい気持ちだなんて、最悪
・偉いからって家来をこき使わせすぎだ
・見せびらかして自慢だけに使うのか、めちゃくちゃ威張っている。
・スーホに逆らったのにいい気持ちなんだ。（スーホは）たくましいのにえらいのはどっち
・いくら羊飼いよりもとの様が偉いからって謝りもしないのか。責任取らないのか

- ひどい、泥棒になっている。
- 卑怯

③約束を守らないのか

④スーホと白馬の結びつき
- 白い馬がんばってスーホのところに帰ってきた話。(3人)
- 白馬を育てる話
- スーホと白馬が楽しかったりとても面白かったり、悲しかったり、こわかったりする話
- さいしょは楽しくてあとでくやしくて悲しい話

⑤との様の心理を推測している読み（結果から思い込んで前の文を読んでしまう読み）
- 17段落とのさまは馬を取るために競馬を開いたのかな。
- 20段落とのさまは、まずしい身なりのひつじかいってわかっていたのかな
- 29段落で馬が跳ねるとは思わなくて（自分に恥をかかせ逆らった馬に）との様はころした

⑥文章構成を意識した読み
- 馬頭琴ができる話。スーホの白馬がころされてもスーホの中では白馬みたいな話。馬頭琴ができるまですごい時間がかかったんだな。4段落からお話が始まる

⑦語り手について気づく

⑧程度を表すことばに対して質問している
- どのくらいな声、どのくらい広いの、どのくらい歌が上手い、むかしってどのくらい、どのくらいきれいなの、飛ぶようにってどのくらい過ぎたことなの

⑨わからないことばが多い
- 手綱、みなり、ぎんか3枚、またがる、まずしい、娘の婿、ふい、競馬、もがく、けたたましい、羊飼い

⑩との様の心理は詳しく臨場感を持って表現されているがスーホについては、との様に比べて、説明的な表現になっている。子どもたちが比較的スーホの心理をとらえている場面は、34段落「スーホは、はを食いしばりながら白馬に刺さっている矢を抜きました。きずぐちからは血が吹き出ました。「白馬ぼくの白馬、しないでおくれ。」からスーホは悲しくなったと思いました。あとくやしくなったと思いました。スーホのやさしさが急になくなったと思いました。

⑪馬頭琴ができて本当によかった。がんばった甲斐があった。作ったからいい。馬頭琴ができて羊飼いたちの仕事の疲れを忘れるということばから悲しい話、との様の横暴を許せない話とならないでスーホも白馬も喜んでいるだろうというような読み取りになりがちな気がする。

3）児童の学習活動
(1) すらすら読めるまで練習
(2) どんな話か・どんな感じがしたか・感想・質問なんでも書く
＊（(1)(2)の過程で「気になることば・わからないことば」などを聞いたりして子どもの「読み」を捉える）
(3) 段落ごとに書き込み→話し合い・聞き合い→今日学んだことを書く
5．絵を描く（子どもが書きたいという気持ちになったら）
6．まとめ　全体を振り返り、どんな話だったか。感想。誰の意見が残っているかなど

4）授業の分析
　授業記録に添って、いくつか立ち止まり、今、私が思うことを［　］に書きこんでいきます。授業記録に省略はなく、［　］内の書き込みを外せば、そのまま授業記録となっています。

教材文
　日は、一日一日とすぎていきました．スーホが、心をこめてせわしたおかげで、子馬は、すくすくとそだちました。体は、雪のように白く、きりっと引きしまって，だれでも、思わず見とれるほどでした。

その1 「世話」について

T1　12段落、行きます。では、続き、○さんから、12段落だけ読んでもらいます。
　　（席順に沿って児童が、一文ずつ音読、3回読む）

T2　はい、どうぞ…児童、書き込みをする……2分後に発表です。

C1　発表します。こころをこめてせわしたおかげで子馬はすくすくと育ちましたのところからせわしたの意味が分かりませんでした。

T3　せわした…（板書を指して）……ここですね、せわしたのせわの意味が分かんないんだって、なるほど、みんなが答えるかもしれないから、しっかりメモ書いてね。

［「世話した」の何が分からないんだろう。この時点では、二点想定できる。①「せわした」という語句が何を表しているのかわからない。②世話という言葉は生活の中で使っているが、スーホが子馬を世話したとはどういうこと？人間ならわかるけど馬の世話って何をすること？教師は、②ととらえていたと思う。スーホと子馬の最高に楽しい日々だったと読み取っていた私は、世話という言葉から具体的にイメージすることは、スーホと子馬の実感を込めた生活そのものをイメージすることになるのでこの最初の質問はとても意味あるものに思えた。はたして、子どもたちはどのようにこのC1の質問をとらえたのだろう。］

C2　発表します。12段落、からだは、雪のように白くきりっとひきしまって、だれでも思わず見とれるほどでした。のところから、きりっとひきしまってって何かなと思いました。

T4　ここですね。では何かなってことだからはてなマークにしとくよ。で、あと、世話したもそうだよね。じゃみんなが言ってくれるのを聞こうね。

［最初の二人の発話だけでも関連付けて理解することでこの段落の半分は読み取ったことになるのではないか、どんな話し合いになるか期待しつつ発言を待つ］

C3　C1君に応えます。お母さん馬も見えないし、しかも持ち主らしい人もいないから、スーホが、育てたと思います。
C4　C1君に応えます。白馬を育てないと、そのまま死んじゃうからそのまま育てたんだと思います。

［「せわしたの意味が分かりません」を「せわした意味」と受け取ると2人の発話のようにスーホが育てた経緯・理由を述べることになる。教師は、2人の発話について、C1君の聞きたい答えになっているか確かめるべきだった。前時でスーホが子馬をつれてきたいきさつを勉強したばかりで「せわした意味」ととれば2人は当然の発言だといえる。こころをこめて世話したということを意識して発言すればスーホがどんな思いで、いきさつで子馬を連れてきたのか理由がつかめる。児童はこれを感じたのだろうか］

T5　なぜ育てたかじゃないんだよ。育てるってどういうことって聞いている。あ、ごめん、育てるじゃなくて世話したって何をするってこと？（教師は自分の解釈に言葉を言いかえている）

［せわしたいきさつや理由は2人の言った通りだね。C1君の質問の答えはこれでいいのかな。せわしたの意味…せわしたという言葉の意味を聞いているのではないのか。スーホの世話の意味・理由・いきさつを聞いていないのでは。どうだろう。などと確認すべきだった。］

C5 　世話するって何をするっていうことは、朝から夜まで洗濯とか掃除とか、白馬を育て世話をしたと思います。

［生活の中で世話をすることを具体的に発話している。世話を自立的に取り上げ、自分の母親が家にいて、掃除洗濯食事の世話をして弟を育てていることと重ねてイメージして答えている。］

T6 　洗濯とか掃除のこと？
（C3 　白馬を洗濯するの？）
C5 　違う違う、
T7 　白馬を洗濯するわけないでしょ。毎日しっかり生活したっていう意味のことを言いたいでしょ。
（C3 あ、そういうこと）
T7 　そういう風に聞かなきゃダメでしょ。相手の言いたいこと聞かなきゃ。（これは私、教師にも言える）自分で勝手に解釈してへらへらしてちゃ、ダメ

［話し合いがちゃかし合うことに流されることを警戒して強く注意してしまった。しかし、２年生ぐらいなら当然こんな反応はするかもしれない。今振り返るとずいぶんきつい言葉だなあと反省する。］

C6 　世話するっていうのは、ご飯をあげたり、えーとそういうことだと思います。
T8 　今のちゃんと答えたことになるよ。白馬にエサ上げる。食べるものあげるのを世話する。
C2 　C1 君に言います。世話するっていうことは、育てるっていうことだと思います。

［これまでの話を聞いていてC1君に応えるにはと考え、端的な表現で世話することについて説明している。］

T9　だからどういう風にして育てたかって聞いているの。今のC2君のいい意見だね。応えてる。

［否定的に対応してしまった。確かに育てるということになる。でも、作者は、世話と言っている。抽象度の高い育てる（手間をかけて生物の成長を導き助ける）ではなく具体的な（せわする＝気を配って面倒を見る）こと、生活実感が伝わるような表現をしている。］

C7　C5君に言います。掃除とか洗濯とかは、おばあさんがやってくれたと思います。
C8　ええっー
T10　おばあさんだけがやったとは書いてません。もちろんおばあさんもやったと思います。でもスーホもやることもあったと思います。どっち？てのは書いてないからあなたの考えでもいいけどスーホがやってないとは言えないです。

［C7さんは、掃除や洗濯は生活の中でやっていること、ととらえ、より具体的なイメージとしておばあさんに当てはまるととらえていた。しかも、根拠となる文をしっかりとらえて発話していたのだ。教師は、文章に書いてあるかないかで、(話が叙述からそれないように) 判断していた。］

C7　だってスーホは、20頭余りの羊を……
T11　あっ、スーホが20頭あまりの羊を追っているときにおばあさんが家でこれやったって考えたんだって、ああ、確かにそうだね。ちゃんと理由を言ってくれたのでよくわかるね。

［よく言ってくれたと感謝しなければならない。そうでなければ、間違った聞き取りをしていたことになる。］

C5　C7さんに言います。20頭あまりの羊を追っていることは、おばあさんが一生懸命やってて、スーホが白馬を育てたんだと思います。

［スーホが白馬を育てたことは書いてある。白馬を育てている間は、ひつじを追って外には出られない。白馬がいないときのスーホの仕事が書いてあった。だから今は白馬がいるのでできない。だから羊を追って外に出たのはおばあさん……と考えたこれは論理的に間違っていない。でもそうかなと納得できない。］

（数人……どういうこと？？ どういうことかわかりません。）（口々に）
T12　だから朝ごはんの支度が終わったら、……先生が言っちゃっていいですか。スーホは20頭あまりの羊を追って草原へ出ていきます。…って書いてあるんだよね。だけど、白馬が来たから、ヒツジはおばあさんがやってんだって、そう思う人！、おもわない人！（多数）………、ま、ふつうはおもわないよね。

［児童の発話を一つ一つほめるということはしないことにしている。どう考えるかは聞いている児童が決めることということを基本にしていた。また容赦なく教師が反論することがあってもそれに耐えること、それにひるまず自分の考えや感じたことを言えるようになってほしいと思っていたので結構なことを教師が言っている。今思うと、もっと違う対応があったのではないか、反省している。］

（C7　だっておばあさんなんか腰、悪そうだもの）

(数人口々に……)
T13　羊を追うというのは、羊飼いのスーホの仕事。だから、それをやっていると思います。
(C7　羊を追いかけてそれがやり終わったら育てて……)
T14　そうですね、合間見てね……（C2君が手を上げている）じゃ、C2君が言ったら3のかわ、発表してください。
C2　C5君に言います。草原の草とか食べさせて育てたと思います。
T15　いまの聞いてた人！　C8君よく聞いていたね「ああ」って言ったもの。…………
　　　馬は草を食べるんだね。（C8 だからでっかくなったの）だから歩けるようになったら一緒に外に連れて行った……（C9 おれも今思ったことと一緒）……素晴らしいC2君…さえてる。

[C2君は話をよく聞いている。これまではどちらかというとあまり集中していないようにも思えた。独り言は言っているけど発言を促しても、あまり発言しなかったが、少しずつ発言が増えていた。『スーホの白い馬』の学習では、C2君の存在を周りの子も意識するまでになっていた。改めて記録を読み、これほど聞いているとは思っていなかった。]

その2　「日は一日一日と……」
T16　3のかわどうぞ
C8　発表します。日は一日と一日とすぎていきましたのところが一日は長いのにどんどん過ぎていくのは、なんですかと思いました。
(C9　おお)
T30　あなたもすごいと思った？先生もすごい思った。
　　　一日一日って長いよね。それがどんどんすぎるってなに？
(C9　そんな事、細かく思いつかなかった)
T17　素晴らしいC8君

［C8君は、一日は24時間、毎日いろんなことをする。一日は一瞬ではない。一日一日とすぎていくとは早すぎる。なんですかと言っている。私はすごいと反応している。それは一日一日とすぎていきましたという言葉に作者の思いが書いてあると思っていたからだ。それは特にはスーホ、白馬やおばあさんを含む家族のかけがえのない大切な一日、幸福な一日一日だったと読んでいるからだ。C8君が、全く違う視点からこの一文を取り上げたことの価値に驚きつつ、C8君の指摘を契機にこの表現するものへ児童の注意を向けようという教師の意図が働いていたことは事実である。C9君はそんな細かいこと気が付かなかったと言っている。長い一日を一日一日とすぎていきました。と、まとめて表現していることはなんですかということは細かいことかもしれない。しかし、C8君の実感なのだし、確かにそういわれてみればそうだなという表現である。ただ、私はその価値についてすごいと言ったのではなく、そこに含まれる作者の思いを全く違う視点で指摘したことには驚きつつも本当の意味を感じ取るためのきっかけとして提供してくれたからすごいと言っていたのだ。これは邪道である。発話したC8君の思いを第一に位置付けるのではなく、教師の伝えたい方向に持って行くために利用することになるからだ。］

C10　発表します。スーホが心を込めて世話したおかげで子馬はすくすくと育ちました。の文からスーホは大事に世話したから子馬はすくすくと育ったんだなあと思いました。

T18　はい、心を込めて大事に……（C8 大事に大事に）

［心を込めるを大事に大切にこれからの結びつきも含めて読み取っている。］

C11　発表します。子馬はすくすくと育ちましたからスーホはいっ

ぱい世話したんだなと思いました。

［すくすくと育ちましたの文からいっぱいせわしたと発話しているこれはどのように読んだということになるのか。いっぱいとは、一日のうちでいっぱいという意味ではない。日は一日一日とすぎていきましたとすくすく育った大きくなったということは何日もとイメージしたということなのだろう。こころをこめて育てたという言葉とすくすくという言葉を言いかえたという読み方になるのだろうか。］

T19　ああ
(C8　お食べ、お食べ)

C6　C8君に言います。一日一日とすぎていきましたのところからスーホは白馬を育てんのが楽しかったんだと思います。
(えーふぎゃあー、けー、げー　C8　たのしいの？？？………逆につかれる……。)

［私が感じていた、読み取っていた内容をそのまま言い表した発言だった。いやあすごいなあと思って聞いていた。しかし、この発言をことさら評価（ほめる）ということはどうなんだろうと思い、児童の反応を見ることにした。C8君は、えー世話することが楽しいのー、疲れるよーと反応していた。C8君の質問に答えているのだけれど直接質問に結びつけた応えになっていない。］

C12　発表します。子馬はすくすくと育ちましたのところから何日もお世話をしたんだなと思いました。

［いっぱい世話をしたという○さんの発話を一歩具体的に何日もと表

現している。「日は一日一日とすぎていきました」と「きりっとしまってだれでも見とれる」ように成長した白馬を想像して発話していると思われる。]

 C13 スーホが心を込めて世話したおかげで子馬はすくすくと育ちました。のところでどのくらい育ったのかなあと思いました。

[すくすくとは健康にどんどん大きくなったということをあらわしている。ではどのくらいになったのか疑問のままで終わりにするにはもったいない発話だった。前後まで考えながら想像し読みとっているはずでC2君の「きりりと引き締まって」や「だれでも見とれるほどでした」の言葉からそこまで大きく美しくたくましく育ったと想像できるはず。しかし具体的な大きさは書いていない。どのくらいとは、何を聞きたいのか問いかけてもよかったと思う。児童にとって大きさはイメージするうえで重要な感じがする。]

3 羊飼いなのに馬を飼ってもいいのか
 C14 スーホが心を込めて世話したおかげで子馬はすくすくと育ちました。のところからなんで羊飼いが馬を飼っているのと思いました。
 (C8 そうだねー)
 T20 C14君にすぐ言いたい人がいるから聞いちゃいます。
 C2 C14君に言います。(言えず)
 C5 C14君に言います。羊飼いでも馬とか羊を飼ってもいいと思います。
 C6 C14君に言います。1段落にそこに住む人たちは昔から羊や牛や馬などを使ってって書いてあるからいいと思います。(飼ってだよ。)飼ってて書いてあるからいいと思います。

C7　C14君に言います。C6君と同じです。
C10　C14君に言います。僕もC6君と同じで1段落にそこに住む人たちは昔から羊や牛や馬などを飼って暮らしていましたと書いてあるから飼ってもいいと思います。
T21　それ何段落？（1段落…数人）1段落ね。ここに書いてあることは1段落と関係するんだね。すごい。
C15　C14君に言います。羊飼いは……てもいいと思います。
C14　C6君に言います。羊飼いは馬を飼ってもいいかと書いてません。
C7　C14君に言います。飼ってもいいと思います。1段落に書いてあったから。
(C8　ええっ、飼ってもいいって書いてあったっけ)
T22　1段落に飼ってもいいって書いてあったんじゃなくて飼って暮らしていましたっていうんだから飼うってことはあるんじゃないの。その通り……と先生もそう思います。…C2君、言いたいの？ではC2君が言ったら、次に進みます。
C2　C14君に言います。C6君と一緒です。
よく言えました。

［どうして馬を飼ってもいいのかと質問したのか意味はいまだに分からない。しかし、1段落のモンゴル人は馬や牛を飼ってと書いてある文を指摘して馬を飼うことが当然あるということを確認できている。2年生らしいやり取りで結論を出しているところが頼もしいと思った。］

C16　発表します。からだは雪のように白くきりっとひきしまってという文から紙みたいに白いのかなと思いました。
　　　（一斉に、はい、はい、はい言います！）
T23　C6君先、C14君はいっぱい言っているから
C6　発表します。3段落に雪のように白くって書いてあるから雪み

たいに真っ白だと思います。
C14　C16さんの疑問に答えます。……白いんだと思います。
T24　だから雪のようにだよ。紙のようにとは書いてない。
　　　（笑う、C8　雪が降った、雪だ、雪だあー……）
C17　C16さんに応えます。僕もC6君と同じです。
T40　じゃあ同じ人は言わないで、……立ってる子がいるから……

［雪のように白いってホントなのかどんなに白いのか目の前にある紙も白いけどそれと同じぐらい白いということかとイメージして発話していると思う。白さが印象に残ったのだと思う。］

C18　発表します。子馬はすくすくと育ちましたのところから育つのは早いなと思いました。
T25　すくすくって早いと思う人手を上げなさい。
　　　（はあーーい）
T26　何が早いの（数人、育つのが）ということは全然大きくならないんじゃなくてどんどん大きくなってったていうこと。

［すくすくには健康で元気よくの意味もあるが、どんどん、早くだけを確認しているので的確ではなかった］

（C8　どんどんどんどんどんおおきくなってったーー）
C19　発表します。日は一日一日とすぎていきましたというところから（C8　どんどんどんどん大きくなたったーー）
T27　C8君、C8君と同じところを言ってるんだよ。
C8　はい，言って！
C19　何日過ぎたのかなあって思いました。
C20　スーホが心を込めて世話したおかげでのところからスーホは

　　　　白馬が大好きなのかなと思いました。
　T28　なるほどこころをこめて世話した……大好きだと……
　C17　C19君に言います。だいたい4週間くらいだと思います。
　(C8　4週間)
　T29　4週間て……1か月……
　C5　C17君に言います。白馬はそんなに早く育たないと思います。
　T30　ちょっと待ってそれ書いてないから、だいたい馬って（C9
　　　　3年ぐらい）何日かっていうのは馬がどれくらいで大きくな
　　　　るのか調べてきてください。

［育ちについての児童の発話を振り返ってみる。
C12、すくすく育ったというところから何日もお世話したんだな。
C13、すくすく育ちましたのところでどのくらい育ったのかな
C18、すくすく育つということからそだつのははやいな
C19、日は一日一日とすぎていきましたから何日過ぎたのか
C17、4週間ぐらい
C9、3年ぐらい。
C5、そんなに早く育たない
　教師は、それは、はっきりと書いていない。だから、わからない。調べようと言っている。
　しかし、そのことにこだわっている子どもたちの発話は、重要であった。そのときも軽視するつもりはなかったが、「日は一日一日」が表すスーホや作者の思いが重要ととらえていたので「調べてみよう」と言ってしまったのも事実だ。この授業があってから、改めて読み返し、子どもたちの発話の意味を考えてみた。漠然と書いてあることば、まとめて書いてある言葉に対してはっきりイメージしたい、つかみたいと思い、読むことの行為は、以前から子どもの読み方として私は、位置付けていたが、ここでは軽視していたと思う。あくまでも作品の中での言葉で表現で読

むものという意識が強かったこともあると思うが、2年後の今、馬の成長や世話について調べてみると次のことが分かった。

馬の成長（現在の競走馬を想定しての資料だが）

仔馬は生まれてから1時間で立ち上がる

体重40〜60キロ、成馬の18%　体高100センチ成馬の63%

10日たつと母乳と草で育つ

4か月後には走る訓練ができる。

6か月後　250キロ（50%）135センチ（84%）

2年500キロ（100%）160センチ（100%）競走馬（現代）

　人間の子どもと比べればとても速い。

　1日1日とすぎていきました。こころをこめて育てたから病気やけがをしやすい成長期に健康で元気に順調に大きくなったことが分かる。子どもたちの発言、早く育った、何日もお世話した。だいたい4週間等は何か根拠があったかもしれない。1か月ではほぼ走りまわれる状態だということが分かる。あながち間違ってはいない。その通りとも思える。いったい何日ぐらいたっているのだろう、どのくらい育ったのかの疑問から調べていくと、楽しかったこの時期が半年ぐらいの出来事であり、スーホと白馬の出会いと別れは、2〜3年。のことだとわかった。なんてさびしいかなしい別れなんだろう。これまでの読み取り以上に、改めてスーホと白馬の無念さを感じたところだ。]

C8君の質問　一日一日とすぎていく…一日は長いけどどんどん過ぎるってなんですかにかかわって

（おおかみに襲われた事件の後、競馬に出る前、16段落で「月日は、とぶように過ぎていきました。」とあるこの文と比較したらどうなるだろうと考えていたが、児童の中から発言、指摘がなかったので今回は出さなかった。16段落で12段落のことが出るかわからない。

この月日の過ぎる様子を、あらわした2つの文を比較してとらえると「楽しい日々はどんどん過ぎていく」とは違う一日一日〜の表現になっていると思う。）

T30　ふたつめ、ここで大事なこと、もう時間ないから先生ちょっと言っちゃうんだけど、さっき、C7さんが、スーホは楽しかったと思います。と言ったら、えー世話だから大変だよ……て言ったよね。今、こころをこめて世話したとかそういうのを聞いたらC20さんだったかな、大好きだったと思いますって言ってるよね。スーホは子馬を育ててて、苦しくて大変だったと思う人！、毎日が楽しかったと思う人！、はあい。……多数日は一日一日とすぎていきました。ということは、一日一日がすごーく、もう、いい、ああ満足だなあと思う一日。……それが一日一日大事に過ぎていきましたっていう意味ですよ。

(C8　うれしい？)

T31　せっかくC8君が一日一日とすぎていく…一日は長いけどどんどん過ぎちゃったのかなあって（C7　楽しければ早いと思う）言ったよね。ここは一日一日がすごく意味があって大事なことであっという間に終わったということじゃないよっていう意味だと思うんですよね。
　　　もうその一日一日が過ぎていくことがもったいないぐらい。だから日は一日一日とと書いたと思います。

［スーホにとってどんな1日1日だったかは、40段落の文章で具体的によみがえる。
「スーホは、馬頭琴を引くたびに白馬にのって草原をかけ回った楽しさを思い出しました。そして、スーホは、自分のすぐわきに白馬がいるような気がしました。」と。

C20さんは、こころをこめて→大好きだったと発話した。C7さんは、12段落のどこにも楽しかったとは文字として表現されていないのに、「一日一日とすぎていきました。」の文は楽しかったと思います。と言っている。しかも、C8君の質問に答えるという形で。C7さんは文章をどう読んだと言えるのだろうか。

「日は一日一日とすぎていきました。」が形式段落の冒頭にあるが、日が過ぎたその後、スーホが世話をした……のではなく、スーホが心を込めて世話した一日一日、子馬がすくすく育った一日一日のことを冒頭の文で表現している。「一日一日とすぎていきました」は、生まれてから3～6カ月の一日一日をあらわしている。それは、楽しいとは文字では表現してなくても楽しかったのではないかと読み取ったということになる。私は感覚的にこの一文を読み取っていた。文章の構造を考えないでというより気が付かず読み取っていたことになる。C6さんは、どうして、月日の経過を楽しさと読み取ったのかととらえ返すことで自分の読み取りの傾向を理解した。また12段落全体にかかわることが冒頭の一文「日は、一日一日とすぎていきました。」に書いてあり、その後の文章でどのような一日一日だったのか説明している。この構造からも、冒頭の文章からこの段落全てをあらわしていることが分かる。それを無意識かもしれないが読み取っていたことになる。]

4　授業を振り返って

授業しているときは、それなりに、やり取りは面白かった。一文一語に対して児童自身が感じたこと考えたことを書いたり、発話したりしていると思う。ただ、児童の発話をどのように教師が受けとめるかが長年の気になる点だった。

作品の本題を見失うことなく、叙述に即した話し合いを、あとは児童のやり取りの中で紆余曲折してもよいのではと思っていた。

授業記録を活字にし、読み返してみると、児童の発話は、あちこち飛んでいるし、私の言葉も適切ではないし、反省ばかり、まとめる意味があるのか……とやる気をなくした。
　しかし、現実を受け入れよう、直視しようとも思えた。あれだけ全エネルギーをかけて日々過ごしてきた記録には違いないのだから。
　さて改めて、子ども一人一人の発話について、どんなことを言いたいんだろう。……と時間をかけてゆっくりとらえ返してみた。また私自身どんな意図、感性で、子どもに対していたのだろう。当然そう読むべきと思っていたのは、何を感じたからなのだろう、また、どの文章を関連付けたからなのだろう、文章構成との関係は、などと考えながら読み進めていった。すると、当然と感じていた内容も文章構成からきていることなどもわかってきた。
　途中からは、子どもの一言一言が、考えさせられる一言一言になった。

　まだ他の教材を含めて数十時間分の記録が残っている。前向きにそれに向かっていきたいと思う。かわいい、やんちゃな、むきになる、私の容赦ない言葉にもめげずにともに生活した子どもたちの存在を感じながら。

終わりに

　新学習指導要領における「学習法」の基本的な問題性は、「知識、技能と考え方」を教師が教える場面とし、「思考し判断し表現する等」を子どもが「対話的主体的で深い学び」をする場面として規定し、教授と学習を切断・分離して考案されていることだと言えます。これは、簡単にいえば、与えられ知識を子ども同士で使うことが子どもが思考を発揮し、判断し表現することだとされているということです。これでは、教育内容そのものが貧困化し、かつ子どもは一知半解ともいかない消化不良の「知識」を、与えられた課題解決の答えを出すために役立てることも出来ずに右往左往させられるという事態が増幅するのは目に見えていると言えます。それを、協力という名の従順さの態度の形成の糧とするという学習法に他ならないのです。

　根本的に、子どもはいかに自らの思考を切り開き学習するのかという局面に思いを馳せないで、教育が成立するかのように観念し、時代の役に立つように子どもを仕立て上げることを狙ったものだと言えます。しかも、これは、世界的な教育理論の傾向でもあることが、エンゲストロームの理論により明らかとなっています。

　そのように教育することを担わせられるのは教師です。しかし、現実の教師の授業実践は、教える過程は同時に子どもが学習する過程であるという構造だと言えます。このことを押さえて、そのような構造においては、どのように教授と学習は同時に成立するのかを追求しました。この追求が、より困難を極めるであろう教育現場において、それへの鋭い批判的な洞察をするための一助となることを願うものです。

　最後に、本書の追及に協力し支えてくださった現場の先生方、教育研究者の方々、編集を引き受けてくださった一光社の田村一芳氏及び子ども未来社様のご厚意に感謝を述べさせていただきます。

参考文献

麻実ゆう子（2012）『教育実践とヴィゴツキー理論Ⅱ　子どもの読み及び教材の分析とヴィゴツキー理論―子どもの発話と教材、教師が行う二つの分析課題に迫る―』一光社

麻実ゆう子（2010）『教育実践ととヴィゴツキー理論―授業展開とヴィゴツキー解釈の混迷に抗して―』一光社

Daniels, H et.al Ed.（2007）"The Cambridge Companion to VYGOTSKY"、Cambridge University Press

エンゲストローム、ユーリア（1999）『拡張による学習』新曜社

エンゲストローム、ユーリア（2010）『変革を生む研修のデザイン』 鳳書房

三宅なほみ（2014）グリフィン.P等、編集『２１世紀型スキル』（2014）所収 「建設的相互作用と知識構成型ジグソー法」

松尾知明（2015）『２１世紀型スキルとは何か　コンピテンシーに基づく教育改革の国際比較』明石書店

松下佳代 編著（2015）『ディープアクティブラーニング』勁草書房

水戸部修治 編著（2015）『単元を貫く言語活動を位置づけた　文学の授業づくり』 明治図書

文部科学省（2017）『小学校新学習指導要領』インターネット資料

三輪民子（2015）日本文学　2015.8月号所収「小学校の実践からみる「第三項」論」

中村和夫（2004）『ヴィゴツキー心理学　『最近接発達の領域』と『内言』の概念を読み解く』新読書社

大場博章（2012）『話し合いで創る文学の授業の可能性』一光社

Rieber, R.W Ed. (1997) "The Collected Work of L.S.VYGOTSKY" Volume 4 The History of the Development of Higher Mental Functions Plenum Press, New York

西郷竹彦 (1980)『文学の授業』東洋館出版

中央教育審議会 (2016)『審議のまとめ案』インターネット資料

Tudge, J. and Rogoff, B. (1989) 'Peer influences on cognitive development : Piagetian and Vygotskian perspectives'. In B. M. B. J. (ed.) , Interaction in Human development : Erlbaum.

ヴィゴツキー—Vygotsky. (1962)『思考と言語』明治図書

ヴィゴツキー Vygotsky. (1970)『高次精神発達の理論』明治図書

ヴィゴツキー Vygotsky. (1975)『児童心理学講義』明治図書

ヴィゴツキー Vygotsky (1975)『子どもの知的発達と教授』明治図書

Vygotsky, L. S. (1978) Mind in Society : the development of higher psychological process. (コール等の編集監訳) Cambridge: Harvard University Press.

ヴィゴツキー (1987b)『心理学の危機』明治図書

ヴィゴツキー (2001)『思考と言語』新読書社

ヴィゴツキー (2005)『教育心理学講義』新読書社

ヴィゴツキー (2005)『文化的―歴史的精神発達の理論』新読書社

ヴィゴツキー (2008)『ヴィゴツキー心理学論集』学文社

Wertsch, J. V. (1991) "Voices of the Mind" London: Harvester Wheatsheaf.

山川貫司 (1984)「主題に迫る」『小学校国語科学習指導の研究』15 所収　東洋館出版

山川貫司 (1985)「初期の感想を生かして読む筋道をつくる」『小学校国語科学習指導の研究』21 所収　東洋館出版

山川貫司（1989）「学び合う朗読を目指して」『小学校国語科学習指導の研究』23 所収　東洋館出版

山川貫司（1990a）「自らの筋道をつくりだす学習」石田佐久馬　編『小学校国語科学習指導の研究』31　東洋館出版

山川貫司（1990b）「ひとり学習の成立と発展をめざして―子どもとの対話を通して」『実践国語研究』2-3 1990　明治図書

山川貫司（1991）「書きながら読み進める」石田佐久馬　編『小学校国語科学習指導の研究』33　東洋館出版

山川貫司（1992a）「学び合って自らの筋道で読むことを目指す指導」石田佐久馬　編『新文種別国語授業の展開技術』Vol. 2.－4，5，6年―東洋館出版

山川貫司（1992b）「展開を画する一文を押さえて」『教育科学　国語教育'』7.1992　明治図書

山川貫司（1992c）『表現と理解』日教組全国教育研究集会報告

山川貫司（1994）「子どもの想いを引き出す授業」『教育科学　国語教育』10.1994　明治図書

山住勝広（1998）『教科学習の社会文化的構成』勁草書房

山住勝広（2004）『活動理論と教育実践の創造』関西大学出版部

麻実ゆう子（あさみ・ゆうこ）

奈良女子大学文学部卒業。
小学校教師を経て、ロンドン大学（Institute of Education）にて PhD（博士号）取得。
現在は、現職の先生方と埼玉県内の研究会で研究、及び執筆活動。

教育実践とヴィゴツキー理論　Ⅲ
授業の構造とヴィゴツキー理論

2017年8月3日　第1刷印刷
2017年8月3日　第1刷発行

著　者	麻実ゆう子
発行者	奥川　隆
発行所	子どもの未来社

〒113-0033 東京都文京区本郷 3-26-1-4 F
TEL 03-3830-0027　FAX 03-3830-0028
E-mail：co-mirai@f8.dion.ne.jp
http://comirai.shop12.makeshop.jp/

振　替　00150-1-553485
印刷・製本　モリモト印刷株式会社

©2017 Asami Yuko Printed in Japan
＊乱丁・落丁の際はお取り替えいたします。
＊本書の全部または一部の無断での複写（コピー）・複製・転訳載および磁気または光記録媒体への入力等を禁じます。複写を希望される場合は、小社著作権管理部にご連絡ください。

ISBN978-4-86412-123-1　C0037